MATHEMATIKUS 3

Lehrerband

von Jens Holger Lorenz

Das Schulbuch MATHEMATIKUS wird
herausgegeben von
Jens Holger Lorenz
und
erarbeitet von
Klaus-Peter Eichler
Herta Jansen
Jens Holger Lorenz
Angelika Röttger

westermann

Inhalt

Vorwort 3

1 Die Grundkonzeption von Mathematikus in Stichworten 5
1.1 Beschränkung auf die mathematischen Kernideen 5
1.2 Entdeckendes und soziales Lernen 8
1.3 Fehler sind produktiv 9
1.4 Die Wichtigkeit eigener Konstruktionen und der leere Zahlenstrahl 11
1.5 Die Entwicklung flexibler Rechenstrategien und des Zahlensinns 11
1.6 Produktives und intensives Üben 12
1.7 Differenzierung und Lernstandskontrolle 13
1.8 Anzeichen von Lernschwierigkeiten 14

2 Übersicht über die Inhalte des Schulbuches Mathematikus 3 16

3 Allgemeine didaktische Hinweise zu den Inhalten des 3. Schuljahres 19
3.1 Die Lebenswelt der Kinder 19
3.2 Probleme und Lösungswege 19
3.3 Methodentraining 19
3.4 Elternarbeit 21
3.5 Arbeitsmittel 21
3.6 Kopfrechnen und Kopfgeometrie 22
3.7 Die schriftliche Subtraktion 22

4 Didaktische Hinweise zu den Einzelseiten des Schulbuches und den zugehörigen Übungsseiten 25

5 Anhang mit Kopiervorlagen 212
5.1 Lernstandskontrollen 212
5.2 Schnellrechentests 229
5.3 Beobachtungsbogen 246
5.4 Ergänzung zum Übungsteil 249

Dieser Lehrerband gehört zum Schulbuch **Mathematikus 3**;
Best.-Nr. 121773.

Zu diesem Schulbuch gibt es einen zweiteiligen **Übungsteil**
(184 Seiten); Best.-Nr. 121273

Die Mathematikus-**CD-ROM** für das 3. Schuljahr ist in Vorbereitung.

Unsere **Geoschablone** erhalten Sie im Zehnerpack unter der Best.-Nr. 121200.

Zum strukturierten Legen und geometrischen Bauen empfehlen wir
Holzwürfel, Kantenlänge 2 cm, im Beutel zu 25 Stück; Best.-Nr. 111486.

1. Auflage   Druck   4   3   2
Herstellungsjahr   2006   2005   2004   2003
Alle Drucke dieser Auflage können im Unterricht
parallel verwendet werden.

© Westermann Schulbuchverlag GmbH, Braunschweig 2002
www.westermann.de

Verlagslektorat: Petra Hartisch, Kathryn Brandes, Hanka Leni Gercken
Herstellung: Gisela Halstenbach
Druck und Bindung: westermann druck GmbH, Braunschweig

ISBN 3-14-**191773**-6

Vorwort

Die folgenden Ausführungen sind bereits in den Lehrerhandbüchern der Eingangsklassen erschienen, trotzdem werden sie an dieser Stelle wiederholt, um die Konzeption des Lehrwerkes zu verdeutlichen.

Der Mathematikunterricht der letzten zwanzig Jahre hat sich deutlich geändert. Das Prinzip des entdeckenden Lernens gewinnt immer mehr an Bedeutung und in diesem Zusammenhang erhält die Form des offenen Unterrichts zunehmendes Gewicht; denn Inhalt und Form des Unterrichts müssen aufeinander abgestimmt sein.

Eigentlich, so könnte man einwenden, widerspricht die lineare, strenge Form eines Schulbuches den Ideen des offenen Unterrichts und des entdeckenden Lernens. Und das mag tatsächlich auch dann der Fall sein, wenn ein Schulwerk kleinschrittig-gängelnd den Schüler versucht an die Hand zu nehmen und ihm seinen Lernweg vorschreibt. Man kann ein Schulbuch aber auch anders auffassen. Es kann als Angebot von Problemen, Aufgaben und Situationen gesehen werden, über die es sich lohnt nachzudenken. Dies wurde bereits in den Schulbüchern des Mathematikus für die Klassen 1 und 2 versucht und wird in der Klasse 4 entsprechend fortgeführt. Lassen beide, die Lehrerin und das Schulwerk, es zu, dass Schüler verschiedene Strategien entwickeln, um diese Aufgaben und Probleme zu lösen, dann kann das Lehrwerk eine Hilfe für den Mathematikunterricht darstellen. Auch der Mathematikus Band 3 sollte von der Lehrerin oder dem Lehrer als Wegweiser aufgefasst werden, der eine Richtung vorschlägt, aber nicht die Einbahnstraße zu dem Ziel darstellt, Mathematik zu lernen.

Schulwerke mit einem kleinschrittigen Aufbau erzwingen von den Schülern, jedes einzelne Detail, mindestens aber jede Seite und jedes Arbeitsblatt zu bearbeiten. Wir setzen auf eine Differenzierung des Unterrichtes, der es den Schülern ermöglicht, je nach Interessenlage und Wissensstand sich unterschiedlich den Zahlen und geometrischen Formen zu nähern. Zugegeben, dies entbindet nicht von einer gewissen Organisation des Unterrichtsstoffes, die sich im Aufbau des Schulwerkes niederschlägt. Wichtiger aber als der strenge Aufbau sind uns die folgenden Merkmale, die bereits in den vorangehenden Schuljahren in der Klasse erprobt sein sollten:

- Von Situationen oder kleinen arithmetischen und geometrischen Problemen ausgehend entdecken oder entwickeln die Schüler in Partnerarbeit und in Gruppen vorläufige Lösungsstrategien.
- Diese Strategien werden in der Klasse diskutiert. Die Diskussion zwischen den Kindern über unterschiedliche Vorgehensweisen, Lösungswege und -möglichkeiten stellt den eigentlichen Kern des (gemeinsamen) Unterrichts dar.
- Für die Diskussion mit den Kindern erachten wir es als nützlich, wenn die verschiedenen (und der Lehrerin meist bekannten) Strategien einen Namen erhalten. Dies wurde in den Eingangsklassen bereits durchgeführt, so dass nun keine neuen Bezeichnungen oder Ikone notwendig sind. Sie sind für die Schüler wichtig um wechselweise ihr Vorgehen verstehen und bewerten zu können.
- Lernen jeglichen Inhaltes, auch des arithmetischen und geometrischen, ist ein individueller Vorgang. Er findet im und durch das Kind statt. Einen Nürnberger Trichter gibt es ebenso wenig wie einen Unterricht, der sicherstellen könnte, dass das Wissen aus dem Kopf der Lehrerin bzw. aus dem Schulbuch in den Schüler verpflanzt wird. Dies bedeutet keineswegs, dass Lehrperson oder Schulwerk nutzlos seien. Für den durch beide angeregten Unterricht erscheint uns wesentlich
  - die intensive Auseinandersetzung des einzelnen Schülers mit dem Inhalt, was insbesondere eine ausdauernde geistige Beschäftigung mit dem Stoff bedeutet, und
  - das Begründen des eigenen Standpunktes und das Zuhören bei Gegenargumenten.

Aus diesem Grunde umfasst das Schulwerk Mathematikus für alle vier Schuljahre jeweils drei Teile:
- das Schulbuch, das die Ausgangssituationen und die verschiedenen Lösungswege und -formate beinhaltet, in das der Schüler aber nicht hineinschreibt;
- der umfangreiche Übungsteil für den Gebrauch in Einzel-, Partner- und Gruppenarbeit, der aus Gewichtsgründen in zwei Teilen angeboten wird
- und das Lehrerhandbuch.

Im Schulwerk wird versucht, von Alltagssituationen ausgehend die Lebenswelt der Kinder unter einer mathematischen Perspektive zu ordnen und zu strukturieren. Mathematik wird hierbei erlebt als eine anregende, interessante, aber gleichzeitig auch hilfreiche Aktivität. Mathematik lebt und entsteht jeden Tag neu.

Es wurde weitgehend auf zusätzliche, meist künstliche Veranschaulichungshilfen verzichtet. Bei Veranschaulichungsmitteln entsteht leicht die Gefahr, dass sie sich zum Selbstzweck, zum eigenen Lerngegenstand entwickeln und für das Verständnis des einzelnen Schülers nicht immer eine entsprechende Hilfe darstellen.

Das im Mathematikus verwendete Veranschaulichungsmittel, der „leere Zahlenstrahl", verlangt von den Schülern eine eigene geistige Aktivität, eine eigene Konstruktion. Er versucht, die Ausbildung eigener Vorstellungsbilder zu unterstützen und dem zählenden Rechnen entgegen zu wirken. Zudem gibt es kein billigeres Veranschaulichungsmittel als den gezeichneten Strich. Wir haben die Hoffnung, dass die sehr positiven Erfahrungen, die in unseren Versuchen und in anderen Ländern mit dieser Darstellungsweise bereits gewonnen wurden, sich so wiederholen lassen.

Mathematikus stellt also ein Angebot dar, das nicht in der vorgeschlagenen Reihenfolge und in der dargestellten Form abgearbeitet werden muss. Es kann und sollte durch zusätzliche Mittel, die häufig bereits im Klassenzimmer vorhanden sind, angereichert werden. Hinweise dazu finden sich im Lehrerbuch. Es wurde bewusst darauf verzichtet, mit weiteren Materialangeboten das Lehrwerk zu einem teuren Programm aufzublähen.

Der Übungsteil enthält insbesondere Hilfen für Schüler, die bei bestimmten Inhalten Schwierigkeiten zeigen, und für jene, die zusätzliche, interessante und vertiefende Problemstellungen wünschen. Da Lernen, wie oben beschrieben, durch die eigene Auseinandersetzung mit dem Inhalt stattfindet, ist der Übungsteil sehr umfangreich. Wir hoffen, dass dadurch häufiges und für die Lehrerin bzw. den Lehrer lästiges und teueres Kopieren von zusätzlichen Arbeitsblättern entfallen kann, die zudem selten auf ein Schulwerk und seine Konzeption abgestimmt sind.

Wir danken an dieser Stelle allen Lehrerinnen und Lehrern, die an der Erprobung des Mathematikus teilgenommen und mit ihren Anregungen und Ideen wesentlich zu der jetzigen Gestalt des Schulwerkes beigetragen haben. Wir hoffen, dass der Mathematikus von den Schülern und den Lehrerinnen positiv aufgenommen wird. Insbesondere wünschen wir ihnen nicht nur einen großen Erfolg beim Lernen damit, sondern auch viel Freude und Spaß.

Das Autorenteam

1 Die Grundkonzeption von Mathematikus in Stichworten

Wie jedes Schulwerk, so beruht auch Mathematikus auf bestimmten Prinzipien des Lernens, des Übens, der Unterrichtsorganisation und der Beurteilung des Lernfortschritts der Schüler. Diese sollen im Folgenden näher beschrieben und erläutert werden.

1.1 Beschränkung auf die mathematischen Kernideen

Schon aus den praktischen Gründen der Zeiteinhaltung, die für den Mathematikunterricht in den einzelnen Jahrgangsstufen zur Verfügung steht, ist es geboten, den Stoff auf die fundamentalen Ideen der Arithmetik, der Geometrie und des Sachrechnens zu beschränken. Für alle drei Bereiche gilt aber gleichermaßen, dass sie sowohl der Umwelterschließung dienen als auch die immanente Struktur des Faches abbilden müssen. Diese Kernideen sind natürlich wechselweise aufeinander bezogen. So erscheint Arithmetik ohne eine Veranschaulichung, die notwendigerweise geometrische Aspekte beinhaltet, undenkbar, ebenso wie sich die geometrischen Probleme aus Alltagssituationen und der Lebenswelt des Kindes her begründen, und wiederum die Sachstrukturen in dem Bereich „Größen und Sachrechnen" in die Fachstruktur überführt werden müssen.

Für den gesamten Mathematikunterricht gilt von der Klasse 1 bis zur Klasse 10 bzw. 13, dass die Kernideen immer wieder aufgegriffen und weiterentwickelt werden. Der Mathematikunterricht ergänzt diese Ideen fortwährend, differenziert sie, beleuchtet sie von einer neuen Perspektive und führt sie so spiralförmig weiter.

So wurde etwa an dem (noch begrenzten) Zahlenstrahl von 0 bis 20 der Klasse 1 auf der einen Seite die Idee der Zahlenreihe eingeführt, andererseits aber auch ein Verfahren der Darstellung entwickelt, das dann in der zweiten Klasse auf den Zahlenraum bis 100 und nun auf den Zahlenraum bis 1000 und schließlich den unbeschränkten Zahlenstrahl erweitert werden kann. In den Klassen der weiterführenden Schulen wird diese Idee wieder aufgenommen werden, der Strahl zur Geraden verlängert (negative Zahlen) und der Raum zwischen den natürlichen Zahlen entsprechend strukturiert (Brüche, rationale Zahlen, reelle Zahlen). Außerdem wird die Idee des Zahlenstrahles dann erweitert auf graphische Darstellungen und Diagramme bis hin zu Graphen in der Sekundarstufe II (euklidische Ebene).

Kernideen der Arithmetik

1. Die natürlichen Zahlen als Reihe und Maß
Die (natürlichen) Zahlen besitzen eine Anordnung und damit eine Beziehung untereinander. Zwischen den Zahlen bestehen Abstände, die in der Anschauung meist als Strecken repräsentiert werden.

2. Mit Zahlen lässt sich rechnen
Nach bestimmten Gesetzen kann mit Zahlen gerechnet werden (Addition, Subtraktion, Multiplikation, Division). Da innerhalb der natürlichen Zahlen nicht alle Rechnungen möglich sind (z. B. 3 : 5, 7 − 11) wird in weiterführenden Schulen der Zahlenbereich erweitert (Brüche, negative Zahlen).

3. Die dekadische Notationsform
In unserem Kulturkreis werden Zahlen in einem dekadischen Stellenwertsystem dargestellt (im Gegensatz etwa zu den römischen Zahlen). Dies erleichtert das schriftliche Rechnen.

4. Mit Zahlen kann algorithmisch umgegangen werden
Schriftliche Rechenverfahren verkürzen das Rechnen auf den Umgang mit einstelligen Zahlen. Diese Erleichterung führt zur Entwicklung von Automatismen.

5. Gesetzmäßigkeiten und Muster
Die Beziehungen zwischen den Zahlen führen zu arithmetischen Gesetzmäßigkeiten und Mustern, die Strukturen erzeugen. Diese sind im weiteren Verlauf der Schulzeit der eigentliche Lerngegenstand.

Kernideen der Geometrie

1. Geometrische Formen
Zwar ist unser Lebens- und unser Vorstellungsraum dreidimensional, enthält aber auch null-, ein- und zweidimensionale Objekte (Punkte, Linien, Flächen), die in Wechselbeziehung zueinander stehen.

2. Mit geometrischen Objekten kann operiert werden
Sie lassen sich bewegen (drehen, spiegeln, verschieben ...), ihre Größe lässt sich verändern (verkleinern, vergrößern), sie lassen sich zerlegen und neu zusammenfügen.

3. Die Verortung von Objekten im Raum
Geometrische Objekte besitzen im Raum einen Ort, der beschrieben werden kann. Dies führt zum Koordinatensystem und somit zu einer Beziehung zur Arithmetik.

4. Maße
Geometrische Objekte besitzen eine Ausdehnung (Länge, Flächen, Volumen), die gemessen werden kann. Dies führt für die verschiedenen Objekte zu entsprechenden Formeln.

5. Gesetzmäßigkeiten und Muster
Ähnlich wie die Zahlen in der Arithmetik besitzen die geometrischen Objekte Beziehungen zueinander, die sich in Gesetzmäßigkeiten und Mustern ausdrücken. Diese Strukturen bilden den Gegenstand des weiterführenden Unterrichts.

Kernideen des Sachrechnens

1. Die Größen
Größen, die im Alltag das Handeln bestimmen, lassen sich über Zahlen messen und ihre Beziehungen lassen sich zahlenmäßig ausdrücken. Die Zahlen erscheinen dabei vor allem als Maßzahlen (Größen wie Geld, Länge, Zeit, Gewicht, Fläche, Volumen u.a.m.), Anzahlen (Mengen) und Zahlen, mit denen man weniger gut rechnen kann wie Ordnungszahlen und Codierungen für beliebige Gegebenheiten (Telefon- und Autonummern, Postleitzahlen, ISBN-Nummern und andere Codes).

2. Die Formen in der Umwelt
Die Objekte der Umwelt bestehen aus Körpern, die sich näherungsweise über geometrische Grundformen beschreiben lassen bzw. aus diesen zusammengesetzt sind wie Würfel, Quader, Zylinder, Pyramide, Kegel, Kugel u.a. Ihre Begrenzungen bestehen ebenfalls, zumindest idealiter, aus ebenen geometrischen Formen (Quadrat, Rechteck, Dreieck, Kreis, Trapez u.v.a.m.), die Architekten und Künstler gleichermaßen zu ästhetischen Konstruktionen verwenden.

3. Die Übersetzung zwischen verschiedenen Darstellungsformen

Sachsituationen und Alltagsprobleme können in die Sprache der Mathematik übersetzt werden, um dort durch geeignete Verfahren gelöst zu werden. Allerdings geschieht diese Übersetzung nicht allein von der konkreten Handlung in die Formelsprache der Arithmetik oder Geometrie und zur praktischen Anwendung zurück, sondern auch zwischen Texten und Bildern. Damit liegt das Hauptfeld des Sachrechnens in der wechselweisen Übersetzung zwischen den vier Darstellungsebenen Handlung – Text – Bild – (mathematisches) Symbol.

Für die Geometrie werden neben den Grunderfahrungen der Formen auch geometrische Operationen behandelt, die sich in der Idee der Spiegelung realisieren aber gleichzeitig ihr Gegenstück im arithmetischen Bereich (Halbieren/Verdoppeln) besitzen. Hinzu kommt die Entwicklung basaler visueller Fähigkeiten wie das Diskriminieren von Formen aber auch das Auffinden komplexer Figuren in Bildern (Figur-Hintergrund-Diskrimination), das Verändern der eigenen Perspektive bei Aufgaben mit Wegen und Netzen sowie die Idee der Koordinaten und der Koordinatengitter. All diese Kernideen wurden in den ersten beiden Jahren entwickelt und werden in den folgenden Jahrgängen wieder aufgegriffen und verfeinert.

Auch wenn es fraglich erscheint ob spezifische, isolierte inhaltliche Feinlernziele für die Zukunft unserer Kinder noch eine Berechtigung besitzen, ob etwa das Beherrschen der schriftlichen Rechenverfahren am Ende der Grundschulzeit im Zeitalter des Computers und Taschenrechners nicht obsolet geworden ist, so dient dieses Wissen doch gleichzeitig der Entwicklung allgemeiner mathematischer Lernziele (Lorenz, 1997). Diese Grundfertigkeiten sind erst auf der Basis gesicherter Kenntnisse mathematischen Wissens und mathematischer Fähigkeiten möglich. Hierzu zählen

– die Fähigkeit, Situationen des Alltagslebens unter einer mathematischen Perspektive zu sehen und sie in eine entsprechende Sprache zu übersetzen; die Lösungen, die dann mit Hilfe der Mathematik verbunden werden, müssen in die Realsituation rückübersetzt und interpretiert werden (**Mathematisieren**).

Aus diesem Grunde kommt im Mathematikus der Übersetzung zwischen verschiedenen Darstellungsformen ein hoher Stellenwert zu. Die reale Situation kann nachgespielt werden, auf einer nächsten Stufe kann die Situation gezeichnet werden, wobei sie zunehmend ihrer konkretistischen Aspekte entkleidet wird. Zwischen diesen Darstellungsformen
  • Text/Sprache
  • Handlung (Veranschaulichungsmaterial)
  • Bild (graphische Darstellung, auch Skizze) und
  • mathematischen Symbolen
ist jeweils hin und her zu transformieren;

– die Fähigkeit, Situationen als aufregend zu erleben um in ihnen Neues und Unbekanntes zu entdecken, ihre arithmetischen oder geometrischen Strukturen zu erforschen und neue zu erfinden (**Entdecken**);

– die Fähigkeit, eigene Standpunkte argumentativ zu vertreten und den Begründungen anderer zuzuhören, diese zu überprüfen und zu bewerten (**Argumentieren**); dies stellt die erste Stufe des Beweisens dar;

– die Fähigkeit, die gefundenen oder entdeckten mathematischen Strukturen und Sachverhalte, Begründungen und Argumente, Weiterführungen und Verkürzungen in mündlicher und schriftlicher Form auszudrücken (**Darstellen**).

Diese von den Lehrplänen geforderten allgemeinen mathematischen Lernziele lassen sich aber nur langfristig verwirklichen, sie sind nicht kurzfristig erzielbar oder abtestbar. Insbesondere sind sie auch nicht direkt unterrichtbar. Sie entstehen in einem Unterrichtsklima, in einer Unterrichtskultur, die Mathematik als etwas Lebendiges, Sich-Entwickelndes versteht und zulässt.

Im Übrigen handelt es sich wohl um ein Missverständnis, wenn vorgebracht wird, diese allgemeinen Lernziele ließen sich nur für die leistungsstärkeren Kinder verwirklichen, leistungsschwächere hingegen müssten sich mit dem Lernen begrenzter inhaltlicher Lernziele (etwa kleines Einspluseins und Einmaleins, sichere Beherrschung der schriftlichen Rechenverfahren) begnügen. Es hat sich im Gegenteil gezeigt, dass auch und gerade die (vermeintlich) lernschwächeren Schüler nicht nur vom entdeckenden Lernen und von entsprechenden Unterrichtssituationen profitieren, sondern dass sie hierin ihre eigenen Strategien zu entwickeln vermögen (Scherer, 1995).

Es kann vorkommen, dass Schüler einen arithmetischen oder geometrischen Lerninhalt nicht verstehen, weil sie ihn mit ihren Vorerfahrungen, mit ihrem Vorwissen, mit ihren in außerschulischen oder innerschulischen Situationen erworbenen Kenntnissen nicht verbinden können. Verstehen ist ein aktiver Prozess, der von den Schülern verlangt den neuen Inhalt an das bisherige Wissen anzugliedern. Wird nun ein einziges Verfahren oder eine einzige Strategie unterrichtet oder für alle Schüler verbindlich vorgeschrieben, dann kann es durchaus vorkommen, dass ein einzelner Schüler diese Integrationsleistung nicht erbringen kann. Dies ist weder ein Zeichen für Kenntnisdefizite oder nicht hinreichende kognitive Fähigkeiten. Es bedeutet lediglich, dass ein bestimmter Lernweg für diesen Schüler nicht passt.

Wäre die Lernsituation offener, dann könnte der betreffende Schüler sein Vorwissen eventuell in einer anderen Weise einbringen und mit dem Lerninhalt integrieren. Gerade die als leistungsschwächer eingestuften Schüler (unabhängig davon, ob diese Etikettierung passend ist) benötigen ein „Lernen auf eigenen Wegen" (vgl. Lorenz & Radatz, 1993).

1.2 Entdeckendes und soziales Lernen

Das Vorangehende wird im Unterricht realisiert durch das Prinzip des entdeckenden Lernens (Winter, 1997). Es beinhaltet eine aktive Rolle der Schüler und damit eine Zurücknahme der instruierenden Lehrerrolle. Der Unterricht muss aber andererseits Gewähr dafür bieten, dass eine aktive, intensive Auseinandersetzung der Schüler mit dem Lerngegenstand stattfindet. Ein kleinschrittiges Abarbeiten und in leicht verdaulichen Happen dargebotene Lerninhalte können diesem Prinzip nicht genügen. (Der Zusatz „aktiv" zu dem traditionellen Begriff „Entdeckendes Lernen" erübrigt sich, da passives Lernen aus prinzipiellen Gründen unmöglich ist; vgl. auch Winter, 1989.)

Ein Ausgehen von ganzheitlichen und durchaus komplexen Situationen, die eine reichhaltige Struktur besitzen, befördert dies. Die Kinder können sich dann in verschiedener Weise diesem Gegenstand nähern.

Die Ausgangs- oder Sachsituation muss also derart vielschichtig angelegt sein, dass sich mannigfaltige und unterschiedliche Entdeckungen darin machen lassen. Erst dann wird auch die Bedingung zu einem sozialen Austausch und zum Lernen voneinander notwendig. Die Diskussion der verschiedenen Perspektiven, das Begründen und Argumentieren des eigenen Standpunktes, das Erleben der unterschiedlichen Denkweise der Mitschüler stellt einen wesentlichen Kern des Mathematikunterrichtes dar.

Aus diesem Grunde muss von der Unterrichtsorganisation her gewährleistet sein, dass dieser Austausch zwischen den Schülern stattfinden kann. Die Diskussion über die verschiedenartigen Strategien, über die Vielfalt der von den Schülern einer Klasse verwendeten Strategien, sollte idealerweise den Hauptgegenstand des Unterrichtes ausmachen.

Dies bedeutet aber auch, dass der Lerngegenstand in einer ganzheitlichen Form präsentiert werden muss. Die klassenöffentliche Diskussion über die verschiedenen Lösungswege (auch die falschen, siehe unten) erfordert es, den Inhalt wieder aufzunehmen und neu durchzuarbeiten. Was klassischerweise unter „Einführung", „Durcharbeiten", „Üben" und schließlich „Anwenden" als Unterrichtsphase verstanden wird, ist jetzt ein Wiederaufnehmen unter neuen, veränderten Perspektiven. Im Mathematikus wird dies dadurch realisiert, dass thematisch zusammenhängende Gegenstände in Zeitabständen behandelt werden. Zudem werden rückgreifend die Lerngegenstände immer wieder aufgenommen. Es ist ein spiralförmiges Vorgehen, das eine hohe Vernetzung der Inhalte anstrebt. Dies erhöht das Verständnis und die Gedächtnisleistung der Schüler.

Es sind Differenzierungsformen vorgesehen, insbesondere muss nicht jede Seite des Übungsteils von allen Schülern bearbeitet werden. Der Übungsteil stellt für einige Schüler möglicherweise ein Überangebot dar. Hierfür wird allerdings ein Unterrichtsklima benötigt, in dem es selbstverständlich ist, dass nicht alle Schüler das Gleiche machen müssen. So können sich Interessen und Fähigkeiten in unterschiedlicher Weise ausdrücken und entwickeln. Auf diese Weise erreichen die Schüler eine Bewusstheit ihres eigenen, individuellen Lernens, ihrer individuellen Besonderheiten, ihrer Vorgehensweise, ihrer bevorzugten Verfahren und Darstellungsformen. D. h. sie werden sich über ihr eigenes Denken bewusst. Dieser metakognitive Aspekt sollte im Mathematikunterricht nicht unterschätzt werden. Auch stellt sich dies nur langfristig, im Verlauf vieler Schuljahre ein und wurde in den Eingangsklassen bereits angebahnt.

Auf der inhaltlichen Ebene verhindert ein solches Vorgehen die Sichtweise, Mathematik sei etwas Starres und Rigides, das nur mit dem Kriterium „richtig" oder „falsch" zu bewerten sei.

1.3 Fehler sind produktiv

Bereits 1965 charakterisierte der amerikanische Mathematikdidaktiker und Psychologe Ausubel den Mathematikunterricht folgendermaßen:
„Er stützt sich schwerpunktmäßig auf Auswendiglernen von Formeln, Verfahrensschritten, auf das Wiedererkennen stereotyper Aufgabenklassen und auf die Manipulation von Symbolen".

Das heißt, Lernprozesse werden im traditionellen Mathematikunterricht entlang der scharfen Unterscheidung richtig – falsch, wahr – unwahr geleitet und bewertet. Falsches, die Fehler der Schüler also, sind auszumerzen. So ist dann auch die Angst einiger Lehrer vor einem Fehler an der Tafel zu verstehen, der die Schüler verwirren könnte oder sich gar einprägen würde.

Ein moderner Unterricht ist hingegen auch ein diagnostisches Vorgehen und basiert auf dem Prinzip, die systematischen Fehler von Schülern zu identifizieren. Hierbei werden Fehler nicht tabuisiert und können aus dem Unterricht nicht ausgeklammert werden, sonst entwickeln Schüler im Laufe ihrer Schulzeit Angst vor Fehlern – und die werden sie nicht nur in der Schule machen sondern ebenso während ihres weiteren lebenslangen Lernens.

Es erscheint sinnvoll, Schüler beim Experimentieren und damit beim Fehlermachen zu unterstützen, um diese Denkfehler in der Klasse zu diskutieren. Hierzu muss innerhalb der Klasse ein Klima des wechselseitigen Respektes herrschen, und es muss die Rollenverteilung zwischen den Schülern als den Lernenden und dem Lehrer als dem Wissenden aufgebrochen sein. Schüler und Lehrer müssen die Meinung des anderen auch dann achten, wenn sie mit dieser nicht übereinstimmen. Unter solchen Bedingungen ist es möglich, eine Atmosphäre sozialen und kooperativen Lernens zu schaffen. Fühlt sich ein Schüler sicher, seine Ideen, mögen sie richtig oder falsch sein, ausdrücken zu dürfen, dann kann er auch umgekehrt die Gedanken und Beiträge anderer Schüler besser anerkennen und mit seinen eigenen vergleichen.

Das Verstehen mathematischer Inhalte besteht nicht darin, einen Fakt als richtig hinzunehmen, weil der Lehrer als Experte ihn geäußert hat, sondern selbst diesen Fakt begründen zu können. Schüler müssen ihre Antworten reflektieren und Schlussfolgerungen rechtfertigen. Erst dann gelingt ihnen eine tiefere Einsicht in die mathematische Struktur, die dem anstehenden Problem unterliegt. Das ist weitergehender und erscheint uns sinnvoller als die schlichte Suche nach einem approbaten Rechenverfahren, um eine brauchbare Lösung zu bestimmen.

Auf diese Weise hat der Lehrer Gelegenheit, sorgfältig zu beobachten, was die Schüler wissen und wie sie denken. Die individuellen, häufig kreativen und originellen Methoden, die Schüler bei mathematischen Problemen anwenden, bleiben unbemerkt, wenn sie nicht mit anderen in einer offenen Diskussion ausgetauscht werden. Und häufig kommen Schüler auch dann zu einer richtigen Lösung, wenn sie falsche, nicht so effiziente Verfahren anwenden. Dies entzöge sich der Beobachtung.

Auch leistungsstärkere Schüler versuchen gelegentlich, Routinen in den Algorithmen auswendig zu lernen, und finden es schwierig, ihr eigenes Problemlöseverhalten zu erklären und zu begründen. Gerade dieses Fehlen einer Diskussion zwischen Schülern zugunsten einer formalen Abarbeitung führt zu weiteren Fehlvorstellungen. Wichtig für die Schüler ist es, die einem Problem zugrunde liegende mathematische Struktur zu verstehen, wenn ihre mathematischen Fähigkeiten weiterentwickelt werden sollen.

> „Ein Mathematiker zu sein, wird genausowenig darüber definiert, eine Menge mathematischer Sätze zu wissen, wie man einen Dichter nicht definiert als jemanden, der eine Menge linguistischer Fakten weiß", sagte der Mathematikdidaktiker und Informatiker Pablot.

Der entdeckende Mathematikunterricht stattet die Schüler nicht mit einer erfolgreichen Technik aus, die sie unbesehen in anderen Situationen und blind bei vergleichbaren Aufgabenklassen anwenden können. Vielmehr werden sie in einem Problemkontext eingeführt, der den Weg für eine durchaus konfliktreiche Diskussion ebnen soll. Aufgaben und Material können durchaus Schülerfehler provozieren. Wenn eine falsche Strategie von einem Schüler angewendet wird, dann allerdings meist deshalb, weil sie sich in anderen Situationen als durchaus günstig erwiesen hat, der Schüler aber die Begrenztheit seiner Strategie nicht überblickt. Erst wenn die Schüler feststellen, dass ihre Strategie unangemessen ist, werden sie verstehen, warum ein neuer Weg und ein neues Verfahren eingeschlagen werden müssen. Der schlichte Hinweis, dass man nun eine neue Strategie habe und diese zu lernen sei, hilft hierbei wenig und ist auch kaum überzeugend. So entwickeln nach unserem Verständnis die Schüler nun in der 3. Klasse die schriftlichen Verfahren aufgrund komplexer Situationen und Problemstellungen selbst als Verkürzungen der halbschriftlichen Verfahren, die wiederum als symbolische Notationsform aus dem eigenen Denken (Kopfrechnen) entstanden.

Die Fehler und Fehlvorstellungen eines Schülers werden in einem entdeckenden, sozial betonten Unterricht nicht von den anderen Kindern abgeschirmt, im Gegenteil. Fehler werden als durchaus positiv angesehen, und die Suche nach Fehlern wird unterstützt. Der Unterricht hat dabei die überaus wichtige Aufgabe zu klären, wie Fehler günstig verwendet werden können, auch im mathematisch-inhaltlichen Bereich. Er versucht in Schülern die Einstellung zu festigen, ihre Arbeiten, Gedanken und Lösungsansätze zu diskutieren.

Die im Vorangehenden diskutierte Form für den Mathematikunterricht beinhaltet eine deutlich veränderte Lehrerrolle. Diese drückt sich ebenso in der Platzierung der Lehrerin innerhalb des Klassenraumes aus. Wo die Lehrerin jeweils steht, beeinflusst in deutlichem Maße die Diskussion zwischen den Schülern. Steht sie vorn an der Tafel, dann „führt" sie den Unterricht, die Schüler warten darauf, dass die richtige Lösungsstrategie von ihr geklärt wird. Verändert sie hingegen ihren Platz nur geringfügig, bewegt sie sich etwa auf die Seite des Klassenzimmers oder in den hinteren Raumabschnitt, dann wird sie selbst ein Teil der Klasse, und die Schüler sind eher bereit, untereinander zu interagieren und das Wort an Mitschüler zu richten.

Diskussionen zwischen Schülern passieren nicht einfach so, die Lehrerin muss sich ihrer sprachlichen und nicht-sprachlichen Signale bewusst sein. Benutzt sie Worte wie „gut", „richtig" oder selbst nur „ja"/"nein" bzw. nickt sie mit dem Kopf in Anerkennung der richtigen Antwort, dann verhindert dies, dass andere Kinder ihre alternativen Lösungsversuche auszudrücken und zu begründen versuchen. Damit Schülervorschläge diskutiert werden, ist es günstiger, mit den fehlerbehafteten Strategien zu beginnen. Werden die fehlerhaften vor den richtigen Lösungen berichtet, dann sind die Schüler eher geneigt zu diskutieren, warum sie eine bestimmte (Fehl-) Strategie verwendet haben. Dies tritt aber nicht auf, wenn eine gute Erklärung für einen richtigen Lösungsweg am Anfang der Diskussion steht.

Für die Lehrerin besteht eine Aufgabe darin, die Schüler in ihrer aktiven Diskutantenrolle zu ermutigen und ihnen die Möglichkeit zu geben, miteinander die Vorteile und Tücken verschiedener Lösungsstrategien selbst herauszufinden. Die selbsttätige Anteilnahme und Aneignung ist nach dem Schweizer Psychologen Piaget die Schlüsselvoraussetzung für die Entwicklung und das

Behalten neuer Ideen. Ein Übernehmen und schlichtes Akzeptieren von Rechenverfahren bringt kaum neue Einsichten (auch wenn dies im gängigen Mathematikunterricht gemeinhin angenommen wird).

1.4 Die Wichtigkeit eigener Konstruktionen und der leere Zahlenstrahl

Lernen ist ein individueller Vorgang, auch wenn er im Beisein vieler anderer Kinder im Klassenraum stattfindet. Es gilt ja, das Gehörte und Gesehene an die eigenen Vorerfahrungen anzubinden und mit dem Vorwissen zu verknüpfen. Dass die Lernwege hierbei sehr unterschiedlich ausfallen, wurde schon mehrfach betont. Es ist die eigene geistige Auseinandersetzung mit dem Lerngegenstand, die Lernen überhaupt ermöglicht. Jeder einzelne Schüler versucht, dem Lerninhalt Bedeutung abzugewinnen, allerdings: seine eigene, individuelle Bedeutung. Er konstruiert den Sinn, den der Inhalt für ihn macht.

Dies mag nun für die Lehrerin kompliziert anmuten, hat sie es nun doch mit vielleicht dreißig verschiedenen Sinnzuschreibungen und Konstruktionen zu tun. Aber es ist nicht notwendig ihre Aufgabe, allen einzelnen geistigen Konstruktionen der Schüler nachzuspüren und sie in jedem Moment des Unterrichtes verstehen zu wollen. Das wäre sicherlich eine Überforderung. Was wir hier meinen ist, dass die eigenen Konstruktionen notwendig für das Verstehen von Mathematik (und ebenso für andere Inhalte) sind.

Um nun solche Konstruktionen beim Schüler hervorzurufen, versucht das Lehrwerk auf die bloße Aufnahme von Lösungswegen und Verfahren zu verzichten und statt dessen die Schüler zu eigenen geistigen Aktivitäten anzuregen. Der leere Zahlenstrahl ist aus unserer Sicht hierbei ein überaus günstiges Mittel. Während bei einem herkömmlichen Zahlenstrahl, der die Markierungen für jede einzelne Zahl bereits enthält, auch ein Weiterzählen (in Einer-, aber auch in Zehner-, Hunderter- oder Tausenderschritten, je nach Schuljahr) als Lösungsweg möglich ist, verlangt der leere Zahlenstrahl die selbsttätige Konstruktion, er verlangt, dass der Schüler sich die Struktur der Zahlbeziehung vorstellt.

Darüber hinaus ermöglicht der leere Zahlenstrahl in sehr viel einfacherer Weise die Darstellung unterschiedlicher Strategien, die von den Schülern verwendet werden. Die Entscheidung über Strategien bei einer vorgegebenen Aufgabe setzt schon eine Konstruktion im Kopf des Schülers voraus. Natürlich bedingt dies, dass verschiedene Lösungswege oder Strategien dem Schüler bekannt sind. Er muss sie erlebt und selbst erprobt haben. Die in den Eingangsklassen verwendeten Strategien werden nun in Klasse 3 auf höhere Zahlenräume übertragen. Dadurch entfallen manche Strategien, sie bleiben in dem Zahlenraum bis 100 allerdings erhalten und müssen weiter gepflegt werden.

Es ist sicher ausgesprochen schwierig, die mit mathematischen Inhalten verbundenen individuellen Konstruktionen der Schüler zu diagnostizieren. Der leere Zahlenstrahl ist aber auch für die Diagnose individueller Fehlvorstellungen hilfreich (vgl. für Beispiele das Lehrerhandbuch für die Klasse 2).

Die Darstellungen der Schüler am leeren Zahlenstrahl sind somit einerseits hilfreich für den Lehrer, andererseits dienen sie aber, wie alle Veranschaulichungen, der Diskussion zwischen den Schülern. Die Darstellungen sind ein Medium der Kommunikation im Klassenzimmer.

1.5 Die Entwicklung flexibler Rechenstrategien und des Zahlensinns

Ziel des Mathematikunterrichts der Grundschule kann es nicht mehr sein, die vier Grundrechnungsarten bis zur Perfektion zu entwickeln. Diese werden zunehmend von Taschenrechnern und Computern übernommen. Hingegen stehen flexible, den Zahlen angepasste Rechenstrategien im Vordergrund und die Entwicklung des Zahlensinns. Erwachsene rechnen die Aufgaben 82 – 4, 82 – 78 und 82 – 29 auf sehr verschiedene Weise. Sie passen ihre Strategie den Zahlen an, auch wenn dies sehr schnell und damit meist unbewusst abläuft.

So werden die meisten Erwachsenen die Aufgabe 82 − 4 durch Abziehen/ Wegnehmen/Rückwärtsgehen am vorgestellten Zahlenstrahl berechnen, die Aufgabe 82 − 78 hingegen durch Ergänzen/Vorwärtsgehen, 82 − 29 hingegen durch eine von vielen möglichen Strategien wie 82 − 30 + 1 oder 82 − 20 − 9 oder Varianten hiervon.

Im Unterricht der Klasse 3 müssen daher die Strategien, die die Schüler in den Eingangsklassen entdeckt haben, von den Kindern weiterentwickelt und intensiv erprobt und individuell bewertet werden. Dies führt dazu, dass verschiedene Kinder bei einer Aufgabe unterschiedliche Lösungswege beschreiten. Aber diese verschiedenen Lösungsmöglichkeiten auszutauschen, den anderen zu erklären und zu diskutieren stellt den eigentlichen Unterrichtsgegenstand dar.

Die im Mathematikus behandelten arithmetischen Strategien sind im Wesentlichen Kopfrechenstrategien. Sie zielen nicht auf ein vorschnelles schriftliches Rechnen, denn dieses soll als Verkürzung entdeckt beziehungsweise aus den Kopfrechenverfahren entwickelt werden. Die nun in Klasse 3 zu behandelnden schriftlichen Verfahren, Addition und Subtraktion, sollten die Kinder selbst als Schematisierung entstehen lassen. Dies führt dazu, dass im Mathematikus zwei Verfahren der schriftlichen Subtraktion angeboten werden, die von den Kindern entdeckt werden können, nämlich das Abziehen mit Entbündeln und das Ergänzen mit der Auffülltechnik. Die letzte Variante, das Ergänzen mit der Erweiterungstechnik ist kein Verfahren, das jemals von einem Schüler selbst entdeckt wurde und sperrt sich damit gegen kindliche Einsicht (s.u. das Kapitel zur schriftlichen Subtraktion).

1.6 Produktives und intensives Üben

Nachdem es über längere Zeit verpönt war, kommt nun dem Üben wieder eine größere Bedeutung zu. Hierbei wird Üben aufgefasst als intensive Auseinandersetzung mit dem Lerninhalt. Üben ist kein Selbstzweck zur Automatisierung, auch wenn bestimmte Teile des mathematischen Lerninhaltes einmal fest im Gedächtnis verankert sein müssen. Üben steht vornehmlich im Dienste des Verstehens. Aus diesem Grunde sind produktive Übungsformen notwendig, in denen die Struktur und die Zahlbeziehungen deutlich werden. Die in den ersten beiden Schuljahren schon von den Schülern erprobten Formate „Zahlenhäuser", „Zahlentreppen" und „Zahlenpyramiden" sowie diverse Formen von „Zahlenquadraten" und „Rechenscheiben" stehen nun auch in Klasse 3 zur Verfügung. Einerseits wird durch eine systematische Variation in den Aufgaben der Beziehungsreichtum der Zahlen deutlich, zum anderen sind (Vorsicht!) auch Fehler eingebaut, die von den Schülern gefunden werden müssen (ein entsprechendes Ikon weist auf solche Fälle hin). Da die Aufgaben nicht immer einem ganz strengen Schema folgen, sondern Störaufgaben eingebaut sind, können die Aufgaben von den Schülern nicht blind gelöst werden. Ein rein schematisches Vorgehen führt also nicht zum Erfolg, es erlaubt dem Lehrer auch eine Kontrolle über die Denkweise der Schüler. Auch in jenen Aufgaben, die die Beziehungen zwischen den Zahlen betonen, wird routinehaftes Abarbeiten durch Fehlereinbau vermieden.

Da bei allen Formaten leere Aufgaben eingebaut sind, erhalten die Schüler die Möglichkeit, das entdeckte Prinzip weiterzuführen oder zu variieren. Darüber hinaus können sie auch den im Unterricht behandelten Zahlraum verlassen und sich in noch unbekannte, wenig vertraute Zahlenräume hineinwagen, hier nun über die 1000 hinaus. Auch dies ist ein Mittel der Differenzierung, da es den leistungsstärkeren Schülern gelingt, ihre gewonnenen Erkenntnisse auf neue Bereiche zu übertragen oder sie zumindest dort zu erproben. Leistungsschwächere Schüler können hingegen in dem ihnen vertrauten Zahlenraum verbleiben, obwohl auch bei ihnen eine Bereitschaft beobachtet werden kann, sich mit sehr großen Zahlen („Riesenzahlen") zu befassen und diese Kompetenzerweiterung zu erleben. Aus diesem Grund wird insbesondere bei den schriftlichen Verfahren mit zehnstelligen Zahlen oder noch größeren gerechnet, da sich das Verfahren gegenüber der Zahlengröße immun erweist.

Auch bei den Übungsformaten, die in dem Schulbuch und dem Übungsteil vorgegeben werden, wurde versucht, dem Prinzip der Sparsamkeit zu folgen. Es erscheint nicht sinnvoll, durch ein Überangebot an Aufgabenformen den Lernprozess der Schüler zu erschweren. Aufgabenformen und -formate müssen jeweils von den Schülern neu gelernt werden. Aus diesem Grunde erscheint es günstiger, einmal eingeführte Formate nur leicht zu variieren oder lediglich auf den neuen Zahlraum zu erweitern.

Da die Automatisierung einiger weniger Zahlensätze für die Eingangsklassen notwendig ist, gehörte das „Schnellrechnen" zu jedem Unterricht. Da eine Flexibilität und eine Sicherheit im Umgang mit den Zahlen angestrebt wird, empfehlen wir, auch in Klasse 3 jede Stunde mit einer Kopfrechen- oder einer Kopfgeometrieeinheit zu beginnen. Dies kann durchaus im Rückgriff auf bereits behandelte Zahlenräume und Zahlensätze geschehen, die durch dieses Vorgehen gefestigt werden. Das „Kleine 1 · 1" ist sicher auch am Ende der Klasse 3 bei einigen (hoffentlich wenigen) Schülern noch nicht gesichert.

1.7 Differenzierung und Lernstandskontrolle

Zwar sind auch in Klasse 3 die Schüler (relativ) altershomogen, aber in ihrer kognitiven Entwicklung und in ihren arithmetischen Fähigkeiten durchaus mehrere Jahre auseinander. Aus diesem Grunde erscheint es unmöglich, den Unterricht auf einen fiktiven „Durchschnittsschüler" anzulegen, den es in der Klasse auch gar nicht gibt.

Andererseits erscheint es ebenso nicht durchgängig praktikabel, für sämtliche Schüler individuelle Aufgaben vorzusehen oder bereitzuhalten. Die Form der offenen Aufgaben wirkt als natürliche Differenzierung, da diese Aufgaben von den Schülern in einer unterschiedlichen Tiefe bearbeitet werden können und unterschiedliche Wege und Strategien zulassen. Allerdings werden für die Schüler gleiche Themen angeboten, das Schwierigkeitsniveau wird aber vom Schüler selbst gewählt.

Lernschwächere Schüler werden zudem verstärkt und auch in Klasse 3 noch auf Material zurückgreifen, das die Ausbildung von Vorstellungsbildern für die arithmetischen Operationen unterstützt. Leistungsstärkere Schüler benötigen dies nicht mehr. In beiden Fällen liegt eine implizite Differenzierung vom Schüler vor. Jeder einzelne Schüler ist so in der Lage, seinen Wissensstand, seine Fähigkeiten in günstigster Weise einzubringen.

Die Diskussion über unterschiedliche Lösungswege ermöglicht den Schülern, sich selbst passende Strategien auszuwählen. Passend heißt hierbei nicht nur in Bezug auf die Aufgabe, sondern auch in Bezug auf das individuelle Kind. Vorteilhaft ist hierbei, in der Diskussion mit den noch nicht ganz optimalen Strategien zu beginnen. Werden die elaborierten Lösungswege der leistungsstarken Schüler zuerst diskutiert, dann werden leistungsschwächere Kinder sich nicht mehr zu Wort melden und damit der Möglichkeit beraubt, ihr eigenes Verfahren zu erklären, zu erläutern und in der Auseinandersetzung mit den anderen zu verbessern.

Der Übungsteil sieht Aufgaben vor, die nicht von allen Schülern bearbeitet werden müssen. Hierzu gehören die Knobel-, Forscher- und Problemaufgaben, die sich vornehmlich an leistungsstärkere Schüler richten. Sie werden zwar von allen Schüler bearbeitet, aber die Möglichkeit, Verallgemeinerungen und Vertiefungen zu finden, wird von den Kindern unterschiedlich genutzt.

Darüber hinaus sind im Lehrerhandbuch Anmerkungen für mögliche Schwierigkeiten aufgenommen, die bei einzelnen Schülern auftreten können. Dies ist jeweils als Hinweis für individuelle Leistungsstörungen anzusehen, die zukünftiges Mathematiklernen beeinträchtigen können. Die Ursachen von Leistungsstörungen werden hier im Zusammentreffen von Besonderheiten des Kindes mit Merkmalen des Unterrichs bzw. des Lernstoffes gesehen, ohne dass damit Schuldzuweisungen verbunden sind.

Diese Frühhinweise für Lernschwierigkeiten sind für Lehrerinnen und Lehrer gedacht, die auch aus anderen Unterrichtsfächern bestimmte kognitive Auffälligkeiten beobachten können. Es ist aber keineswegs vorgesehen, nun auf jedes Anzeichen möglicher Schwierigkeiten zu reagieren. Insbesondere ist kein therapeutisches Programm für leistungsschwächere Kinder geplant, weil dies nicht Aufgabe des Mathematikunterrichts ist. Allerdings werden im Lehrerhandbuch Möglichkeiten angedeutet, wie im Förderunterricht durch Variation der Aufgaben den Schwierigkeiten begegnet werden kann.

Da der Mathematikunterricht wesentlich auf die Entwicklung von arithmetischen Strategien abzielt, ist eine Überprüfung in Form eines punktuellen Testes diagnostisch nur bedingt hilfreich. Vielmehr wird durch die Diskussion innerhalb der Klasse und durch die Bearbeitung der Aufgaben im Übungsteil deutlich, welche Strategien von den Schülern bevorzugt werden und gibt Hinweise darüber, wie entwickelt die Denkprozesse bei den Kindern sind. Insbesondere die individuelle Darstellung an dem leeren Zahlenstrahl ermöglicht es, auf die Rechenprozesse rückzuschließen. Während der Unterricht, der nur im Klassenverband mit der Lehrerin als zentrale Instanz der Wissensvermittlung stattfindet, wenig Möglichkeiten freilässt, die Denkprozesse der Schüler zu beobachten, gibt es in offenen Unterrichtsformen und Phasen der Gruppen- oder Einzelarbeit hinlänglich Gelegenheit, einzelne Schüler intensiv und über einen längeren Zeitraum kontinuierlich wahrzunehmen und sie zu unterstützen.

Offene Unterrichtsformen und soziales Lernen gewährleisten auch, dass die Kontrolle über die Richtigkeit von Lösungen und die Angemessenheit von Lösungsstrategien durch die Kinder selbst erfolgt. Damit wird langfristig eine Selbststeuerung durch die Schüler angestrebt, die Kontrolle von außen hingegen auf ein Minimum reduziert.

Die Beherrschung von Zahlensätzen und von automatisierten Wissenselementen kann erst am Ende eines Lernprozesses stehen. Zwar wird man nicht umhin können, diese Lernziele ebenso zu erfassen, allerdings ist dies im Rahmen des Schnellrechnens leichter möglich als über Tests. Trotzdem bietet der Mathematikus Lernzielkontrollen in jeweils zwei Versionen an, die zu bestimmten Zeitpunkten eingesetzt werden können. Sie können bei Bedarf als Kopiervorlagen verwendet werden.

Der Mathematikunterricht zielt darauf ab, Lösungsstrategien zu etablieren. Eine Entscheidung hierüber setzt allerdings voraus, dass der Schüler verschiedene Strategien durchführen kann. Aus diesem Grunde enthalten die Tests Aufgaben, die das Strategieverständnis der Schüler erfassen können.

Zusätzlich werden Tests in ebenfalls zwei Versionen zum Schnellrechnen angeboten. Die Schüler müssen hierbei versuchen, so viele Aufgaben wie möglich in einer vorgegebenen Zeit zu lösen. Die Kontrolle geschieht durch die Kinder selbst oder durch die Partner. Es muss den Schülern gesagt werden, dass sie nicht alle Aufgaben werden lösen können, aber mit der Zeit immer mehr. Da die Aufgaben über das Schuljahr nur langsam im Schwierigkeitsgrad steigen, erleben die Schüler einen stetigen Leistungszuwachs.

Eine Warnung sollte an dieser Stelle angebracht werden. Da der Mathematikus sich bemüht, sowohl die leistungsschwachen als auch die leistungsstarken Kinder gleichermaßen zu fördern und entsprechende Angebote für sämtliche Schüler und Schülerinnen zu machen, kann es vorkommen, dass die Schere zwischen den Extremgruppen immer größer wird. Es ist eine pädagogische Illusion anzunehmen, man könne die leistungsschwächeren Kinder prinzipiell an die leistungsstarken heranführen. Dies ließe sich nur erreichen, wenn auf eine Förderung der guten Schüler vorübergehend oder dauerhaft verzichtet würde, eine pädagogisch nicht zu vertretende Unterrichtsweise.

1.8 Anzeichen von Lernschwierigkeiten

Schon bei Schuleintritt war die Entwicklungsspanne zwischen den Kindern deutlich und betrug bis zu fünf Entwicklungsjahren. Dies machte die Schwierigkeit des Anfangsunterrichts selbst bei altershomogenen Klassen aus. Jeder Mathematikunterricht muss dies berücksichtigen und wird die Kluft zwischen den sehr leistungsstarken und den leistungsschwächeren Kindern nicht ausgleichen können. Es ist zudem fraglich, ob er dies sollte, da auch die leistungsstarken Kinder einer individuellen Förderung bedürfen. Die Schere zwischen den Leistungsgruppen kann somit in den vergangenen zwei Jahren noch weiter aufgegangen sein.

Die Rechenfähigkeit ist somit auch zu Beginn und im Verlauf der Klasse 3 unterschiedlich ausgeprägt. Besonderes Augenmerk verdienen die Kinder, die zu Beginn beziehungsweise in der ersten Hälfte des Schuljahres noch zählende Rechner sind. Zwar versuchte der Mathematikus bereits in den ersten beiden Schuljahren dem zählenden Rechnen entgegen zu wirken, kann aber letztlich nicht verhindern, dass einige Kinder bei dieser gewohnten und anfangs durchaus bewährten Strategie verbleiben, sei es aus Unsicherheit, sei es, dass kraftvollere Strategien als (geistig) zu aufwendig angesehen werden. Dass das Zählen in Klasse 3 keine approbate Strategie darstellt (und schon in Klasse 2 nicht war), ist diesen Schülern zwar inzwischen wohl einsichtig, es bedarf allerdings nun zusätzlicher Hilfen.

Verschiedene kognitive Faktoren können den mathematischen Lernprozess erschweren. Diese zu entdecken und mittels geeigneter Fördermaßnahmen anzugehen, ist die diagnostische Aufgabe der Lehrerin. Hierzu bietet der Mathematikus auch in der Klasse 3 wieder zu jeder Seite Hinweise, welche inhaltlichen Schwierigkeiten auftreten können, welche Verursachungsfaktoren auf Seiten des Kindes vorhanden sein können und wie dem begegnet werden kann. Vordringlich ist aber die Beobachtung, das Bemerken von Lernschwierigkeiten, nicht das sofortige Eingreifen und Instruieren. Die Hinweise auf Lernstörungen, seien sie vorübergehender oder länger andauernder Art, sollten registriert und zu einem Gesamtbild der Schülerpersönlichkeit zusammen gesetzt werden. Die im Mathematikus aufgeführten Förderungen haben Vorschlagscharakter, sie müssen durch die entsprechenden Förderungen aus den Jahren 1 und 2 ergänzt werden.

2 Übersicht über die Inhalte des Schulbuches
MATHEMATIKUS 3

1. Arithmetik	Schulbuchseite	
Wiederholung der Übungsformate Wiederholung der Strategien im Hunderterraum Wiederholung der Multiplikation Wiederholung der Division Analogien am Zahlenstrahl Einführung in den Tausenderraum	1- 7	ca. Ende 4. Woche
Analogien im Tausenderraum Geschicktes Rechnen Einmaleins-Reihen Analogien für Zehner-Hunderter-Zahlen Regeln für die Multiplikation Zahlen verdoppeln Punktrechnung vor Strichrechnung Kombinatorik Sprünge im Tausenderraum	8-16	ca. Ende 8. Woche
Bündeln im Tausenderraum Strategien für die halbschriftliche Multiplikation Zahlwörter Schätzen im Tausenderraum Ergänzungen zum Tausender	18-24	ca. Ende 12. Woche
Additionsstrategien im Vergleich Kombinatorik Subtraktionsstrategien im Vergleich	29-31	ca. Ende 16. Woche
Zahlen im Tausenderraum ordnen Verküpfungen der Rechenoperationen Zahlbeziehungen Rechnen mit Klammern Multiplikation und Division Schrittweises Rechnen Mitte finden, Verdoppeln/Halbieren	35-40	ca. Ende 20. Woche
Multiplikation großer Zahlen Summen aufeinander folgender Zahlen Bündeln, Addition/Subtraktion in Stellenwerten Addition am Zahlenstrahl Strategien für die Division finden	41-49	ca. Ende 24. Woche
Division Überschlag und Probe Günstig rechnen: Sprungstrategie Multiplikation großer Zahlen (Erweiterung) Geschickt rechnen	50-56	ca. Ende 28. Woche
Strategien „von – bis" Terme veranschaulichen Zahlen- und Ziffernkombinationen Zauberzahlen und Zahlenreihen		

Brüche als Teil eines Ganzen
Proportionale Zusammenhänge
Einfache Brüche
Addition mit mehreren Summanden
Eigene Additionsstrategien   60-67   ca. Ende 32. Woche

Schriftliche Addition
Palindromzahlen
Quadratzahlen, Primzahlen,
   Quersummen
Verknüpfungen im 1000er-Raum
Schriftliche Subtraktion
Zahlenmuster erkennen   68-77   ca. Ende 36. Woche

Schriftliche Subtraktion mit
   mehreren Subtrahenden
Vergleich Kopfrechnen –
   schriftliches Rechnen
Halbschriftliche Mutliplikation
   und Division
Ausblick über den 1000er-Raum
Rechnen ist überall: Mögliche und
   unmögliche Aufgaben   80-91   ca. Ende 40. Woche

2. Geometrie

Symmetrie, Symmetrieachse, Zerlegung von Figuren	12
Zeichnen mit der Schablone	16
„Mathematik und Kunst": Kandinskys „Spitzen im Bogen"	17
Parallelen zeichnen	20
Faltanleitung lesen können, Faltregeln	25
Stern falten	33
Diagonalen zeichnen, Spirolaterale	34
Vergrößern und verkleinern, Maßstab	43
Parallelen zeichnen	47
Rechtecke aus Quadraten	50
Quadratvierlinge, -fünflinge, Würfelpuzzle	54
Rechter Winkel, Faltwinkel, senkrechte Geraden	56
Kreise, Kreismuster, Radius, Diagonale	58
Basteln und experimentieren mit Kreisen	59
Flächen von Dreiecken bestimmen	62
Körperformen, Ecken, Kanten, Flächen	79
Würfelbauten	81
Perspektive	83
Flächen am Quader, Netze, Schatten	86

3. Sachrechnen

Diverse Sachsituationen	6
Operationen finden, Kapitänsaufgaben	10
Zufallsexperimente	14
Skizzen zu Sachaufgaben erstellen	18-19
Knobelaufgaben	24
Waagen und Gewichte, g-kg	26-27
Die Größe Zeit: Sekunde – Minute – Stunde	28
Brauchbarkeit von Tabellen entdecken	30
Zeitdauer: Sonnenaufgang/-untergang, Stunde – Tag, Jahreszeiten	32
Diverse Sachaufgaben	36
Volumen: Liter – Milliliter	37
Diagramme lesen und zeichnen	39
Gewichte: kg – g	44

Rechengeschichten erfinden	45
Länge und Zeit: „Rekorde – Rekorde"	46
Zeitpunkt und Zeitdauer	48
Karten lesen, Wege finden, Himmelsrichtungen	51
Planquadrate	52
Rechenoperationen finden, eigene Sachaufgaben entwickeln	55
Projekt: „Wasser ist unser Leben"	57
Projekt: „Wir bauen einen Rennwagen", Längen messen	59
Tabellen und Diagramme	61
Informationen aus Tabellen entnehmen	65
Brüche im Alltag	66
Textaufgaben aus alter Zeit	71
Zeitdauer bestimmen, Informationen aus einer Tabelle entnehmen	76
Tabellen lesen, Informationen suchen	78
Projekt: „Brücken ins unserer Welt"	84

3 Allgemeine didaktische Hinweise zu den Inhalten des 3. Schuljahres

Üblicherweise wird Mathematik angesehen als eine Wissenschaft, die es mit arithmetischen Symbolen zu tun hat und mit ausgeklügelten Verfahren, die Lösungen auf der Symbolebene erlauben. Aus diesem Grunde werden sehr früh die Rechenverfahren im Mathematikunterricht behandelt und geübt. Dies muss aber nun keineswegs dem Lernprozess von Schülern entsprechen. Werden die Symbole und Verfahren zu früh eingeführt, dann können sie nicht an das bestehende Vorwissen der Kinder angebunden werden. Ihnen bleibt dann nur die Möglichkeit, die Rechenverfahren auswendig zu lernen. Diese bleiben insofern unverstanden, als sie nicht an die Lebenswelt angegliedert sind.

3.1 Die Lebenswelt der Kinder

Aus diesem Grunde erscheint es für die Schüler hilfreicher, von Alltagssituationen auszugehen, die dann in einer Alltagssprache beschrieben werden, bevor sie in eine formale Sprache wie die Mathematik übersetzt werden. Daher wird auch in Band 3 wieder versucht, von Situationen, die den Kindern bekannt und vertraut sind, auszugehen und ihren mathematischen (arithmetischen und geometrischen) Kern herauszuschälen. Hierbei müssen keineswegs zwanghaft Situationen des (meist Erwachsenen-) Alltags gewählt werden, sondern es können ebenso märchenhafte, phantastische oder humorige Situationen den Ausgangspunkt bilden.

3.2 Probleme und Lösungswege

Es erscheint uns ganz wichtig, dass am Anfang einer Einführung immer ein Problem steht, das mit herkömmlichen Mitteln noch nicht gelöst oder zumindest nicht günstig gelöst werden kann. Die Problemlösungswege sind dann von den Schülern zu finden, sie werden nicht zu Beginn unterrichtet. Dies stellt zugegebenermaßen eine Anforderung an die Schüler dar, da sie nicht mehr rezeptiv Wissen aufnehmen (es ist fraglich, ob dies überhaupt möglich ist), sondern sie müssen, übertrieben gesagt, die Mathematik selbst neu erfinden.
Hierbei kommt es nicht so sehr darauf an, dass gleich zu Beginn dieses Entdeckensprozesses die Schüler über die richtige, von uns Erwachsenen verwendete Methode oder Schreibweise verfügen müssen. Sie sollten sich im Gegenteil untereinander austauschen, welche Schreibweise, welche Symbole verwendet werden sollten. Hierbei erkennen sie auch, dass Mathematik eine Sprache hat, die der Verständigung dient. Sie ist aber, wie jede Sprache, eine Vereinbarungssache. Was im Klassenzimmer zu gelten hat, muss nicht notwendigerweise auch außerhalb gelten. Wie man sich untereinander verständigt, welche Symbole und Zeichen man verwendet, kann von Klasse zu Klasse variieren. Mathematik wird hierbei angesehen als ein soziales Phänomen, ein gemeinschaftliches Produkt, das in der Klasse entsteht.
Immer ist der Bezug zu dem realen Ausgangsproblem, zu der Alltagssituation herzustellen. Diese wird zunehmend schematisiert (vertikale Mathematisierung).

3.3 Methodentraining

Damit sich die Schüler intensiv mit den angebotenen Problemen befassen, ist eine bestimmte Unterrichtskultur notwendig. Nicht mehr die Lehrperson als Wissensvermittlungsinstanz steht im Vordergrund, sondern die eigene Aktivität der Kinder. Hierzu bedarf es allerdings eines bestimmten Vorgehens, damit gewährleistet ist, dass sich jeder einzelne auch mit dem Inhalt befasst und nicht das Problemlösen den anderen überlässt. Wir schlagen daher ein bestimmtes, sich immer wiederholendes Prozedere vor (vgl. Klippert, 1994, 1995, 1998), das

sowohl für die Problemeinführung als auch bei der Behandlung neuer Arbeitsblätter angewendet werden kann:
- Plenum: Darbietung des Problems/Arbeitsblattes
- Einzelarbeit: Was ist wohl zu machen? (Lösungsversuch, ~ 1-3 min)
- Partnerarbeit: A erklärt B, B erklärt A, was er denkt (~ 2-3 min)
- Gruppenarbeit: Jeder beteiligt sich am Lösungsversuch (Lösungskontrolle, ~ 3 min); ein Gruppenmitglied wird ausgelost, das das Gruppenergebnis der Klasse mitteilt

Es ist wichtig, dass vor der Partner- und Gruppenarbeit jeder Schüler versucht, erst für sich das Problem zu durchdringen. Die Partner- und Gruppenarbeit dient dann der weiteren Klärung und der wechselweisen Kontrolle.

Ebenso ist es wünschenswert, dass das Gruppenmitglied, das der Klasse die Gedanken der Gruppe berichten soll („Berichterstatter"), ausgelost wird. Anderenfalls stellt sich erfahrungsgemäß innerhalb der Gruppen schnell eine Hierarchie ein, und die vermeintlich besten Schüler werden von den Gruppen als Berichterstatter bestimmt. Damit besteht aber die Gefahr, dass gerade die leistungsschwächeren Schüler nicht an der Gruppendiskussion teilnehmen und sich auf die leistungsstarken verlassen, ohne sich aktiv am Problemlöseprozess zu beteiligen. Bei einer Auslosung hingegen ist jeder Schüler gefordert, und die Gruppen müssen selbst gewährleisten, dass ihr Berichterstatter den Lösungsweg der Gruppe angemessen wiederzugeben in der Lage ist, d. h. jedes Mitglied muss den Lösungsvorschlag verstanden haben.
(Für allgemeine Hinweise siehe Lehrerband Klasse 1.)

Für die Klasse 3 erscheinen uns folgende, weitere Methoden sinnvoll, die sich die Schüler anzueignen oder weiter zu verfeinern haben, da sie in den Eingangsklassen bereits verwendet wurden:
- Symbole erfinden und nutzen
- Markieren
- Flächen schraffieren
- Ordnen
- Unterstreichen
- Aufkleben
- Lochen
- Fragen
- Nachschlagen
- Basteln
- Diagramme erstellen
- Tabellen erstellen
- Zuordnen
- Schneiden (Linkshänder mit eigener Schere!)
- Stichworte und Notizen machen
- Lernplakate erstellen
- Inhalte reduzieren und strukturieren
- Regelkartei führen
- Arbeitsplatz ordnen
- Gliederungsnetzwerk für Begriffe erstellen (z. B. bei Größen)
- Zahlen stellengerecht schreiben (für die schriftlichen Verfahren zwingend notwendig)
- Abstände auf dem Blatt einhalten (für Übertragsziffern)

usw.

Ist der Unterricht in hohem Maße auf die Eigenaktivität der Schüler ausgerichtet, dann ermöglicht er gleichzeitig, die Entwicklung der Kinder zu beobachten, ihren Denkweisen nachzugehen und mögliche Schwierigkeiten frühzeitig zu erkennen und sie anzugehen. Dafür ist es sinnvoll, einen Beobachtungsbogen für die Klasse zu führen und mittels einfacher Zeichen, z. B. + o –, Auffälligkeiten zu notieren. So werden ein Entwicklungsschub oder eventueller Stillstand schnell erkannt. Es können verschiedene Beobachtungsbögen für Verhalten, Leistung (Förderbedarf), soziale Integration in die Klasse, etc. geführt werden oder alles wird in einen Klassenbogen integriert. Ein Vorschlag für einen Bogen ist am Ende dieses Bandes dargestellt.

3.4 Elternarbeit

Eltern registrieren genau, was im Unterricht geschieht, wie das Kind sich in der Klasse integriert und welcher Stoff dargeboten wird. Für Eltern kann es durchaus irritierend sein, wenn ein Schulwerk in seiner Konzeption, in Art, Form und Stil anders ist, als sie es aus der eigenen Schulzeit her kennen. Nicht immer durchschauen sie, was im Mathematikus geschieht und warum beispielsweise bewusst Fehler im Schulbuch und im Übungsteil enthalten sind, warum Aufgaben offen bleiben und in verschiedener Weise gelöst werden können, warum nicht alle Aufgaben von jedem Schüler bearbeitet werden müssen usw. Um unnötig frustrierende Eltern-Lehrer-Begegnungen zu vermeiden, sollte anlässlich eines Elternabends eine kurze Einführung in den Mathematikus Band 3 gegeben und mögliche für Eltern ungewohnte Elemente angesprochen werden. Werden Schulbuchseiten und Übungsseiten exemplarisch erläutert, dann lassen sich Missverständnisse und kontraproduktive häusliche Erklärungen und gutgemeinte aber selten wirkende Hilfsmaßnahmen seitens der Eltern vermeiden. Insbesondere sollten die Eltern ihren Kindern nicht im Voraus die Rechenverfahren beibringen, da die Schüler sie ja selbst entwickeln und dadurch verstehen sollen. Allerdings haben die Eltern die Möglichkeit, zur vertiefenden Übung die für jedes Schuljahr zur Verfügung stehende CD-ROM zu Hause zu verwenden.

Möglich ist auch ein knappes Informationsblatt zu den in der Schule verwendeten Werken der verschiedenen Fächer und ihrer zugrundeliegenden Ideen an die Eltern zu geben.

3.5 Arbeitsmittel

Im Lehrerband ist jeweils angegeben, welches Material verwendet werden kann, wenn es bereits in der Schule vorhanden ist. Die farbigen Würfel, die in den Eingangsklassen für die arithmetischen Beziehungen genutzt wurden haben nun in Klasse 3 den Vorteil, in den geometrischen Inhalten zum Einsatz zu kommen und insbesondere den Zusammenhang zwischen arithmetischen und geometrischen Inhalten zu verdeutlichen.

Häufig ist zu beobachten, dass Kinder zu Hause anderes Veranschaulichungsmaterial als in der Schule verwenden, insbesondere den Hunderter-Rechenrahmen („Russische Rechenmaschine") oder die Hundertertafel bzw. das Tausenderbuch als deren Fortsetzung. Diese spielen zwar in der zweiten Klasse, im Hunderterraum, eine größere Rolle, da dieser Zahlenraum aber konstitutiv für die nun in der Klasse 3 erfolgende Zahlenraumerweiterung ist, greifen Kinder häufig darauf zurück.

Allerdings ist bei allen Veranschaulichungsmitteln zu prüfen, inwieweit sie die Strategien und Zahlvorstellungen, die im Schulwerk behandelt werden, auch zulassen und unterstützen. So sind z. B. die möglichen Strategien der Addition und Subtraktion beim Rechenrahmen sehr eingeschränkt, die Aufgabe $27 + 10$ lässt sich nicht als sinnvolle Rechnung ausführen. Von den Kinder wird sie entsprechend der Darstellung der Zahlen am Rechenrahmen als $27 + 3 + 7$ durchgeführt, eine wenig günstige Strategie, die sich nicht verfestigen sollte. Zudem benutzen rechenschwache Kinder die Perlen häufig lediglich als Fingerersatz, das heißt sie zählen mit ihrer Hilfe weiter, ohne dass sich eine dekadische Struktur ausbildet.

Die Hundertertafel betont einseitig den ordinalen Zahlaspekt („Die 64 ist dort, das Feld da") und unterstützt kaum den vorstellungsmäßigen Aufbau des Zahlenraumes. Es wurde von uns bislang kein Erwachsener (und schon gar kein Kind) gefunden, der in der Vorstellung mit der Hundertertafel rechnet. Dies widerspräche auch der Tatsache, dass in der Vorstellung Zahlbeziehungen abgebildet werden, dass also Entfernungen zwischen Zahlen bedeutsam sind. Von der 36 ist die Zahl 46 nun einmal in der Vorstellung zehnmal so weit entfernt wie die 37. An der Hundertertafel ist die Entfernung aber in beiden Fällen gleich, lediglich geht es einmal nach rechts, das andere Mal nach unten. In dem vorstellungsmäßigen Zahlenraum existieren solche Richtungsunterschiede aber nicht. Auch die Verbindung mehrerer Hunderterfelder zu einem Tausenderfeld (oder Tausenderbuch) widerspricht der Anschauung von Zahlen. In der Vorstellung wird beim Überschreiten des Hunderters nichts umgeklappt, sondern in der Anschauung geht man schlicht weiter.

3.6 Kopfrechnen und Kopfgeometrie

Der Mathematikus betont die Kopfrechenstrategien gegenüber der frühzeitigen Einführung schriftlicher Verfahren. Aus diesem Grund wird dem Kopfrechnen ein hoher Stellenwert beigemessen. Es empfiehlt sich, zu Beginn jeder Stunde eine kurze Phase (maximal 5 Minuten) die Kinder Aufgaben im Kopf rechnen zu lassen. Dies kann in unterschiedlicher Weise geschehen:
- Die Aufgaben werden nacheinander gestellt und die Schülerinnen und Schüler notieren die Ergebnisse im Heft, ohne sie laut zu sagen. Die Kontrolle geschieht im Vergleich mit dem Partner, oder die Ergebnisse werden anschließend bekannt gegeben. Das Kind notiert sich die erreichten Punkte. Wir empfehlen diese Variante.
- Es finden Wettkämpfe statt, einzelne Kinder gegeneinander („Vier-Ecken-Rechnen") oder die Schülergruppen gegeneinander. Variationen dieser Spiele dürften hinreichend bekannt sein.

Wenn das Thema der Stunde Geometrie ist, dann wird im Lehrerhandbuch meist vorgeschlagen, die Stunde statt mit Kopfrechnen mit Kopfgeometrie beginnen zu lassen. Hierunter sind Aufgaben gemeint, bei denen die Schülerinnen und Schüler sich den Gegenstand oder Beziehungen zwischen Gegenständen vorstellen müssen, ohne sie zu sehen:
- Wir schließen die Augen. Was hängt an der rechten Wand? Welche Dinge stehen neben dem Papierkorb?
- Wanderungen im Kopf: Wir betreten das Schulgebäude. Wie kommen wir zu unserem Klassenraum? Wie zum Hausmeister?
- Wo gibt es in unserem Klassenzimmer (in unserer Schule) kugelförmige Dinge? Wo würfelförmige Gegenstände?
- Wie viele Ecken hat ein Würfel? Wie viele Kanten?
- Verschiedene Quadratsechslinge sind an die Tafel gemalt. Aus welchen lässt sich ein Würfel falten? Wenn eine markierte Seite die Grundfläche ist, wo ist dann im Würfelnetz die obere Fläche?
- Würfel werden im Kopf zerschnitten: Welche Schnittflächen entstehen?
- Papier wird (mehrmals) gefaltet und Teile werden abgeschnitten: Wie sieht das Blatt aus, wenn wir es wieder auffalten?
etc.

In der Literatur findet sich eine reichhaltige Auswahl an kopfgeometrischen Aufgaben, die durchaus wiederholt werden können. Sie schulen die Anschauungsfähigkeit, die auch für den arithmetischen Bereich von größter Bedeutung ist.

3.7 Die schriftliche Subtraktion

Die Lehrpläne in verschiedenen Bundesländern haben die Einführung der schriftlichen Subtraktion freigegeben, es ist der Lehrperson überlassen, welches Verfahren sie wählt. Der Mathematikus Band 3 versucht, dies zu unterstützen, indem beide Verfahren in dem Schulbuch geboten werden, das eine auf Seite 74, das andere auf Seite 75. Es ist aber daran zu denken, dass in jeder Klasse nur ein einziges Verfahren behandelt wird. Anderenfalls kommt es insbesondere bei leistungsschwächeren Kindern zu großen Verwirrungen und typischen Fehlern.

Das Lehrwerk verzichtet darauf, die schriftliche Subtraktion mit Hilfe der Erweiterungstechnik einzuführen. Untersuchungen haben gezeigt, dass dieses Verfahren von den Kindern nicht selbst entdeckt werden kann und zu enormen Verständnisschwierigkeiten führt. Zudem ist es in Sachsituationen, aus denen ja das Verfahren entwickelt werden soll, meist unsinnig, da die Zahlen geändert werden, was der Handlung widerspricht.

Im Einklang mit den Untersuchungen schlagen die Autoren vor, die schriftliche Subtraktion mit dem Abziehverfahren zu favorisieren. Dies entspricht sowohl am ehesten den Handlungen, die im Alltag durchgeführt werden als auch dem Verständnis der Schülerinnen und Schüler von der Subtraktion als „Wegnehmen" (reduzieren, kleiner werden, verlieren, abschneiden, abhacken, verbrennen, etc.), denn in den Eingangsklassen wurde die Subtraktion im Allgemeinen mit solchen Handlungen verbunden. Zwar wurden auch Ergänzungen durchgeführt, Abstände ermittelt etc., prototypisch für die Subtraktion, das „Minus-Rechnen", bleibt aber im Kopf der Kinder das „Wegnehmen".

Es muss ergänzt werden, dass sämtliche Untersuchungen die Überlegenheit des Abziehverfahrens über das Ergänzungsverfahren ermittelten. Die KMK-Beschlüsse von 1958, die zu der Einführung des Ergänzungsverfahrens geführt haben, dürften durch neuere Untersuchungen inzwischen obsolet sein. Dies ist sicherlich auch der Grund, weshalb die Bundesrepublik Deutschland mit dem Ergänzungsverfahren in der Welt isoliert dasteht. Praktisch alle anderen Länder verwenden das Abziehverfahren, aus unserer Sicht aus gutem Grund.

Wir sind uns allerdings darüber im klaren, dass es noch einiger Zeit bedarf, bis sich das Abziehverfahren wieder breit durchgesetzt hat.

Literatur

Klippert, H. (1994). Methodentraining. Weinheim: Beltz.

Klippert, H. (1995). Kommunikationstraining. Weinheim: Beltz.

Klippert, H. (1998). Teamentwicklung im Klassenraum. Weinheim: Beltz.

Lorenz, J.H. (1992). Anschauung und Veranschaulichungsmittel im Mathematikunterricht. Göttingen: Hogrefe.

Lorenz, J.H. (1993). Veranschaulichungsmittel im arithmetischen Anfangsunterricht. In J.H. Lorenz. (Hrsg.), Mathematik und Anschauung (S. 122-146). Köln: Aulis.

Lorenz, J.H. (1997). Kinder entdecken die Mathematik. Braunschweig: Westermann.

Lorenz, J.H. & Radatz, H. (1993). Handbuch des Förderns im Mathematikunterricht. Hannover: Schroedel.

Radatz, H. (1993). Marc bearbeitet Aufgaben wie 72-59 – Anmerkungen zu Anschauung und Verständnis im Arithmetikunterricht. In J.H. Lorenz. (Hrsg.), Mathematik und Anschauung (S. 14-24). Köln: Aulis.

Scherer, P. (1995). Entdeckendes Lernen im Mathematikunterricht der Schule für Lernbehinderte. Wiesbaden: Hochschulverlag.

Schipper, W. & Hülshoff, A. (1984). Wie anschaulich sind Veranschaulichungshilfen? Zur Addition und Subtraktion im Zahlenraum bis 10. Grundschule, 16(4), 54-56.

Voigt, J. (1993). Unterschiedliche Deutungen bildlicher Darstellungen zwischen Lehrerin und Schülern[1]. In J.H. Lorenz. (Hrsg.), Mathematik und Anschauung (S. 147-166). Köln: Aulis.

Winter, H. (1987). Mathematik entdecken – Neue Ansätze für den Unterricht in der Grundschule. Frankfurt: Cornelsen.

Winter, H. (1989). Entdeckendes Lernen im Mathematikunterricht. Braunschweig: Vieweg.

[1]Hier und im Folgenden sind bei Formulierungen wie „der Schüler", „der Lehrer" oder „die Lehrerin" immer die weibliche und die männliche Form zusammen gemeint, auch wenn aus Gründen der besseren Lesbarkeit nur ein Genus verwendet wird.

4 Didaktische Hinweise zu den Einzelseiten des Schulbuches und den zugehörigen Übungsseiten

Detailhinweise zur Arbeit mit dem Schulwerk

Thema der Schulbuchseite,
Lernziele

Hinweise auf Material und Utensilien,
die für das jeweils unten vorgeschlagene Vorgehen benötigt werden.

Vorschläge zum didaktisch-methodischen Vorgehen,
insbesondere Anregungen für Einstiege und die Einbeziehung der Schulbuchseite in den Unterricht

Inhalt der zugehörigen Übungsseiten,
Hinweise zu den Aufgaben und zur Arbeit mit den Übungsseiten

Hinweise auf Schwierigkeiten,
die einzelne Kinder haben können, und Möglichkeiten der Förderung

Zu Seite 1

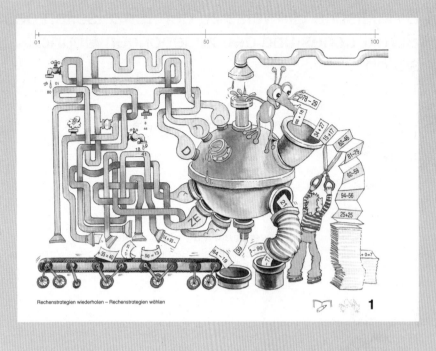

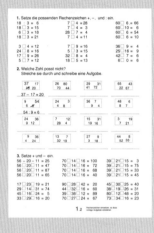

Wiederholung der im 2. Schuljahr durchgenommenen Übungsformate und Inhalte; wieder vertraut werden mit der Arbeitsmethodik; mathematische Inhalte wiederentdecken und weiterentwickeln.

Die Kinder benötigen das Heft für die Übertragung der Aufgaben; es wäre günstig, wenn die Kinder außerdem kleine Zettel zur Verfügung haben, auf die sie die Aufgaben aufschreiben können, um sie entsprechend den Rechenstrategien zu ordnen.

Wir stellen uns vor, dass die Kinder nach den Sommerferien sehr viel zu berichten haben. Es wäre günstig, dies in dem Mathematik-Unterricht auf die numerischen Entdeckungen, die sie eventuell in der Zwischenzeit gemacht haben, zu beschränken. Dies bedeutet nicht, dass die außerschulischen Erfahrungen ausgeblendet werden, lediglich wird der Fokus auf numerische Gegebenheiten gelenkt. Die Schulbuchseite animiert dazu, sich an die alten Rechenwege nicht nur zu erinnern, sondern bei den vorgegebenen Aufgaben auch erneut auszuprobieren. Es ist wahrscheinlich, dass die Rechenstrategien nicht mehr in der

Zu Seite 1

gleichen Weise verfügbar sind, wie sie es am Ende der 2. Klasse waren.

Auf der Schulbuchseite sind eine Fülle von Aufgaben angegeben. Die Maschine sortiert diese Aufgaben nach den Strategien. Aus diesem Grunde sollten die Kinder das in gleicher Weise tun. Günstig ist es hierbei, zumindest die verschiedenen Strategien in Form einer Tabelle an der Tafel zu haben und Kinder Aufgaben entwickeln zu lassen, die sie dann mit kleinen Zetteln unter die jeweilige Strategie heften.

Zudem ist es auch sinnvoll, die Kinder auf der Schulbuchseite herausfinden zu lassen, welche Strategie zu welchem Ausgang gehört. Hierbei handelt es sich aber nicht um eine mathematisch-arithmetische Problemstellung, sondern eine Aufgabe, die das visuelle Vorstellungsvermögen, die visuelle Diskriminationsfähigkeit und die Auge-Hand-Koordination fordert.

Neben den Aufgaben, die auf der Schulbuchseite angegeben sind, sollten die Kinder noch eine Fülle von weiteren Aufgaben finden, möglichst zuerst alleine zu jeder Strategie, dann in Partnerarbeit. Möglicherweise verwenden nicht alle Kinder einzelne Strategien, insbesondere leistungsschwächere Kinder beschränken sich häufig auf wenige Strategien. Aus diesem Grunde sollte die Aufgabenstellung lauten, möglichst viele Strategien anzuwenden und entsprechende Aufgaben zu notieren.

1.1 Auf dieser Seite müssen die Kinder entscheiden, welche Rechenstrategie sie bei den Aufgaben anwenden und sie müssen die entsprechende Darstellung am Zahlenstrahl vornehmen.

Insbesondere leistungsschwächere Schüler sollten hierzu animiert werden. Bei leistungsstarken Schülern kann es vorkommen, dass sie die Aufgaben sehr zügig im Kopf lösen, weil sie die Repräsentation, die Konstruktion am leeren Zahlenstrahl nicht mehr unbedingt benötigen: Sie ist bereits in ihrem Kopf verankert. Trotzdem sollten alle Schüler die entsprechenden Konstruktionen zeichnen.
Da es sich um eine Wiederholung handelt, ist es notwendig zu betonen, dass das Ergebnis eingekreist wird. Dies erleichtert die Kontrolle in der Partnerarbeit.
Die weiteren Aufgaben auf der unteren Platzseite sollten im Heft gelöst werden. Auch hier sollten die Kinder die Konstruktionen am leeren Zahlenstrahl unter allen Umständen vornehmen. Die Kontrolle sollte durch den jeweiligen Partner geschehen.

1.2 Es handelt sich bei der ersten Aufgabe um Probleme, die Operation zu finden. In die Kästchen ist lediglich das Rechenzeichen einzusetzen. Die Kontrolle kann im Plenum oder in Partnerarbeit geschehen.

Aufgabe 2 verlangt von den Kindern Zahlenstrukturen zu erkennen. Zahlen werden hierbei in Beziehung gesetzt und in vielfältiger Weise ausprobiert, bis die richtige Kombination gefunden ist.

Es ist hierbei zu beachten, dass es durchaus mehrere Lösungen gibt. So ist bei der ersten Aufgabe sowohl die Lösung $37 - 17 = 20$ richtig als auch $20 + 17 = 37$. Dies sollte allerdings auch Gegenstand der partnerschaftlichen Kontrolle sein, wodurch die Struktur der Umkehraufgaben wiederholt und gefestigt wird.

Diese Aufgaben dienen zur Festigung des Zahlensinns, sie stellen Wiederholungen aus dem 2. Schuljahr dar. Dies gilt auch für die 3. Aufgabe, wo Additions- und Subtraktionszeichen einzusetzen sind, so dass sich bei den Aufgaben eine richtige Gleichung ergibt.

Eigentlich sollten sich bei diesen Aufgaben keine Schwierigkeiten ergeben. Allerdings kommt es häufig vor, dass die Schüler nach den Sommerferien nicht mehr über den vollen Schatz von Rechenstrategien verfügen und die Rechenfähigkeit reduziert zu sein scheint. Insbesondere stellt meist die Multiplikation oder die Division ein Hindernis dar. Die Aufgaben dienen zwar der Wiederholung, lassen aber im diagnostischen Sinne auch erkennen, wo einzelne Kinder möglicherweise Schwierigkeiten haben und Wiederholungen angezeigt sind.

Ebenfalls ist es diagnostisch interessant, ob einzelne Kinder bei der Darstellung der Maschine Schwierigkeiten haben und die Ausgänge der jeweiligen Rechenstrategien nicht finden. Hierbei handelt es sich allerdings um allgemeine kognitive Fähigkeiten, die sicherlich während der Sommerferien nicht reduziert wurden (im Gegensatz zu arithmetischen Kenntnissen und Fertigkeiten).

Bei Fehlern sollte beachtet werden, ob die räumliche Darstellung den Kindern Schwierigkeiten macht oder eine Rechts-Links-Verwechslung vorhanden ist. Die Kinder können die einzelnen Leitungen ja nur mit dem Finger nachmalen. In das Buch sollte nicht mit dem Bleistift geschrieben werden, was sich bei der Maschine als Schwierigkeit bei einigen Kindern herausstellen könnte.

Zu Seite 2/3

Viele Situationen: Ausblicke auf das Rechnen im 1000er-Raum.

Wiederholen des Rechnens im 100er-Raum, Geometrie und Größen

Die Seite nimmt vielfältige Aspekte der 2 Klasse erneut auf und führt sie, zumindest teilweise, in den 1000er-Raum fort. Außerdem handelt es sich in einigen Fällen um Knobelaufgaben. In den 24 Situationen, die in den Bildern beschrieben werden, kommen arithmetische und geometrische Sachverhalte sowie Größen (Längen und Zeiten sowie Geld) vor. Es ist nicht notwendig, dass alle Kinder sämtliche Aufgaben erarbeiten.

Die Kinder benötigen für diese Schulbuchseite das Heft; kleine Zettel und eine Schere sind für die geometrischen Aufgaben günstig, sowie Buntstifte, um die geometrischen Muster und arithmetisch-geometrischen Folgen in das Heft zu übertragen.

Wir stellen uns vor, dass am Anfang der Stunde wiederholende Übungsaufgaben im Kopfrechnen gestellt werden. Insbesondere die Multiplikationsreihen sollten behandelt werden. Sind noch nicht sämtliche Multiplikationsreihen in der 2. Klasse durchgenommen worden, so beschränkt sich diese Wiederholung naturgemäß auf die behandelten Reihen. Es ist allerdings darauf zu achten, dass nicht Multiplikationsreihen in geordneter Form aufgesagt werden, sondern gemischte Multiplikationsaufgaben gefordert sind.

Zu Seite 2/3

Die Kinder sollten frei sein, in Partnerarbeit die einzelnen Situationen, die auf dieser Doppelseite abgebildet sind, zu bearbeiten. Es müssen keineswegs sämtliche Teilaufgaben von jedem Kind bearbeitet werden, es wäre allerdings günstig, wenn am Ende ein großes Plakat mit den von den Kindern erstellten Aufgaben und Erkenntnissen vorliegt.

Bei dem ersten Bild handelt es sich um geometrisch-arithmetische Muster, das Erstellen von größeren Quadraten mit Hilfe kleinerer. Dies kann auf verschiedene Weise geschehen: durch Legen mit Material, z.B. den Mathematikus-Würfeln, zeichnerisch auf Karopapier unter Zuhilfenahme von Buntstiften, um die verschiedenen Quadrate voneinander abzugrenzen und schließlich rein arithmetisch. Für welche Form oder Formen sich die Schüler in der Partnerarbeit entscheiden, ist ihnen überlassen.

Das zweite Bild wiederholt die Wochentage. Hier können die Kinder verschiedene Monate des Jahres in einen Kalender eintragen bzw. einen Kalender bis zum Ende des Jahres erstellen. Möglich ist auch, dass fiktive Monate erstellt werden, indem an einer beliebigen Stelle ein Tag benannt ist, z.B. Freitag der 13.. Es ist die unterschiedliche Vorgehensweise der Kinder bei dieser Aufgabe zu beobachten. Einige Kinder werden versuchen, mühsam den aktuellen Monat auf dieses Kalenderblatt zu übertragen, andere werden in Siebenersprüngen unter den einzelnen Wochentagen fortfahren.

Im dritten Bild werden die Gewichte wiederholt. Hierbei können die Kinder verschiedene Gegenstände wiegen und versuchen, Gramm und Kilogramm zu vergleichen bzw. auch schriftlich zu übertragen. Bei allen Wägevorgängen müssen die Kinder Protokoll führen.

Das dritte Bild behandelt die Zerlegung geometrischer Figuren in kleinere. Es ist hier lediglich das Sechseck vorgegeben, das von dem Monster in Dreiecke zerlegt wurde. Die Kinder sollten weitere Zerlegungen des Sechseckes finden, z.B. in zwei, in drei oder in zwölf gleiche (kongruente) Teile. Sie sollten dies zeichnerisch auch an anderen, selbst erstellten Figuren erproben.

Das vierte Bild thematisiert zweierlei, zum einen müssen die Kinder die merkwürdigen Muster und Zeichen deuten. Es handelt sich jeweils um Spiegelungen von Zahlen. Die Kinder können die Zahlenreihe in dieser Form (Original und Spiegelung in einem Zeichen) fortsetzen. Gleichzeitig wird der Blick auf das Nebenzimmer frei, wo arithmetische Zahlenfolgen in Ausschnitten vorgegeben sind. Die Kinder sollten versuchen, diese Reihen zu deuten, zu erinnern und weitere Zahlenreihen (Multiplikationsreihen) selbst zu finden. Bei dem nächsten Bild (Doppelbild) handelt es sich um den Größenbereich „Zeit". Die Kinder müssen herausfinden, wie viel Tage vergehen, bis ein bestimmtes Ereignis eintritt. Bei dem abgebildeten Sträfling lautet das Urteil „15 Monate". Wie viel Tage sind dies noch, wenn er bisher 13 abgesessen hat, wie die Strichliste an der Wand anzeigt? Wann kommt er wieder in Freiheit, wenn er, dem Plakat nach, im August die Zelle aufgesucht hat?

Das erste Bild der nächsten Zeile thematisiert Volumen, es gibt einen Ausblick auf die in diesem Schuljahr zu behandelnde Größe. Hier geht es um Problemstellungen, die Volumina verschiedener Gefäße, hier der Kanne und der beiden unterschiedlichen Gläser, miteinander zu vergleichen. Gibt es Möglichkeiten (z.B. Kreidestriche am Außenrand der Kanne), um Volumenbestimmungen vornehmen zu können? Ist es immer so, dass das Volumen doppelt so groß ist, wenn die Flüssigkeitshöhe doppelt so hoch ist, unabhängig von der Form des Gefäßes?

Bei dem zweiten Bild handelt es sich um das Format der „Zahlenscheiben", bei dem hier nur eine vorgegeben ist, die Kinder allerdings weitere finden sollten und diese dem Partner vorlegen.

Das dritte Bild ist eine offene Sachsituation; die Kinder können verschiedene Einkaufszettel mit den Obst- bzw. Gemüsesorten für die verschiedenen Hotels ausfüllen. Wie könnten die Bestellungen durchgeführt werden, so dass sämtliche Hotels gleich beliefert werden, was sind die maximalen Mengen, die jedes Hotel bekommen kann? Hierbei wird der Zahlenraum bis 100 bereits verlassen und die Kinder in eine Sachsituation gestellt, wo sie keinen genormten, bekannten Lösungsweg kennen. Dieser muss selbst entwickelt werden.

Das nächste Bild zeigt die Situation des Würfelns mit drei Würfeln. Die Kinder sollten vorab Überlegungen treffen, welche Zahlen wohl am häufigsten vorkommen, welche überhaupt vorkommen können, wie die Verteilung aller Wahrscheinlichkeit nach ist. Diese Hypothesen sollten sie in eigenen Würfelversuchen (mindestens 30 Würfe) testen. Ihre Überlegungen können sie auch auf das Würfeln mit 4 Würfeln erweitern.

Das nächste Bild behandelt die bisher bekannten geometrischen ebenen Formen, nimmt aber weitere noch hinzu. Die Kinder können diese Formen in Form eines Tangram-Spieles durchführen. Es erweist sich als ausgesprochen schwierig, einen kleinen quadratischen Notizzettel in drei oder vier Teile zu zerschneiden und ihn anschließend wieder zusammensetzen. Es ist leichter, wenn diese

Zu Seite 2/3

Notizzettel auf den beiden Seiten unterschiedliche Farben besitzen.

Das nächste Bild behandelt zweierlei, zum einen die Multiplikation als Wiederholung, indem Flaschen und Gefäße in Kartons abgepackt werden. Die Kinder sollten hierzu möglichst viele Multiplikationsaufgaben aufschreiben und ordnen. Die Zeichnung darunter behandelt den Größenbereich „Geld". Die Kinder können versuchen zu schätzen (als Kontrolle auch zählend bestimmen), wie viel Geld dort abgebildet ist. Die Einheiten an der Wand sollten zur Diskussion darüber anregen, welche Benennungen zusammengehören (Euro-Cent), wie die Umrechnungen von einer Währung in die andere sind. Es sollte ebenfalls angeregt werden, die verschiedenen Zahlen, die an der Wand angegeben sind, mit dem Geld legen zu lassen. Dieses stellt eine Form der Bündelung dar, die für das Alltagshandeln wesentlich ist und günstig in die Bündelung als Rechen- und Denkstrategie einführt. Auch hier überschreiten die angegebenen Zahlen den bisher bekannten Zahlenraum, sie stellen also ein Problem mit noch unbekannter Lösungsstrategie dar.

Das nächste Bild behandelt den Größenbereich „Zeit", jetzt die Uhrzeiten. Die Illustration soll lediglich verdeutlichen, dass die Kinder in verschiedener Weise diese Situation bearbeiten sollen. Sie können Fahrpläne der Bundesbahn oder der Straßenbahn vornehmen und vergleichen und die jeweiligen Fahrzeiten berechnen. Sie können sich überlegen, wie bei dieser Reise die jeweiligen Zeiten zuzuordnen sind und wie dann der Reiseweg zwischen Hamburg, Dortmund und Hannover ausgesehen haben könnte. Hierbei sind sechs verschiedene Lösungen möglich. Die Kinder können auch eigene Fahrpläne mit der Bahn, dem Flugzeug, dem Schiff oder sonstigen Reisemitteln erstellen, die sich keineswegs auf die nahe Umgebung beschränken müssen. Die Kinder können hierbei so viele geographische Kenntnisse einbringen, die innerhalb der Klasse sehr unterschiedlich ausfallen dürften.

Das erste Bild der dritten Zeile wiederholt das Thema „Kunst und Mathematik" aus der 2. Klasse. Auch hier sollten die Kinder noch einmal versuchen, Zeichnungen in einem Strich ohne den Bleistift abzusetzen, durchzuführen. Darüber hinaus finden sich wieder Multiplikationssituationen im Alltag. Kinder, die in diesem Bereich arbeiten, sollten geometrische Punktmuster in Form von Rechtecken (nicht von Quadraten!) vornehmen.

Das zweite Bild thematisiert nur als Ausblick den Taschenrechner bzw. den Computer, der möglicherweise von einigen Kindern bereits eingesetzt wird. Hier wird er in einer nicht unbedingt vertrauten Form verwendet: Zahlen als auf dem Kopf stehende Schrift zu deuten. Die hier abgebildeten Worte heißen Liebe und Esel, die Kinder sind jetzt aufgefordert, weitere Worte zu finden und sie den entsprechenden Zahlenwerten zuzuordnen.

Das dritte Bild stellt eine Gleichungssafari dar, die von den Kindern zu lösen ist. Darüber hinaus sollten die Kinder allerdings für ihre Klassenkameraden weitere, möglichst komplexe, Safaris erstellen.

Das vierte Bild behandelt den Größenbereich „Längen" und gibt einen Ausblick auf die in diesem Schuljahr zu erwartenden Größen „Kilometer" und „Millimeter". Als Einstiegsaktivität für dieses Schuljahr sollte das Messen mit einem Zentimeterband wiederholt werden, wobei jetzt schon die Benennungen Meter, Zentimeter und Millimeter verwendet werden. Insbesondere sollten die Kinder aufgefordert werden, Umrechnungen von einer Einheit in die nächste vorzunehmen, wie es sich an dem Meterband ergibt.

Das nächste Bild stellt einen arithmetischen Sachverhalt geometrisch dar, der von den Kindern erkannt werden sollte. Es handelt sich um die Summe ungerader Zahlen, die immer Quadratzahlen darstellen. 1 grünes Quadrat + 3 blaue Quadrate + 5 rote + 7 schwarze etc. ergeben jeweils Quadrate, geometrisch gedeutet, Quadratzahlen arithmetisch gesehen. Die Kinder sollten nach weiteren Zusammenhänge schauen. Zum einen sollten sie diese Struktur fortsetzen, auch über 100 hinaus, zum anderen wird durch das Nebeneinanderstellen von zwei solcher Quadrate die Struktur der „Doppelquadrate" deutlich, deren Summe immer aus Zahlen bestehen, die sich um 4 unterscheiden (2 + 6 + 10 + 14 +...).

Das nächste Bild behandelt eine einfache Additionstabelle, die von den Kindern auszufüllen ist. Sie sollten allerdings weitere, selbst erstellte Tabellen den Partnern vorlegen, wobei es sich auch um Subtraktions- oder Multiplikationstabellen handeln kann. Divisionstabellen sind in der Regel kaum zu beobachten, auch wenn sie manchmal von Kindern versucht werden.

Das letzte Bild stellt das Ziel eines Weges dar, wobei auf der Doppelseite nicht klar ist, wo der Einstieg, der Beginn ist, d.h. wie man zu dieser Schatztruhe gelangen kann. Gibt es einen Weg durch sämtliche Zimmer? Gibt es einen Weg, so dass man jedes Zimmer nur einmal betritt bzw. jede Tür auch nur einmal durchläuft? Wenn nicht, welche Türen oder Durchlässe muss man mehrfach durchlaufen? Die Seite kann auch dazu anregen, eigene Labyrinthe oder Baupläne im Klassenverband zu erstellen, die Zimmer jeweils eigenen Sachgebieten oder Problemaufgaben zuzuordnen und möglichst viele Aufgaben zu finden.

Zu Seite 2/3

Bei dieser Seite sollten sich keine Schwierigkeiten ergeben, da die Kinder sich die Aufgaben entsprechend ihrem eigenen Interesse und ihren eigenen Fähigkeiten aussuchen können. Es lässt sich allerdings eine gewisse Bereitschaft bei den Kindern erkennen, in größere Zahlenräume vordringen zu wollen oder auch diese zu meiden. Zudem gibt es Hinweise für die von den Kindern selbst eingeschätzten Stärken, was im Umkehrschluss nicht unbedingt auf ein Vermeiden von Sachgebieten, z.B. geometrischen oder arithmetischen, hinweisen muss. Hier geht es ja eher um die Rangliste der bevorzugten Themen.

Zu Seite 4

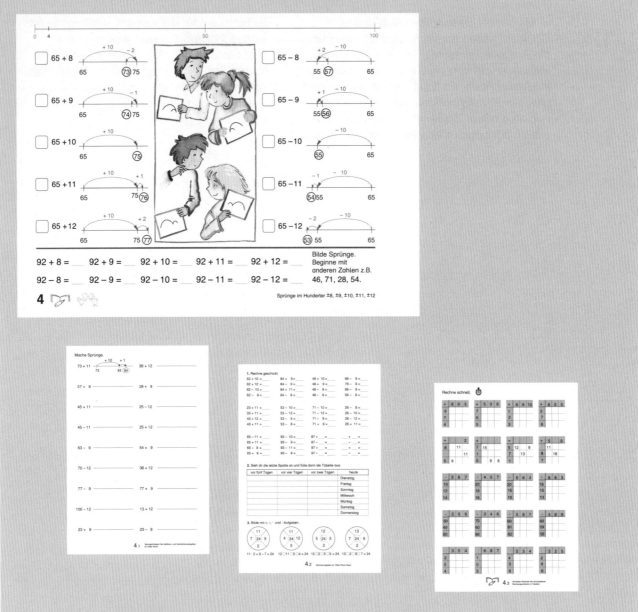

Wiederholung und Fortführung der im 2. Schuljahr durchgenommenen Sprungstrategien „Vor-Vor" und „Vor-Zurück", „Zurück-Vor" und „Zurück-Zurück".

Für die Übertragung der Aufgaben benötigen die Kinder das Heft, in dem auch weitere Aufgaben von ihnen dargestellt werden sollten.

Da es sich um eine rein arithmetische Problemstellung auf dieser Seite handelt, stellen wir uns vor, dass die Stunde mit Kopfgeometrieaufgaben beginnen sollte. Diese sollten zu Beginn des Schuljahres noch nicht so schwierig ausfallen, wie sie eventuell am Ende des letzten Schuljahres gewesen waren.

Die vier verschiedenen Sprungstrategien werden bei den Aufgaben der Schulbuchseite wiederholt. Hierbei wird jeweils von einer einfachen Additions- bzw. Subtraktionsaufgabe

Zu Seite 4

ausgegangen, auf der Seite mit 65 + 10 bzw. 65 – 10. Die Sprungstrategien stellen quasi Abkömmlinge von dieser einfachen Aufgabe dar. Die Aufgaben 65 + 9 bzw. 65 + 11 werden durch die Strategie „Vor-Zurück" oder die Strategie „Vor-Vor" gelöst. Entsprechendes gilt für die Multiplikationsstrategien „Zurück-Vor" und „Zurück-Zurück".

Die Kinder sollten die auf der Schulbuchseite angegebenen Aufgaben im unteren Teil jeweils im Heft lösen. Dies beinhaltet auch, dass die Kinder daran gewöhnt werden, die Zahlenstrahle selbst mit der Schablone zu zeichnen.

Für einige Kinder könnte es ein Problem sein, den vertrauten Zahlenraum bis 100 nun zu überschreiten. Dies stellt eine Schwierigkeit dar, die nicht von allen Kindern alleine bewältigt werden kann. Hierbei sind im ersten Schritt Diskussionen innerhalb der Klasse notwendig, wobei das Bündelungsargument zur Darstellung von Zahlen den gewichtigsten Raum einnehmen sollte. Hier sollten sich aber die Kinder erstmal über die Schwierigkeit und die Problematik selbst im Klaren werden, die die Darstellung von Zahlen zum Gegenstand hat.

4.1 Diese Übungsseite wiederholt die unterschiedlichen Sprungstrategien. Die Kinder sind angehalten, die Strategien zu verwenden. Diagnostisch ist es bedeutsam, wenn Kinder andere Strategien, insbesondere noch zählende oder halb-zählende Strategien zur Lösung verwenden. Leistungsstarke Kinder sind auch häufig daran zu erkennen, dass sie das Ergebnis schon vorher schnell im Kopf ausgerechnet haben und anschließend darzustellen versuchen.

4.2 Nun wird die Strategie der Vorseite angewendet, wobei jetzt allerdings im Kopf gerechnet werden muss. Die Verfügbarkeit und Flüssigkeit dieser Sprungstrategie kann bei diesen Rechenaufgaben beobachtet werden. In Zweifelsfällen müssen die Kinder gefragt werden, wie sie die Aufgaben gerechnet haben. Hierbei sind insbesondere die Subtraktion von 9 oder die Addition von 11 interessant. Der dritte Teil der ersten Aufgabe lässt den Kindern die Möglichkeit, in ähnlicher Weise eigene Aufgaben zu erfinden und damit im Kopf für sie wahrscheinlich leichte Aufgaben darzustellen. Gerade diese offenen Aufgaben geben auch einen Aufschluss über die nach den Sommerferien noch vorhandene Rechenfähigkeit.

Die zweite Aufgabe verlangt von den Kindern, die Wochentage in ihrer Abfolge verfügbar zu haben. Ziel dieses Aufgabentypes ist es, flexibel mit den Wochentagen vorwärts und rückwärts umzugehen. Die dritte Aufgabe stellt das den Kindern bekannte Format der Zahlenscheiben dar, wobei sich in diesem Schuljahr dieses Format lediglich auf die Zahl 24 reduziert. Sämtliche Zahlenscheibenaufgaben werden als Ergebnis 24 haben. Von den Kindern sind die Rechenzeichen einzutragen. Es handelt sich hierbei um leichte Aufgaben, die noch keine Klammersetzung verlangen.

4.3 stellt Additions-, Subtraktions- und Multiplikationstabellen dar, wobei auch gemischte Formen vorliegen. Diese Aufgaben sollten sehr schnell im Klassenverband durchgeführt werden. Es wird empfohlen, hierfür ein Zeitlimit zu setzen, wobei sich 15 Minuten als ausreichend erwiesen haben. Kinder, die länger benötigen, sind nach den Erfahrungen auffällig.

Diagnostisch interessant ist die Verfügbarkeit der Sprungstrategien. Einige Kinder könnten hiermit Schwierigkeiten haben oder immer noch zählende Rechner sein. Dies wird an dem unterschiedlichen Zeitbedarf für diese Rechenaufgaben deutlich. Das Übungsformat „Zahlenscheibe" bzw. „Spiel 24" stellt höhere kognitive Anforderungen. Es versucht den Zahlensinn, den flexiblen Umgang mit Zahlen und den Rechenoperationen zu fördern.

Hierbei geht es nicht um Zeit, sondern um das Erkennen von Zahlzusammenhängen. Diese sehr einfachen Aufgaben sollten eigentlich von allen Kindern lösbar sein. Die Aufgabenseite **4.3** kann als Testblatt Verwendung finden und damit Aufschluss über die von den Kindern benötigte Zeit geben. In diesem Sinne stellt ein Überschreiten der 15 Minutenmarke einen deutlichen Hinweis auf Schwierigkeiten auf Seiten des Kindes dar.

ZU SEITE 5

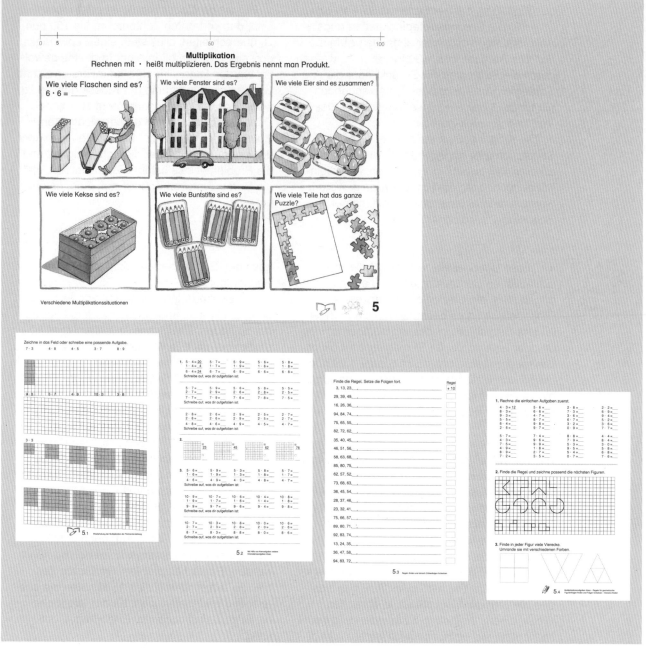

Wiederholung der Multiplikationssituationen, Darstellungen von multiplikativen Sachverhalten in verschiedenen Kontexten.

Die Kinder benötigen für die Übertragung der Multiplikationsaufgaben und der Darstellung weiterer multiplikativer Sachverhalte in bildhafter Form das Heft. Für die Übungsseiten sind Buntstifte notwendig, zumindest günstig.

Zur Einführung sollten Kopfgeometrieaufgaben mit der gesamten Klasse behandelt werden. Alternativ könnten auch Kopfrechenaufgaben verwendet werden, wobei es sich aber um Additions- und Subtraktionsaufgaben handeln sollte, die Nachbaraufgaben beinhalten. Dies stellt eine Wiederholung der auf der vorangehenden Schulbuchseite behandelten Strategien dar.

Auf der Schulbuchseite sind verschiedene Multiplikationssituationen angeführt (6 · 6 = 36 Flaschen, 4 · 7 = 28 Fenster, 5 · 6 + 10 = 40 Eier, 4 · 8 = 32 Kekse, 4 · 6 = 24 Bleistifte und 7 · 5 = 35 Puzzleteile).

Zu Seite 5

Die Aufgabe der Schüler besteht nicht nur darin, die Sachverhalte multiplikativ zu lösen, sondern sie fortzusetzen. Die Schüler sollten in Paararbeit die jeweiligen „Handlungen" zeichnen. Was geschieht, wenn der Getränkelieferant noch dreimal kommt, wie viele Flaschen sind es dann? (Dann sind es 90 Flaschen, nämlich 5 · 3 · 6). Auch die Häuserreihe kann fortgesetzt werden, die Kekse können noch in weiteren Schachteln liegen, es kommen zusätzliche Bleistifte hinzu. Die anderen beiden Aufgaben sind insofern von komplexerer Gestalt, als eine Vergrößerung des Puzzles in beiden Richtungen geschehen kann. Es können weitere Reihen aber auch weitere Spalten angefügt werden. Die Anzahl der Puzzleteile steigt dann je nach Wahl der Schüler von 7 · 5 auf 8 · 5, 9 · 5, ... oder auf 7 · 6, 7 · 7, ..., oder in beiden Richtungen gleichzeitig. Es handelt sich um eine offene Aufgabe, der der Kreativität der Schüler freien Raum lässt.

Ebenso ist es bei den Eierkartons. Hier müssen die Schüler sehen, dass es zwei verschiedene Typen von Eierkartons gibt, einmal die kleinen mit 6 Eiern und zum anderen den Großkarton mit 10 Eiern. Die Zusammenstellung kann in beiden Formen erweitert werden. Es können weitere 10-er Kartons hinzukommen oder weitere 6-er Kartons. Als zusätzliche Frage kann aufkommen, ob man mit diesen beiden Kartonformen jede beliebige gerade (!) Zahl größer als 16 verpacken kann (18, 20, 22, ...). Es stellt also eine offene Situation dar, die die Kinder zum Ausprobieren veranlasst, aber auch eine Vorstufe der diophantischen Gleichungen darstellt. Es werden zwei Werte, hier 6 und 10, miteinander kombiniert, um eine Zielgröße zu erhalten.

5.1 abstrahiert von den Sachkontexten des Schulbuches und verlangt von den Schülern, zu Multiplikationsaufgaben geometrische Repräsentationen zu finden. Insbesondere die erste Hälfte der Arbeitsblattseite ist wichtig, da die Übersetzung von der mathematisch-symbolischen Form in eine bildhafte Darstellung geübt werden muss, um zugehörige Prototypen im Kopf der Schülerinnen und Schüler zu entwickeln. Die zweite Hälfte verlangt, von der bildhaften Form eine Übertragung in die symbolische, die im Allgemeinen leichter fällt.

5.2 hat zum Inhalt, von multiplikativen Kernaufgaben weitere Einmaleins-Aufgaben durch Ableitung zu lösen. Im ersten Teil werden einfache Multiplikationsaufgaben gelöst, wobei den Kindern jeweils auffallen sollte, dass sich die dritte Aufgabe als Addition der ersten beiden Aufgaben ergibt. Es handelt sich hierbei um die Einsicht in das Distributivgesetz der Multiplikation über die Addition.

Bei der mittleren Aufgabenreihe müssen die Schülerinnen und Schüler die vorgegebene Anzahl von Kästchen in einer Farbe bunt anmalen. Hier handelt es sich wieder um die Darstellung von Zahlen in bildhafter Form. Darüber hinaus müssen die Schüler aber auch die Hunderter-Ergänzung bestimmen. Bei dem unteren Teil der Aufgaben handelt es sich um entsprechende Aufgaben wie auf dem ersten Teil der Seite. Nun wird allerdings das Distributivverfahren in seiner subtraktiven Form verwendet. Die dritte Lösung des jeweiligen Aufgabendrittels entsteht durch Subtraktion der vorangehenden beiden Aufgaben.

Das Arbeitsblatt **5.3** verlangt von den Schülern, Zahlenfolgen fortzusetzen. Wie weit sie diese fortsetzen wollen, hängt von ihren Fähigkeiten ab. Einige Kinder werden hierbei den Zahlenraum bis Hundert überschreiten, andere werden im 100er-Raum bleiben wollen. Wichtig ist auf jeden Fall, dass die Kinder die Regel notieren, die die Zahlenfolge generiert.

Das Arbeitsblatt **5.4** hat Multiplikationsaufgaben zum Thema, wobei die Kinder die für sie einfachen Aufgaben zuerst lösen sollten, um dann durch Nachbaraufgaben oder durch Verdopplung weitere Aufgaben abzuleiten. Es kann dieses Aufgabenpaket auch als Lernzielkontrolle eingesetzt werden, wobei dann entsprechende Zeitbeschränkungen für die Bearbeitung notwendig sind. Ein Zeitlimit von 8 bis 10 Minuten dürfte hinreichend sein.

Bei der zweiten Aufgabe müssen die Kinder eine geometrische Regel finden und die begonnenen Reihen fortsetzen. Hierbei wird die Regel nicht formuliert, da es sich um einen geometrischen Sachverhalt handelt. Es ist auch nicht notwendig, dass die Kinder bei der Fortsetzung der Figurenfolge Zirkel und Schablone verwenden, es reicht, wenn sie die Striche auf dem Karopapier zeichnen. Allerdings sollte in Partnerarbeit die jeweilig verwandte Regel sprachlich formuliert werden, allerdings nur mündlich. Eine Verschriftlichung wird zwar empfohlen, ist aber nicht obligat. Die Kinder können in Partnerarbeit auch weitere geometrische Figurenfolgen zeichnen, für diese sollten sie dann aber ihre eigene Regel selbst angeben und sie aufschreiben. Aus diesen Kinderzeichnungen lässt sich ein Demonstrationsplakat erstellen.

Bei der dritten Aufgabe gilt es, verschiedene Vierecke in den vorgegebenen Figuren zu finden. Es handelt sich hierbei um Quadrate, Rechtecke, Parallelogramme, Trapeze. Es ist zwar nicht gefordert, die jeweiligen Anzahlen innerhalb dieser Figuren anzugeben, kann

Zu Seite 5

aber einige Kinder durchaus reizen. Es wird ihnen aber nur gelingen, wenn sie farbliche Schraffierungen vornehmen. Darüber hinaus kann sich unter den Kindern eine Diskussion darüber entwickeln, ob das „verdrehte Viereck", das sich in der Mitte der mittleren Figur befindet, tatsächlich ein Viereck ist. Die Argumentationen und Begründungen Pro und Contra geben Aufschluss darüber, welchen Begriff von Viereck die Kinder bislang entwickelt haben. Darüber hinaus ist es wünschenswert, wenn die Kinder die verschiedenen Vierecksformen, die bei den drei Figuren vorkommen, nach ihren Eigenschaften ordnen.

Da es sich um Wiederholungsthemen handelt, sollten keine Schwierigkeiten auftreten. Es ist das Augenmerk auf jene Kinder zu richten, die Schwierigkeiten besitzen, die Multiplikationsaufgaben in bildhafter Form darzustellen. Möglicherweise ist hier ein noch reduzierter Multiplikationsbegriff vorhanden, der sich nicht unbedingt mit einem flächigen Modell verbindet (das allerdings sehr kraftvoll ist). Auch kann nicht erwartet werden, dass sämtliche Kinder einer Klasse das Distributivgesetz selbst erkennen. Dieses ergibt sich häufig erst in der Partner- oder Gruppendiskussion. Bei dem Arbeitsblatt **5.3** sollte die Lehrperson jene Kinder registrieren, die den 100er-Raum nicht überschreiten wollen. Hier wäre zu prüfen, ob dies noch mit einem mangelnden Verständnis der Bündelung zusammenhängt (mit entsprechender Zifferndarstellung von Zahlen) oder mit Bequemlichkeit.

Zu Seite 6

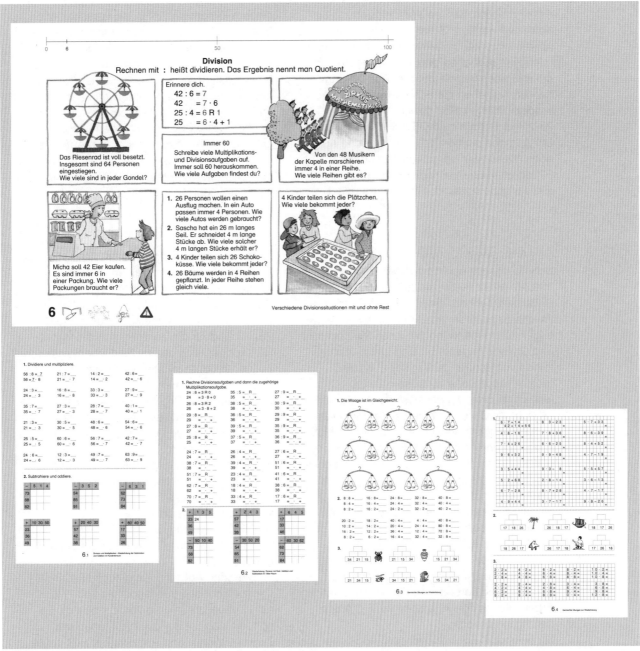

Thema der Seite ist die Division, die in verschiedenen Sachsituationen auftritt. Die Sachsituationen beinhalten auch Division mit Rest.

Für die Bearbeitung der Aufgaben benötigen die Kinder das Heft, für bildhafte Darstellungen sollten sie die Buntstifte verwenden.

Die Stunde sollte mit einer Kopfrecheneinheit beginnen, die Multiplikationsaufgaben beinhaltet. Dies erleichtert das Umgehen mit der Division als Umkehrung.

Die Aufgaben auf dieser Seite können in beliebiger Reihenfolge in Partnerarbeit (!) bearbeitet werden. Es ist zwar möglich, dass auch Einzelarbeit als Sozialform gewählt werden kann, ein Argumentationsaustausch zwischen den Kindern ist aber wünschenswert.

Die Lösung sollte von den Kindern in schriftlicher Form gefunden werden. Hierbei ist

Zu Seite 6

es unerheblich, welche Verschriftlichung die Kinder verwenden. So ist die Lösung 64 : 8 = 8 bei der ersten Aufgabe möglich, ebenso aber auch eine bildhafte Form, bei der 64 Personen auf 8 Kunden verteilt werden. Außerdem wird bei den Aufgaben die Schreibweise mit Rest wiederholt. Hierbei ist sowohl die Form 25 : 4 = 6 R 1 als auch 25 = 6 · 4 + 1 möglich. Die Aufgabe „immer 60" ist eine offene Aufgabe, die Kinder werden nur in seltenen Fällen begründen können, warum sie sämtliche Aufgaben gefunden haben. Es reicht in diesem Zusammenhang, die verschiedenen Multiplikationsaufgaben der Kinder zu sammeln. Auch hierbei kann ein Aufgaben-Plakat entstehen. Die vier Aufgaben im mittleren unteren Kästchen sind in dem Sinne Problemaufgaben, als zwar arithmetisch es jeweils um die Form 26 : 4 geht, sich aber aufgrund des Sachkontextes vier verschieden Lösungen einstellen. Die Lösung der ersten Aufgabe ist 7, bei der zweiten 6, bei der dritten $6\frac{1}{2}$ (oder eine Nichtgleichverteilung), die vierte Aufgabe ist nicht lösbar.

Das Arbeitsblatt **6.1** nimmt die Aufgaben der Schulbuchseite auf. Es handelt sich um vermischte Multiplikations- und Divisionsaufgaben, die als Umkehraufgaben jeweils zu notieren sind. Hierdurch wird ein enger Zusammenhang zwischen Multiplikation und Division angestrebt. Da Multiplikationsreihen von den Kindern in der 2. Klasse gelernt wurden und zu diesem Zeitpunkt (hoffentlich) auswendig gewusst werden, erübrigt es sich, die Divisionsreihen zu lernen. Diese werden lediglich als Umkehrung der Multiplikation erkannt. Dies beinhaltet aber, dass von den Kindern Zahlentripel im Gedächtnis abgelegt werden, so z.B. 6, 9, 54; dies lässt dann die Aufgaben 6 · 9 = 54, 54 : 6 = 9 und 54 : 9 = 6 als zusammengehörig erkennen.

Bei der zweiten Aufgabe handelt es sich um bekannte Additions- und Subtraktionstabellen, wobei im letzten Fall bei einer Aufgabe der 100er-Raum überschritten wird.
6.2 stellt eine Fortsetzung des vorangehenden Arbeitsblattes dar, Aufgabentyp und Anforderung sind analog.
6.3 beinhaltet Zahlzerlegungen, Additions- und Subtraktionsaufgaben in verschiedener Form, im zweiten Abschnitt einfache Divisionsaufgaben, wobei allerdings das Kleine Einmaleins überschritten wird. Im letzten Abschnitt wird die bekannte Form der Zahlenpyramiden wiederholt. Die Aufgaben im mittleren Abschnitt, die das Kleine Einmaleins verlassen (z.B. 76 : 4) sind für die Lehrperson interessant. Hier können sich unterschiedliche Strategien bei den Kindern einstellen: Ableitung von benachbarten, bekannten Divisionssätzen, Bestimmen des Ergebnisses über Teilschritte etc. Diese unterschiedlichen Strategien sollten gesammelt und von den Kindern an der Tafel dargestellt werden.
6.4 stellt gemischte Multiplikations- und Additions-/Subtraktionsaufgaben. Diese Aufgaben sind in Teilschritten zu lösen, die jeweils zu notieren sind.

Die zweite Aufgabe stellt Zahlenpyramiden in ähnlicher Weise dar, wie auf der vorangehenden Seite.

Die dritte Aufgabe kann auch wieder als Lernzielkontrolle verwendet werden, wenn eine Zeitbeschränkung vorgegeben ist. Es handelt sich um einfache Aufgaben der Zweier-, Vierer- und Achterreihe. Hier sollte die Zeitbegrenzung bei 4 Minuten liegen.

Eigentlich sollten keine Schwierigkeiten bei dieser Schulbuchseite beobachtbar sein. Es kann lediglich vorkommen, dass einige Schüler die Schreibweise bei Divisionsaufgaben mit Rest nicht mehr wissen, so dass sich anfangs Irritationen einstellen. Es sollte beobachtet werden, ob die Kinder die Umkehraufgaben als jeweils zueinandergehörig erkennen. Bei dem Arbeitsblatt **6.3** stellen die Aufgaben mit der Waage möglicherweise insofern eine Schwierigkeit dar, als es sich nicht um einfache Zahlen handelt. Allerdings sollten die Kinder zu diesem Zeitpunkt im Zahlenraum bis 100 sehr sicher rechnen können. Bei den letzten drei Aufgaben handelt es sich um offene Aufgaben. Hier können die Kinder frei über die Zahlen verfügen, lediglich mit der Bedingung, dass die Waage im Gleichgewicht ist. Einige Kinder werden hier verschiedene Lösungen angeben wollen, andere werden sich mit einer einzigen Lösung begnügen. Dies sagt aber nicht unbedingt etwas über die Rechenfähigkeit der Schüler aus.

Zu Seite 7

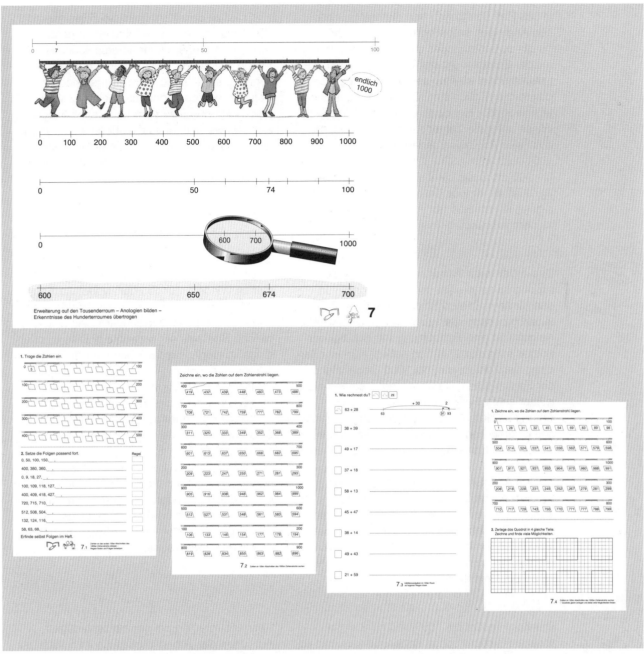

Erweiterung des Zahlenraumes bis 1000 durch Analogiebildung; Erkenntnisse, die in dem 100er-Raum gewonnen wurden, auf den neuen Zahlenraum übertragen und dabei mathematische Inhalte wiederentdecken und weiterentwickeln.

Die Kinder benötigen für die Übertragung der Zahlen das Heft, für das Arbeitsblatt **7.4** Buntstifte.

Die Stunde sollte mit einer Wiederholung des Meters als Länge und der Zentimeter als Einteilung des Meters beginnen. Hierzu können die Kinder jeweils messen, wie lang 1 Meter ist und einen sehr großen Schritt machen. Auf dem Schulhof oder in der Klasse lässt sich ein Band von 10 Meter Länge legen. Die Frage, die sich ergibt, ist: „Wie viele Zentimeter ist denn diese Länge?".

Die Schulbuchseite überträgt Analogien aus dem 100er-Raum auf den 1000er-Raum. Die Schüler sollten diese Darstellungsformen

Zu Seite 7

in das Heft übertragen und die entsprechenden Analogien selbst vornehmen. Hierbei ist darauf zu achten, dass die Striche sehr genau mit der Schablone gezogen werden, dass sie untereinander stehen, so dass die Übertragungen leicht möglich sind. Darüber hinaus sollten die Kinder Hunderterteile in der gleichen Weise unter die Zahlenstrahle zeichnen, so dass sich Analogien bilden 0 – 100, 100 – 200, 200 – 300, ..., wobei der Ausschnitt 0 – 100 als Basis dient. Es erscheint uns wichtig, dass die Kinder hierbei in Partnerarbeit eigene Konstruktionen vornehmen, bevor sie zu dem Arbeitsblatt **7.1** übergehen.

Es ist zu erwarten, dass die Flüssigkeit der Übertragung, d.h. die Analogiebildung zwischen den Kindern sehr unterschiedlich ist. Einige werden die Zusammenhänge sehr schnell herstellen, andere werden noch Schwierigkeiten haben, dreistellige Zahlen darzustellen und zu verorten. Es kann nicht erwartet werden, dass dies bereits am Anfang des Schuljahres vollständig gelingt, diese Übungsformen werden in der Folgezeit häufiger wiederholt.

Das Arbeitsblatt **7.1** nimmt diese Analogiebildung im ersten Teil auf und verlangt von den Kindern, Zahlen an den jeweiligen Zahlenstrahlausschnitten zu verorten. Die zweite Aufgabe ist eine Fortsetzung von **5.3**, bei der Folgen fortgesetzt werden sollen. Nun ist allerdings der Zahlenraum bis 1000 Gegenstand der Zahlenfolgen. Darüber hinaus sollten die Kinder selbst Folgen erfinden und deren Anfang im Heft notieren. Der jeweilige Partner sollte versuchen, die Regel herauszufinden, sie zu benennen und die Zahlenfolge weiterzuführen.

Das Arbeitsblatt **7.2** verlangt von den Kindern ebenfalls, Zahlen am Tausender-Zahlenstrahl zu verorten. Hier muss nun die Stelle gefunden werden, an der sich die betreffenden Zahlen befinden. Bei Arbeitsblatt **7.1** handelte es sich hingegen um ein Erkennen eines Zahlenplatzes.

Die Rechenstrategien im Arbeitsblatt **7.3** stellen Wiederholungen dar, wobei die Additionsaufgaben auf eigenen Wegen gelöst werden können. Es ist den Kindern freigestellt, welche Strategie sie verwenden. Dies ist allerdings im diagnostischen Sinne für die Lehrperson relevant.

7.4 ist eine Fortsetzung der Zahlenverortungsaufgaben von **7.1** und **7.3**.

Aufgabe 2 verlangt von den Kindern ein Quadrat mit untergelegtem Karomuster in 4 kongruente Teile zu zerlegen. Hierfür sind sehr verschiedene Lösungsmöglichkeiten vorhanden, von denen die Kinder 8 finden sollten. Der Kreativität sind keine Grenzen gesetzt, es kommen bei Kindern dieser Altersklasse im Allgemeinen sehr viel mehr Lösungen zustande als bei Erwachsenen.

Der Zahlenraum bis 1000 wird nur bei sehr wenigen Kindern schon entwickelt sein. Ihn zu beherrschen ist Gegenstand des 3. Schuljahres. Aus diesem Grunde kann nicht erwartet werden, dass die Aufgaben auf den Arbeitsblättern fehlerfrei sind. Wir erwarten bestimmte typische Fehler: ein Verorten der Zahlen in einen falschen Zehnerabschnitt. Die Zahl 325 wird in dem zweiten Zehnerabschnitt, dann allerdings mit dem richtigen Einer verortet, d.h. statt 325 wird häufig die 315 gewählt. (Ähnliche Probleme treten erfahrungsgemäß auch mit der Hundertertafel auf: die Zahl 47 wird als siebte Zahl in der vierten Zeile gesucht wo 37 steht). Die Verfügbarkeit von Rechenstrategien bei den verschiedenen Aufgaben des Arbeitsblattes **7.3** ist aufschlussreich. Einige Kinder werden nur über einen schmalen Satz von Strategien verfügen, meist nur eine oder zwei, andere werden insbesondere die Sprungstrategie verwenden. Es ist insbesondere bei der letzten Aufgabe zumindest interessant zu sehen, ob die Kinder die Umkehraufgabe verwenden und statt 21 + 59 lieber 59 + 21 rechnen und am Zahlenstrahl darstellen.

Zu Seite 8

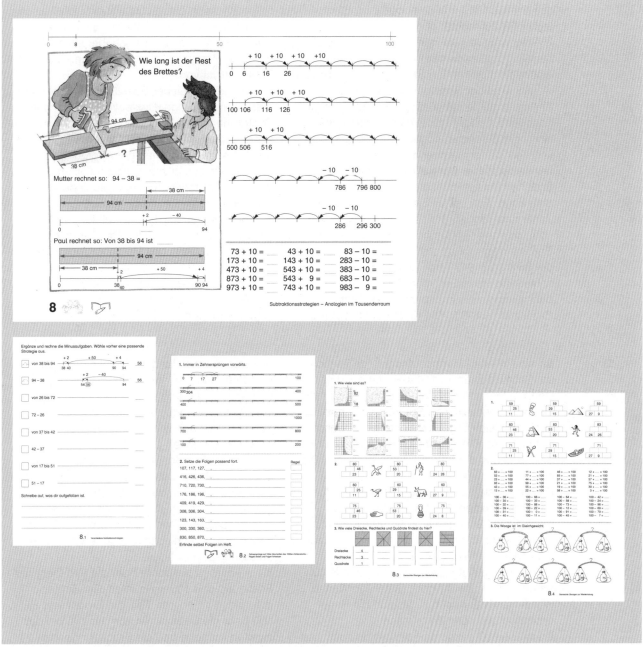

Subtraktionsstrategien im 100er-Raum wiederholen, Analogiebildung der Additions- und Subtraktionsstrategien auf den 1000er-Raum in den Hunderterabschnitten, Wiederholung der Rechenstrategien, Ergänzungsstrategie bei der Subtraktion, Hunderterzerlegung.

Die Schüler benötigen für die Aufgaben der Schulbuchseite und auch bei den Arbeitsblättern das Heft.

Wir stellen uns vor, dass zu Beginn der Stunde Subtraktionsaufgaben im Plenum durchgeführt werden, wobei die Kinder ihre verschiedenen Strategien, die sie in der 2. Klasse im 100er-Raum angewendet haben, nun wiederholen und an der Tafel darstellen. Es ist hierbei wünschenswert, wenn bei einer Aufgabe unterschiedliche Strategien vorgestellt werden.

Die Illustration auf der Schulbuchseite verdeutlicht zwei verschiedene Vorgehensweisen, um eine Differenz zu bestimmen. Aus der Sicht der sägenden Frau ist eine Subtraktion naheliegend, da sie die 94 Zentimeter

Zu Seite 8

des Brettes sieht von dem, aus ihrer Sicht, rechts 38 Zentimeter abgeschnitten werden. Die Übertragung auf den leeren Zahlenstrahl bedeutet, dass von der 94 nach links nach einer selbst gewählten Strategie 38 subtrahiert werden. Auf der Schulbuchseite wird die Sprungstrategie als günstige Rechenstrategie angegeben, andere Subtraktionsstrategien sind aber durchaus möglich und werden wohl von den Kindern verwendet. Das Entscheidende bei dieser Darstellung liegt in der veränderten Perspektive, die der Junge einnehmen kann. Aus seiner Sicht wird von dem 94 Zentimeter langen Brett der linke Teil abgesägt, so dass sich für ihn die Subtraktion als Ergänzungsproblem stellt: wie weit ist es von der 38 bis zur 94? Auch hier sind viele verschiedene Strategien möglich, von der Autobahnstrategie bis zur schrittweisen Zehner-Ergänzung (38-88). Die Kinder sollten in Partnerarbeit diese unterschiedlichen Sichtweisen tatsächlich zeichnen, wobei es günstig ist, wenn sich die Schüler gegenüber sitzen und aus ihrer Perspektive die Darstellung am Zahlenstrahl vornehmen.

Der rechte Teil der Schulbuchseite behandelt Zehnersprünge. Diese werden zuerst im Zahlenraum bis 100 durchgeführt, dann in verschiedenen Hunderterabschnitten. Wesentlich ist hierbei das Erkennen der Analogie, so dass sich Kenntnisse aus dem schrittweisen Zählen in Zehnersprüngen auf die verschiedenen Hunderterräume übertragen lassen.

Analoges gilt für die Subtraktion, die im zweiten Teil dargestellt ist. Die Aufgaben im unteren Teil, die in das Heft übertragen werden müssen, dienen der Analogiebildung. Nachbaraufgaben sind eingestreut, um zu verhindern, dass die Kinder in einen Schematismus verfallen.

8.1 sind Wiederholungsaufgaben, da es sich um Subtraktionen im 100er-Raum handelt. Den Kindern sollte auffallen, dass bei den von ihnen vorgenommenen Subtraktionsstrategien sich das gleich Ergebnis einstellt, als wenn ergänzt wird. Dies stellt eine abstraktere Form der Handlung dar, die auf der Schulbuchseite durchgeführt wurde.

8.2 thematisiert Zehnersprünge auf den Hunderterabschnitten des Tausender-Zahlenstrahls. Das Springen in Zehnern ist ein sehr wesentliches Element für die im 1000er-Raum avisierten Rechenstrategien.

Die zweite Aufgabe beinhaltet auch Sprünge in Zehner-, Zwanziger-, Dreißiger-Weiten, wobei die Kinder noch zusätzlich die Regel erkennen und notieren müssen.

8.3 wiederholt bekannte Formate aus der 2. Klasse, die aber in abgewandelter Form auch in Klasse 3 Anwendung finden. Es handelt sich um die Hunderter-Ergänzung am Hunderterfeld und das schnelle Überblicken von Anzahlen durch die Zehnerbündelung. Bei der zweiten Aufgabe wird das Format der Zahlenpyramiden wiederholt, hier noch beschränkt auf den 100er-Raum.

Aufgabe 3 verlangt von den Kindern eine visuelle Diskrimination und Figur-Grund-Wahrnehmung. Es ist in den unterschiedlichen Figuren jeweils zu bestimmen, wo Dreiecke, Rechtecke und Quadrate vorkommen. Diese liegen in unterschiedlicher Größe vor und in unterschiedlicher Lage.

8.4 wiederholt bekannte Formate und dient der Festigung des 100er-Raumes. Die Zahlenpyramiden im oberen Teil, die Ergänzung zu 100 bzw. die Subtraktion von der 100 bei der zweiten Aufgabe und die Ergänzungs- bzw. Subtraktionsaufgaben im dritten Teil sollten den Kindern keine Schwierigkeiten bereiten.

Da es sich um Wiederholungen handelt, sollten die Schwierigkeiten beschränkt sein auf den neuen Zahlenraum. Die Analogiebildung wird möglicherweise nicht von allen Kindern vollzogen. Hier sollte Hilfe allerdings nicht von der Lehrperson, sondern von dem jeweiligen Partner bzw. der Arbeitsgruppe gegeben werden.

Es ist für das Verständnis beider Seiten förderlich, wenn ein Kind versucht zu erläutern, wo es Schwierigkeiten hat und was es nicht versteht, und ein anderes Kind diese Hilfestellungen gibt. Wesentlich ist hierbei zu verstehen, was der Partner nicht verstanden hat, sich also in seine Denkweise und seine Schwierigkeiten hineinzuversetzen.

Möglicherweise gibt es Kinder, die Schwierigkeiten bei der dritten Aufgabe von **8.3** haben. Hierbei wäre dann diagnostisch weiter zu überprüfen, ob es sich um isolierte visuelle Probleme handelt (Figur-Grund-Wahrnehmung, visuelle Diskriminationsfähigkeit). Diese sind abzugrenzen von arithmetischen Fehlern, die bei diesen Aufgaben auch auftreten können. So können sich Kinder bei der Anzahl der Dreiecke bei Figur 4 durchaus verzählen oder nicht sämtliche Dreiecke erkannt haben, ohne dass Störungen im visuellen Bereich vorliegen. Erst im Kontext mit Schwierigkeiten bei anderen Aufgaben lässt sich beim einzelnen Kind eine genauere Diagnose stellen.

Zu Seite 9

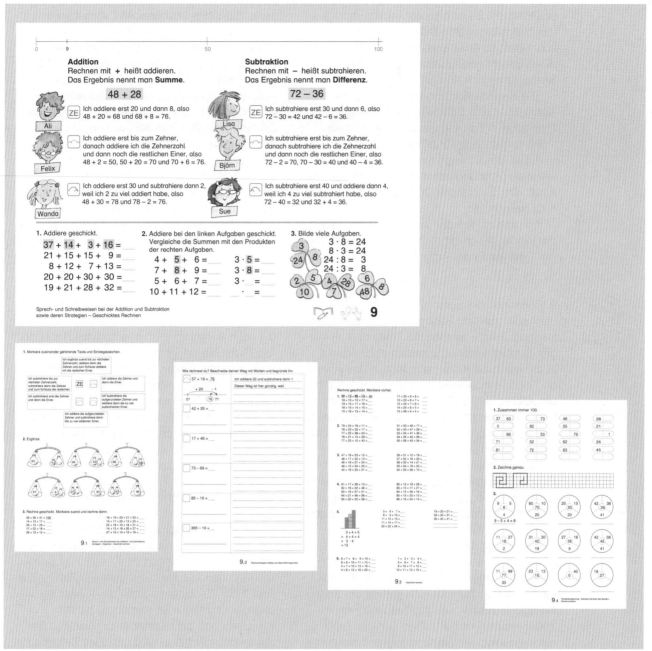

Terminologie bei der Addition und Subtraktion; Strategien bei Addition und Subtraktion; geschicktes Rechnen; Umkehraufgaben bei Multiplikation und Division.

Für das Finden von Umkehraufgaben und für vereinfachtes Rechnen benötigen die Kinder das Heft.

Die Additions- und Subtraktionsstrategien sollten am Anfang der Stunde gesammelt werden. Von den möglicherweise sehr viel mehr vorkommenden Strategien sind für den 1000er-Raum allerdings nur jeweils drei hilfreich: Zehner-Einer, Autobahn und die Sprungstrategie. Zudem wird wahrscheinlich das Vorkommen der Autobahn-Strategie seltener sein. Die Kinder sollten bei verschiedenen Aufgaben die eigene Strategien im Plenum erklären, an der Tafel darstellen und ihre Vorgehensweise begründen (Warum sind sie günstig?). Anschließend sollten die Kinder die Begründungen, die sie vorgelegt haben, ver-

ZU SEITE 9

schriftlichen. Es ist also notwendig, dass sie ihre Vorgehensweise möglichst genau beschreiben, so dass ein anderes Kind, das diese Beschreibung liest, weiß, um welche Strategie es sich handelt.

Die Begriffe Addition und Summe sowie Subtraktion und Differenz werden eingeführt. Dies kann in Form eines Merksatzes in der Tafel aufgehängt werden. Die Lehrperson sollte diese Terminologie strikt durchführen, auch wenn es nicht unbedingt von den Kindern verlangt wird. Es handelt sich um ein Einüben in eine Sprachform.

Im unteren Teil der Schulbuchseite müssen die Kinder geschickt rechnen. Sie sollten bei der Diskussion der Aufgaben der Schulbuchseite allerdings beschreibend vorgehen und nicht mit Farbe in das Buch hinein malen. Dieses können sie dann bei weiteren Aufgaben, die sie selbst erfinden sollten und die geschicktes Rechnen erfordern, selbst tun. Bei Aufgabe 1 handelt es sich um Additionsaufgaben, die sich durch Vertauschungen der Summanden vereinfachen lassen, bei Aufgabe 2 geht es um die Kraft der Mitte, um Ausgleichsrechnungen. Aufgabe 3 ist eine Wiederholung des bekannten Kleeblatt-Formats, bei der Multiplikations- und zugehörige Divisionsaufgaben verbunden werden. Die Kleeblattdarstellung dient hierbei der Festigung zueinander gehörender Zahlentripel.

9.1 versucht, die Sprech- und Schreibweisen bei Additions- und Subtraktionsstrategien zu festigen. Hierzu werden die Texte den jeweiligen Strategie-Ikonen zugeordnet. Es reicht auch, wenn die Kinder das Ikon in das jeweilige Textfeld hineinmalen. Dass es sich hierbei um Additions- und Subtraktions-Strategien handelt, die in den Texten beschrieben werden und dementsprechend mehrere Pfeile zu den Ikonen gehen oder mehrere Nennungen der Strategien in den Textfeldern, kann Anlass zu Gesprächen zwischen den Kindern sein. Möglich ist auch, dass aufgrund der Tätigkeit an der Schulbuchseite ein Plakat erstellt werden kann, wo die Kinder ihre individuellen Beschreibungen der jeweils durchgeführten Strategie unter das Strategie-Ikon kleben.

Die Aufgaben 2 und 3 stellen Wiederholungen dar, es handelt sich jeweils um Zahlzerlegungen bzw. geschicktes Rechnen im 100er-Raum. Hierbei sollten nun die Zahlen, die in geschickter Weise kombiniert werden, farbig markiert werden. Die farbliche Unterstützung erleichtert die Kommunikation zwischen den Kindern.

Auf dem Arbeitsblatt **9.2** sollen die Kinder die Rechenstrategie wählen, deren Ikon sie dann in dem Feld vor der Aufgabe eintragen. Nun muss nicht nur die Strategie beschrieben werden, sondern es ist auch eine Begründung verlangt, warum die verwendete Strategie in diesem Falle günstig erscheint. Bei der letzten Aufgabe wird ein Analogieschluss zur vorletzten Aufgabe erforderlich, der aber zu diesem Zeitpunkt durchaus erwartet werden kann.

9.3 setzt Aufgaben zum geschickten Rechnen fort. Auch hierbei gilt es, die jeweils zusammengefügten Zahlen farblich zu unterlegen. Bei der Aufgabe 5 wird die Kraft der Mitte wiederholt. Die Summe von aufeinanderfolgenden Zahlen lässt sich leicht bestimmen, indem die „mittlere Zahl" mit der Anzahl der Summanden multipliziert wird. Die Würfelbauten sind noch einmal abgebildet, um den Kindern die Handlung, die sie in der 1. und 2. Klasse mit dem Material durchgeführt haben, in Erinnerung zu rufen. Die letzte Aufgabe könnte für einige Kinder in sofern Schwierigkeiten bereiten, als die „mittlere Zahl" nicht so leicht zu finden ist. Da es sich um eine gerade Anzahl von Summanden handelt, stellt die „mittlere Zahl" einen Bruch dar. Trotzdem sollten die Kinder versuchen, auch hierfür Strategien zu bilden.

9.4 wiederholt die Hunderter-Ergänzung. Bei der zweiten Aufgabe wird genaues Zeichnen verlangt. Der Mäander kann an antiken Gebäuden oder als Ornament an Gegenständen bekannt sein. Es wäre für die Kinder hilfreich, wenn solche Abbildungen in der Klasse vorhanden sind.

Die Rechenscheiben stellen Wiederholungen dar, es handelt sich jeweils um Additions- und Subtraktionsaufgaben, die geeignet kombiniert werden müssen. Bei den letzten beiden Aufgaben handelt es sich um offene Formen.

Wir gehen davon aus, dass es für die arithmetischen Inhalte keine Schwierigkeiten geben sollte. Hingegen könnte es für die Kinder ungewohnt sein, ihren Rechenweg nicht nur zu beschreiben, sondern diese Beschreibung auch schriftlich zu fixieren. Darüber hinaus dürfte es noch schwieriger sein, in schriftlicher Form eine Begründung für die Wahl der Rechenstrategie abzugeben. Dies ist nur in einem Klassenklima möglich, in dem auch fehlerhafte und nicht ganz günstige Lösungen ihren Platz haben und von den Klassenkameraden akzeptiert werden. In diagnostischer Hinsicht sind sie allerdings aufschlussreich über die Denkweisen des Kindes.

Zu Seite 10

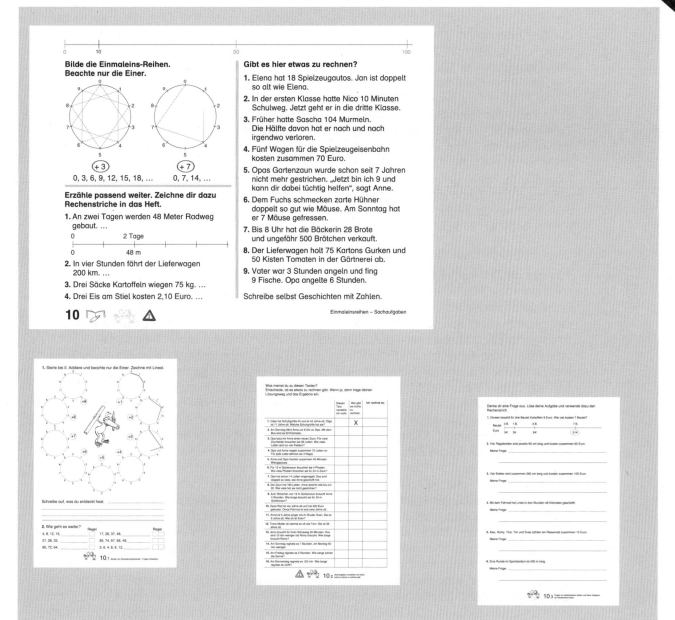

Einmaleins-Reihen geometrisch darstellen; Sachaufgaben lösen; selbst Geschichten mit Zahlen erfinden; Fehler im Schulbuch finden.

Die Kinder benötigen für das Erfinden eigener Textaufgaben und die Übertragung der Aufgaben an den Zahlenstrahl das Heft.

Wir stellen uns vor, dass am Anfang der Stunde die Kinder versuchen sollten, Kreise zu malen, mit Hilfe von Schablonen oder mit dem Zirkel, und diese Kreise dann in Teile zu unterteilen. Hierbei können die Kreise halbiert werden, geviertelt, geachtelt, aber eben auch gesechstelt und gezwölftet. Eine Zehnerteilung sollten die Kinder versuchen, sie werden allerdings feststellen, dass dies nur sehr ungenau gelingt.

Auf der Schulbuchseite ist eine geometrische Darstellung der Einmaleins-Reihen begonnen worden, die Kinder sollten sich die Fortsetzung an diesem Zehner-Kreis überle-

Zu Seite 10

gen. Ein Vergleich der Endziffern führt zu dem (für die Kinder überraschenden) Ergebnis, dass die Endziffern der Dreier- und Siebener-Reihe identisch sind. Sie geben darüber hinaus am Zehner-Kreis die gleiche Figur.

Die Aufgaben auf der linken Seite unten stellen eine Wiederholung des doppelten Zahlenstrahles dar. Bei der ersten Aufgabe stehen oben die Zeiten, unten die Längen. Diese werden von den Kindern fortgesetzt und möglichst für alle Tage berechnet. Die Aufgaben 2 bis 4 sind von den Kindern im Heft mit Hilfe eines doppelten Zahlenstrahles zu konstruieren, wobei nicht vorgeben wird, wie lang dieser sein soll. Dies sollte den Kindern überlassen bleiben, wie weit ihre Fähigkeit (und ihre Motivation) reicht.

Die Textaufgaben auf der rechten Seite sind von den Kindern im Heft zu lösen. Hierbei müssen die Aufgaben nicht abgeschrieben werden. Es ist von den Kindern lediglich herauszufinden, wie gerechnet werden muss, vorausgesetzt, dass überhaupt gerechnet werden kann. Die Kinder müssen also insbesondere erstmal entscheiden, ob es sich um ein mathematisches Problem handelt oder um Aussagen, die sich einer rechnerischen Lösung entziehen.

10.1 gibt die Zehner-Kreise für die Multiplikationsreihen vor. Hier sollen die Kinder möglichst genau mit Hilfe der Schablone bzw. Geodreiecks die Kreise ausfüllen. Es muss in Analogie zu der Schulbuchseite darauf geachtet werden, dass immer nur die Einer der jeweiligen Multiplikationsreihen beachtet werden, die Zehner werden nicht berücksichtigt.

Darüber hinaus sollten die Kinder aufschreiben, welche Entdeckungen sie im Vergleich der verschiedenen Multiplikationsreihen bzw. ihrer Darstellung am Zehner-Kreis gemacht haben. So sind die Einer- und Neuner-Reihe, die Zweier- und die Achter-Reihe, die Dreier- und die Siebener-Reihe, die Vierer- und die Sechser-Reihe jeweils identisch. Aus welchem Grund mag dies so sein?

Es kann nicht angenommen werden, dass die Kinder dieser Altersstufe hierfür eine Begründung angeben können, schon gar nicht eine mathematische. Es handelt sich um ein Problem der Restklassen. Die Zahl 9 entspricht der Zahl -1 Modulo 10. Der Neuner-Kreis entsteht aus dem Einer-Kreis schlicht dadurch, dass er rückwärts abläuft. Bei der Aufgabe 2 sind in Wiederholung vorangehender Arbeitsblätter Regeln zu finden, wobei es im zweiten Fall um die Hintereinanderausführung von zwei Regeln geht. Dies ist nicht für alle Kinder eine einfache Form.

Auf dem Arbeitsblatt **10.2** müssen die Kinder wieder entscheiden, ob die Textaufgabe lösbar ist oder nicht. Wenn sie aus ihrer Sicht gelöst werden kann, ist allerdings die Rechnung auch anzugeben. Ziel ist hierbei, die Kinder gegenüber Texten zu sensibilisieren und nicht davon auszugehen, dass jeder Text eine arithmetische Lösung hat, nur weil er im Mathematikbuch vorkommt.
10.3 verlangt von den Kindern, sich zu einem vorgegebenen Sachverhalt selbst Fragen auszudenken und diese dann am jeweiligen doppelten Zahlenstrahl darzustellen. Dies ist natürlich nur dann notwendig, wenn die Frage des einzelnen Kindes auch einen arithmetischen Bezug hat. Es kann auf dieser Seite durchaus vorkommen, dass die Kinder nicht arithmetische Probleme lösen wollen, sondern andere Fragen im Zusammenhang mit dem Text stellen. Darüber hinaus werden verschiedene Fragen gestellt und entsprechende Lösungen von den Kindern gefunden werden. Diese sollten im Plenum behandelt werden.

Bei der Lösung der Textaufgaben kann sich ein Einstellungs-Effekt einstellen. Kinder versuchen, die in der Aufgabe angegebenen Zahlen miteinander zu kombinieren, um so auf eine arithmetische Lösung zu stoßen. Einige werden die unterschiedliche Darstellungsform auf dem Arbeitsblatt **10.2** bei den letzten beiden Aufgaben nicht erkennen. Bei der Aufgabe 14 kann es zu Fehllösungen kommen, wenn die Einheiten, Stunden und Minuten, nicht berücksichtigt werden.

Leistungsschwächere Kinder werden bei der Darstellungsform am Zehner-Kreis lediglich durch die Gleichheit der Kreise überrascht, ohne weiter nach Begründungen zu fragen. Dies ist erfahrungsgemäß eher bei leistungsstärkeren Schülern der Fall.

Zu Seite 11

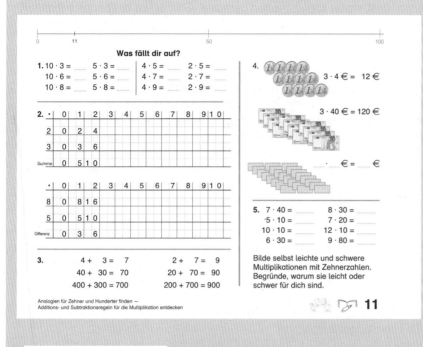

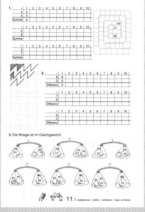

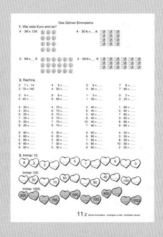

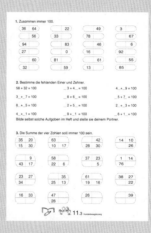

Halbierungstechniken bei der Multiplikation erkennen; Analogien für Zehner und Hunderter finden; Analogien im Geldbereich erkennen; das Distributivgesetz der Multiplikation über die Addition und Subtraktion in unterschiedlichen Zahlenkombinationen anwenden; Analogien im 1000er-Raum.

Die Schüler benötigen für die Aufgaben das Heft.

Wir schlagen vor, dass die Stunde mit einer Kopfrecheneinheit beginnt, die sich auf die Multiplikation beschränkt. Hierbei sollte neben dem Kleinen Einmaleins auch die Multiplikation mit Zehnern und Hundertern vorkommen.

Die Kinder sollten in Einzelarbeit Aufgabe 1 bearbeiten und schriftlich notieren, welche Entdeckungen sie hierbei machen. Es ist auch zulässig, dass die Kinder keine Zusammenhänge zwischen den Aufgaben erkennen und dies aufschreiben. Anschließend sollte in Gruppenarbeit für nur wenige Minuten der Zusammenhang der Aufgaben festgestellt

Zu Seite 11

werden (die Multiplikation mit 10 ist immer das Doppelte der Multiplikation mit 5, die Multiplikation der 4 ist das Doppelte der Multiplikation mit 2). Anschließend sollten die Gruppen noch weitere zusammenhängende Aufgaben, die sich über Verdoppelungen ergeben, aufschreiben.

Die zweite Aufgabe sollte in entsprechender Form vorgenommen werden (Einzelarbeit – Gruppe).

Die dritte Aufgabe dient lediglich als Anstoß. Sie beinhaltet die Analogiebildung vom Zehnerraum auf den 100er-Raum, die bereits bekannt ist, und schließlich auf den 1000er-Raum. Auch hier sollten die Kinder weitere Aufgaben bilden und sämtliche Analogien notieren.

Bei der vierten Aufgabe kann es für einige Kinder nötig sein, mit Spielgeld zu operieren. Die Geldbeträge sollten gelegt und begleitend notiert werden. Der dritte Teil der Aufgabe ist offen gestaltet. Günstig ist hierbei eine Partnerarbeit, wobei ein Kind Geldwerte multiplikativ legt, das andere Kind die beschreibende Notationsform vornimmt. Auch die umgedrehte Vorgehensweise ist denkbar. Hierbei schreibt ein Kind eine Multiplikationsaufgabe auf, das andere Kind legt die Geldstücke bzw. -scheine.

Die fünfte Aufgabe dient dazu, eigene Rechnungen als schwierig oder leicht zu erkennen. Die Multiplikation mit 10 stellt für sich keine Schwierigkeit dar, da aus Sicht der Kinder lediglich eine 0 angehängt wird. Aber die Multiplikationsaufgaben des Kleinen Einmaleins, die als erster Schritt vorgenommen werden, sind für die Kinder unterschiedlich schwierig. Zudem kann bei einigen Aufgaben, die von den Kindern selbst entwickelt werden, eine Schwierigkeit mit einer zusätzlichen 0 auftreten, beispielsweise bei der Aufgabe 4 · 50 oder 5 · 80.

11.1 nimmt die Aufgabe 2 der Schulbuchseite auf. Hierbei wird von den Kindern lediglich verlangt, die Tabellen auszufüllen und die erkannten Zusammenhänge jeweils sprachlich zu formulieren. Dies gilt ebenso für die Aufgabe 2. Die nebenstehende Zahlenspirale stellt die Fünfer-Reihe dar. Hier sollten die Kinder die Struktur erkennen und sie versuchen, so weit wie möglich auszufüllen. Bei der Hunderterschwelle könnten gegebenenfalls bei einigen Kindern Schwierigkeiten auftreten (105, 110, 115, ...). Das geometrische Muster auf der Mitte der Seite sollte mit der Schablone bzw. Geodreieck gezeichnet werden. Die Kinder müssen sich hierbei überlegen, in welchen Abständen die jeweiligen parallelen Streckenabschnitte gezeichnet werden. Die dritte Aufgabe ist eine Wiederholung der Zahlzerlegung im 100er-Raum. Gerade leistungsschwächere Kinder fallen dadurch auf, dass sie immer noch Schwierigkeiten bei der Zahlzerlegung bzw. Addition und Subtraktion im Zahlenraum bis 20, insbesondere aber bis 100 haben. Dies gilt es bis zum Ende der 4. Klasse jeweils zu wiederholen und an komplexeren Aufgaben vorzuführen, ohne die Beschränktheit des Zahlenraumes aufzuheben.

11.2 thematisiert bei den Geldwerten die multiplikativen Zusammenhänge und die Übertragung von dem Hunderter- auf den 1000er-Raum. Dies wird durch die Ein-Euro-Münzen und die Zehn-Euro-Scheine verdeutlicht. Es handelt sich um eine Stellenwertproblematik, da die Multiplikation mit 10 ein Verschieben nach links bedeutet bzw. ein Anhängen einer 0. Bei der Aufgabe 2 werden zu Beginn diese Analogien auf der symbolischen Ebene weitergeführt. In Analogiebildung vom Kleinen Einmaleins wird nun mit Zehnerzahlen multipliziert. Auch Aufgabe 3 nimmt diese Analogiebildung in den 1000er-Raum auf, hier im Format der „Verliebten Herzen".

11.3 behandelt die Hunderter-Ergänzung als Wiederholung. Hierbei werden verschiedene Formate verwendet, so in Aufgabe 1 als schlichte Hunderter-Ergänzung in quasi tabellarischer Form, in Aufgabe 2 in symbolischer Form. Hierbei ist die Schwierigkeit für die Kinder möglicherweise, dass sie bei beiden Zahlen jeweils eine Ziffer ergänzen müssen. Diese Aufgabe sollte im Heft fortgeführt werden, wobei jeweils dem Partner ein Aufgabenpaket gestellt wird. Aufgabe 3 verlangt von den Kindern eine Vorab-Addition von drei Zahlen, bevor die Hunderter-Ergänzung durchgeführt werden kann. Bei den letzten Aufgaben müssen lediglich zwei Zahlen addiert werden, so dass die beiden anderen Zahlen sich zu dem Rest summieren.

Da es sich um Analogien handelt, die bereits in den letzten Stunden schon thematisiert wurden, erwarten wir keine Schwierigkeiten. Lediglich die Aufgabe 3 auf Seite **11.3** stellt bei den offenen Aufgaben einige Kinder vor Probleme. Auch die Aufgabe 2 führt häufig dazu, dass bei der auszufüllenden Zehnerzahl um 1 zu hoch gegriffen wird.

ZU SEITE 12

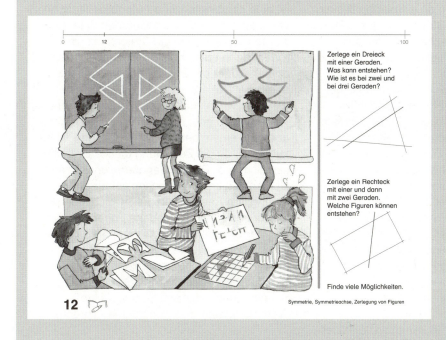

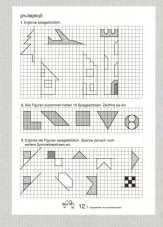

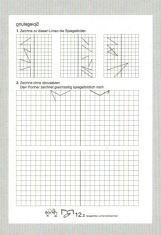

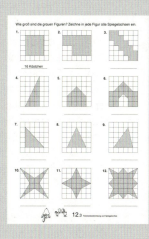

Symmetrie; Symmetrie-Achse; Zeichnen und Ausschneiden symmetrischer Figuren; Zerlegung von Figuren in symmetrisch und nicht-symmetrische Teile.

Für die Fortsetzung der Aufgaben benötigen die Kinder das Heft. Die Aufgaben sollten sämtlich in Partnerarbeit gelöst werden, wobei ein Kind zeichnen kann und abwechselnd der Partner kontrolliert.

Die Geometrie-Stunde sollte mit einer Kopfrecheneinheit beginnen und die Analogiebildung von dem Zehner- und 100er-Raum in den 1000er-Raum aufnehmen.

Auf der Schulbuchseite sind verschiedene Aktivitäten angeregt, die von den Kindern partnerschaftlich oder alleine durchgeführt werden können. Einmal handelt es sich darum, geometrische Konstruktionen vorzunehmen, die dann vom Partner spiegelbildlich gezeichnet werden müssen. Dies geschieht günstigerweise auf einem unlinierten Blatt. Es fördert die visuelle Wahrnehmung und Raumorientierung, und ist auch diagnostisch hilfreich. Es sollten

ZU SEITE 12

zumindest Zeichnungen an unlinierten Blättern wie auch auf karierten Blättern vorgenommen werden, weil die Unterschiede Aufschluss über Diskriminationsfähigkeit und Raum-Lage-Beziehungen geben können.

Durch das symmetrische Zeichnen mit beiden Händen entstehen Figuren wie der Tannenbaum auf der Schulbuchseite. Das Falten von Papier und entsprechendes Ausschneiden symmetrischer Figuren ist den Kindern aus der 2. Klasse her bekannt, hier können noch weitere Faltachsen eingebaut werden. Die Kinder können Sterne und Kleeblätter bilden. Die Untersuchung von symmetrischen Buchstaben (auch dies ist den Kindern schon bekannt) wird nun fortgesetzt in die Verfassung von Texten. Hierbei dürfen nur solche Buchstaben verwendet werden, die eine Spiegelachse besitzen. Es sind auch Worte zu suchen, die über eine Spiegelachse verfügen.

Die Zerlegung von Figuren durch Geraden ist eine kombinatorische Aufgabe. Hier können verschiedene Lagen von Geraden untersucht werden. Zerlegt man ein Dreieck mit einer Geraden, dann entsteht je nach Lage der Geraden entweder ein Dreieck und ein Viereck oder zwei Dreiecke. Wie ist es, wenn zwei Geraden verwendet werden? Wie bei drei oder vier Geraden oder mehr? Hier ist den Kindern aber von einem bestimmten Punkt ab Einhalt zu bieten, da die Zeichnung meistens unübersichtlich wird. Die Verwendung von Buntstiften ist hierbei hilfreich. Gleiches gilt für die Zerlegung von Rechtecken. Es ist wichtiger, dass die Kinder sich verschiedene Lagebeziehungen der Geraden verdeutlichen, die zu unterschiedlichen Zerlegungsfiguren führen. Sind die Geraden parallel, schneiden sie sich, haben die drei Geraden einen Schnittpunkt, zwei Schnittpunkte oder drei Schnittpunkte? Welche Figuren entstehen dementsprechend?

Auf dem Arbeitsblatt **12.1** müssen die Spiegelbilder bei den Figuren ergänzt werden. Die Spiegelachsen sind bei den Aufgaben 1 und 3 bereits eingezeichnet. Bei der Aufgabe 2 sind die Spiegelachsen einzuzeichnen, wobei es bei einzelnen Figuren mehrere Spiegelachsen geben kann, bei einer Figur auch keine (Parallelogramm). Die erste Figur hat nur eine Spiegelachse, die zweite keine, das Quadrat hat vier Spiegelachsen, das gleichseitige Dreieck drei Spiegelachsen, die letzte Figur zwei.

12.2 setzt das Thema Spiegelbilder und Spiegelachsen fort. Bei der Aufgabe 1 müssen die Kinder mit steigendem Schwierigkeitsgrad die spiegelbildlichen Linien einzeichnen. Dies sollten sie mit Buntstiften vornehmen. Einmal ist dieses Spiegelbild auf der rechten Seite der Spiegelachse, im zweiten Fall auf der linken Seite der Spiegelachse vorzunehmen. Bei dem letzten Bild kommt es zu Überschneidungen mit der Spiegelachse, was eine erhöhte Schwierigkeit für die Kinder darstellt. Die Aufgabe 2 ist in Partnerarbeit vorzunehmen, der eine Partner zeichnet einen Polygonzug vor, der von dem anderen nachgezeichnet werden muss. Dann wechseln sich Geber und Nehmer ab.

Auf dem Arbeitsblatt **12.3** sind neben dem Erkennen von Symmetrien bei einigen Figuren diese Symmetrien aber auch auszunutzen, um die Größe der Fläche zu bestimmen. Hierbei sind Plausibilitätsüberlegungen notwendig. Während die ersten Aufgaben noch über zählendes Vorgehen gelöst werden könnten, ist dies bei den weiteren Aufgaben nicht mehr möglich. Insbesondere die letzte Reihe stellt die Kinder möglicherweise vor Probleme. Bei den anderen Aufgaben kann durch geschicktes Zerlegen des Rasters erkannt werden, wo halbe Flächen vorkommen. Dies kann durch Symmetriebetrachtungen an Teilfiguren vorgenommen werden.

Es ist diagnostisch relevant zu beobachten, ob den Kindern bei dem beidhändigen Zeichnen die Symmetrie gelingt. Schwierigkeiten hierbei könnten auf Probleme der Körperwahrnehmung und der Körperkoordination hindeuten. Das Zeichnen spiegelbildlicher Figuren und Polygon-Züge könnte bei Störungen der visuellen Wahrnehmung bzw. der Raum-Lage-Beziehungen erschwert sein.

Möglicherweise haben einige Kinder auch Schwierigkeiten bei den Figuren auf Seite **12.1**, die keine horizontale oder vertikale Symmetrie-Achse haben. Es kann beobachtet werden, dass Kinder die Spiegelung an einer selbst gezeichneten Symmetrie-Achse vornehmen, die vorgegebene hingegen ignorieren.

Auf dem Arbeitsblatt **12.2** kann es zu Unterschieden kommen, ob die Spiegelfigur auf der linken oder rechten Seite der Spiegelachse gezeichnet werden muss. Auch dies könnte auf Störungen basalerer Art beruhen. Hingegen ist bei dem dritten Bild der Aufgabe 1 die Schwierigkeit, die Spiegelachse zu kreuzen, bei vielen Kindern vorhanden. Dies muss nicht als Hinweis auf Störungen basalerer Art gedeutet werden.

Zu Seite 13

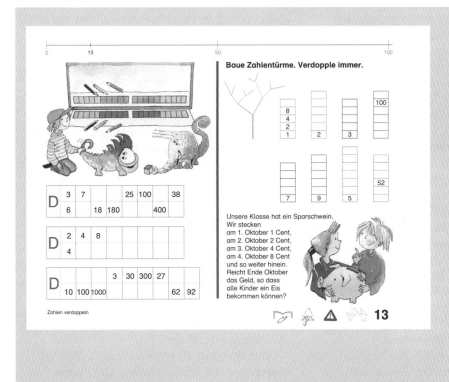

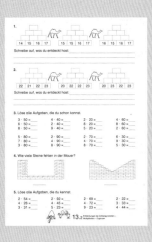

Zahlen verdoppeln; Wachsen der Exponentialfunktion beobachten; Zahlen im 1000er-Raum verorten; Entdeckungen an Zahlenpyramiden (Vorstufe der Binomialkoeffizienten und des PASCALschen Dreiecks).

Die Kinder benötigen das Heft, für das Nachlegen der Mauern möglicherweise Würfel.

Es wird vorgeschlagen, die Stunde mit einer Kopfgeometrieaufgabe zu beginnen. Diese kann darin bestehen, dass ein Kind auf Anweisung einen Weg in der Klasse zurücklegen muss (gehe zwei Schritte nach vorn, drehe dich nach rechts, mache drei Schritte, drehe dich nach links etc.). Ein zweites Kind soll die symmetrischen Bewegungen ausführen. Hierbei ergibt sich, dass die Bezeichnungen „rechts" und „links" zu tauschen sind, die Angaben „vorwärts" und „rückwärts" allerdings nicht. Dies stellt eine Fortsetzung der Symmetrieaufgaben von Seite 12 dar, nun am eigenen Körper.

Zu Seite 13

Auf der linken Seite der Aufgaben sind Verdoppelungsaufgaben durchzuführen mit unterschiedlichem Schwierigkeitsgrad. Diese sind in das Heft zu übertragen. Bei der zweiten Aufgabenreihe können die Kinder zwar eigene Zahlen finden, es wäre allerdings günstig, wenn hier die Zweierpotenzen verwendet würden (2, 4, 8, 16, 32, ...). Hierbei stellt sich dann eine gewisse Struktur bei den Aufgaben ein, das Ergebnis einer Aufgabe ist die Startzahl für die nächste Aufgabe. Auf der rechten Seite der Schulbuchseite werden die Verdoppelungen weitergeführt, jetzt in Form von Zahlentreppen. Die Kinder müssen bei den ersten Aufgaben mit einer Startzahl beginnen und sollen versuchen, Verdoppelungen soweit durchzuführen, wie es ihre Rechenfähigkeit erlaubt. Bei der vierten Aufgaben der ersten Zeile handelt es sich um Halbierungen, die zu Brüchen führen. Diese Aufgabe zu lösen wird nicht von allen Kindern erwartet. Hier sollten allerdings Gespräche zwischen den Kindern stattfinden. Meist finden die Kinder noch die Hälfte von 25 als $12\frac{1}{2}$, hiervon die Hälfte zu finden gelingt ihnen meist sprachlich, nicht unbedingt aber in symbolischer Form. Dies muss aber keineswegs als falsch gewertet und korrigiert werden. Die Sachaufgabe führt derartig großen Zahlen, dass sie von den Kindern nicht zu lösen ist. Das Ziel dieser Aufgabe ist es, die Kinder in die Idee einzuführen, Exponentialfunktionen als sehr schnell wachsend zu erkennen. Das Ergebnis (2^{31}-1) kann von den Kindern selbst mit dem Taschenrechner nicht berechnet werden.

Das Arbeitsblatt **13.1** nimmt diese Verdoppelungs- und Halbierungsstrategien auf und führt sie an schwierigen Zahlen fort. Bei der zweiten Aufgabe, den Verdoppelungstürmen, sind die Kinder offen, für die letzten vier Aufgaben eigene Startzahlen zu wählen. Hier zeigt es sich, ob die Kinder dieses exponentielle Wachstum schon erkannt haben oder nicht. Im zweiten Falle kommt es häufig vor, dass sie zu große Startzahlen wählen, deren Verdoppelungen dann sehr schnell ihre rechnerischen Fähigkeiten übersteigen. Bei der Aufgabe 3 sind Zahlen in verschiedenen Hunderterabschnitten des 1000er-Raumes zu verorten.

13.2 variiert die bereits vorhandenen Formate der Zahlenpyramiden. Hierbei geht es weniger um das Ausfüllen der Pyramiden als um das Beobachten der Veränderungen der Zielzahl. Was verändert sich, wenn ich Umstellungen in der Grundzeile vornehme oder wenn ich bestimmte Zahlen variiere? Dies stellt eine Vorform des PASCALschen Dreiecks dar, das auch im 4. Schuljahr wieder aufgenommen wird und in der Sekundarstufe auf die Binomialkoeffizienten führt.

Aufgabe 3 ist eine Wiederholung (Kleines Einmaleins mit Zehnerzahlen). Bei Bedarf kann diese Aufgabe mit einer Zeitbeschränkung gegeben werden. Die Aufgabe 4 stellt eine Problemaufgabe dar, bei der es nicht um das Abzählen der fehlenden Steine geht, sondern darum, eine geeignete Strategie zu finden, um die Anzahl zu bestimmen. Diese Aufgabe sollte mit dem Partner oder in der Gruppe bearbeitet werden.

Die Aufgabe 5 sollte fakultativ bearbeitet werden, da sie möglicherweise die Fähigkeit von einigen Schülern überfordert. Hier geht es darum, eine geeignete Zerlegungsstrategie zu finden, um die schwierige Multiplikationsaufgabe zu lösen. Allerdings bietet es sich an, die Lösungsansätze der Schüler im Plenum zu diskutieren. Ziel ist es, die verschiedenen Strategien kennenzulernen und zu bewerten. Aufgaben dieses Typs dienen dazu, dass die Kinder die schriftliche Multiplikation selbstständig entwickeln.

Schwierigkeiten werden mit dieser Schulbuchseite nicht erwartet. Dass bei der Textaufgabe der Schulbuchseite sich für die Kinder zu große Zahlen ergeben, ist beabsichtigt und nicht als Schwierigkeit zu werten. Auch die sehr unterschiedlichen Strategien bei den Multiplikationsaufgaben auf Seite **13.2** sollten nicht als Hinweise für basale Probleme einzelner Schüler gedeutet werden.

Zu Seite 14

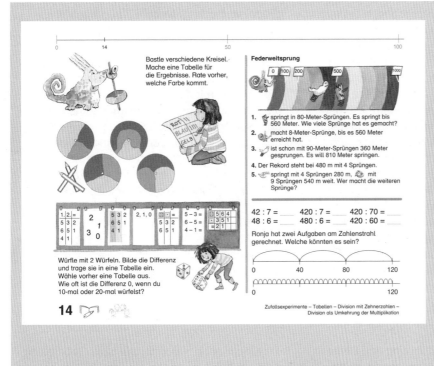

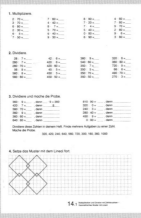

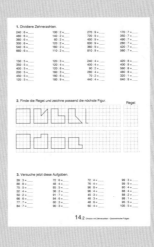

Zufallsexperimente mit verschiedenen Kreisen; Tabellen erstellen und deuten; Divisionen mit Zehnerzahlen; Multiplikation und Division als Umkehroperationen mit Zehnerzahlen; Regelhaftigkeiten bei geometrischen Figurenfolgen erkennen.

Die Kinder benötigen für die Zufallsexperimente und das Erstellen der Tabellen das Heft. Für die Experimente müssen farbige Kreisel erstellt werden.

Wir stellen uns vor, dass die Kinder mit den vorgefertigten Kreiseln experimentieren. Hierbei können sie im Voraus versuchen anzugeben, welche Farbe sich bei dem nächsten Wurf des Kreisels ergibt. Ziel ist es, dass die Kinder erkennen, dass lediglich die Randlinie für das Ergebnis eines Wurfes relevant ist, nicht aber die auf der Kreiselplatte gefärbte Fläche.

In Partnerarbeit sollten die Kinder eigene Kreisel entwickeln und bauen, bei denen bestimmte Vorgaben zu beachten sind. Das Verhältnis der Ergebnisse rot-blau-gelb könnte etwa 3 : 2 : 1 oder 1 : 3 : 4 oder anders

Zu Seite 14

sein. Sowohl bei den vorgegebenen als auch bei den selbst erstellten Kreiseln sollten die Kinder das Zufallsexperiment durchführen und in einer Tabelle die Ergebnisse notieren.

Das Würfeln mit zwei Würfeln und die Bestimmung der Differenz sollte ebenfalls in einer Tabellenform erfasst werden. Hierbei stehen auf der Schulbuchseite verschiedene Tabellen zur Verfügung, die günstig aber auch ungünstig sind. Ziel ist hierbei weniger, etwas über das spezielle Zufallsexperiment zu erfahren als vielmehr methodische Zugangsweisen zu lernen. Die Erstellung einer Tabelle und die Bewertung, welche Tabellenform günstig oder ungünstig ist, stellt das eigentliche Ziel dar. Auf dem rechten Teil der Schulbuchseite werden in Sachsituationen Divisionen und Multiplikationen mit Zehnerzahlen geübt. Die Kinder sind aufgefordert, zu der Sachsituation „Federweitsprung" weitere Textaufgaben zu bilden und sie von den Partnern lösen zu lassen.

Der letzte Teil der Schulbuchseite behandelt die Analogiebildung bei der Division und die Division mit Zehnerzahlen. Insbesondere die Darstellung am Zahlenstrahl sollte in ihren unterschiedlichen Möglichkeiten von den Kindern angegeben werden. Es handelt sich um Darstellen von multiplikativen Zusammenhängen aber auch um die Division (sukzessive Subtraktion, Division als Aufteilen). Die Darstellungen beinhalten also 3 · 40 bzw. 120 : 40 bzw. 30 · 4 bzw. 120 : 4. Die Ambiguität der Zeichnung, ihre Mehrdeutigkeit, stellt quasi den engen Zusammenhang zwischen Multiplikation und Division dar.

14.1 behandelt die Multiplikation und Division mit Zehnerzahlen, wobei insbesondere die Aufgabe 3 von allen Kindern bearbeitet werden sollte. Hier geht es um die Umkehrung der Aufgabenstellung, die Probe stellt einen Beweis für die Richtigkeit der Lösung dar. Da die Kinder zu vorgegebenen Zahlen noch weitere Aufgaben finden müssen, benötigen sie hierfür das Heft. Es sind eine ganze Reihe von Divisionsaufgaben für einzelne Zahlen möglich; die Kinder sind angehalten, so viele Aufgaben aufzuschreiben, wie sie finden können. Ein Vergleich für bestimmte Zahlen kann dann im Plenum erfolgen. Bei dem geometrischen Muster in Aufgabe 4 ist darauf zu achten, dass die Kinder mit der Schablone bzw. Geodreieck sehr sorgfältig zeichnen.

14.2 hat die Division mit Zehnerzahlen zum Gegenstand. Aufgabe 1 kann auch hier wieder als Test verwendet werden. Die Aufgabe 3 enthält sogenannte Distraktoren, hier ist an einigen Aufgaben die Operation verändert. Dies soll die Kinder davon abhalten, schematisch diese Aufgaben durchzuführen. Die Aufgabe 2 verlangt von den Kindern, eine Regel zu erkennen. Diese können sie sowohl in bildhafter als auch in sprachlicher Form formulieren. Zweites gelingt ihnen in der Regel leichter.

Schwierigkeiten sind nur bei den Kindern zu erwarten, die noch nicht das Kleine Einmaleins auswendig wissen. Bei der Aufgabe 3 auf dem Arbeitsblatt **14.2** kann es zu unterschiedlichen Lösungsansätzen kommen. Die Aufgabe 96 : 4 beispielsweise kann auf verschiedene Arten gelöst werden. So ist „100 : 4 = 25 und 96 : 4 ist 1 weniger" eine mögliche Vorgehensweise, zum anderen die Zerlegung „80 : 4 und 16 : 4". Diese unterschiedlichen Lösungsstrategien sollten beobachtet, möglicherweise in der Klasse besprochen aber nicht unbedingt bewertet werden.

Zu Seite 15

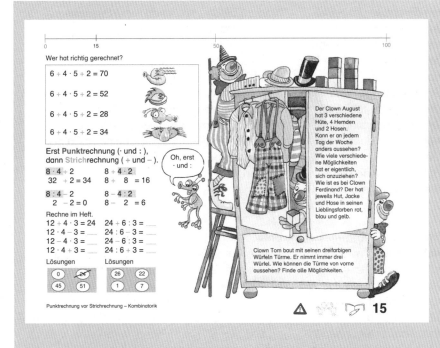

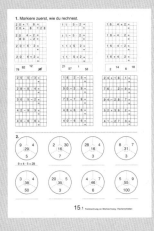
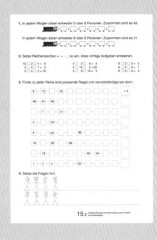

Punktrechnung vor Strichrechnung; Konventionen über die Grammatik arithmetischer Symbolik; kombinatorische Sachverhalte; Fehler finden.

Die Kinder benötigen für die Aufgaben das Heft.

Die Stunde sollte mit einer Kopfrecheneinheit beginnen, die verbundene Multiplikations- und Additions- bzw. Subtraktionsaufgaben beinhaltet. Aufgaben der Form $7 \cdot 8 + 6$ oder $9 \cdot 5 - 8$ sollten gegeben werden.

Der erste Rahmen auf der Schulbuchseite könnte als Tafelbild dienen. Hierbei sollen die Kinder überlegen, wie die einzelnen Lösungen zustande kamen. Welche von diesen Lösungen ist richtig und in welchem Sinne ist sie richtig? Ziel ist es nicht, eine Aufgabe als falsch, eine andere als richtig zu erkennen, sondern die Notwendigkeit einer Vereinbarung zu erleben, da offensichtlich alle diese vier

Zu Seite 15

verschiedenen Lösungen durchaus plausibel erscheinen, da sie in einer bestimmten, vertretbaren Weise gelesen wurden. Wie können wir also die Leseart einer Aufgabe festlegen? Die zugehörige Vereinbarung heißt „Erst Punktrechnung, dann Strichrechnung" und sollte als Merksatz in der Klasse aufgehängt werden. Die zugehörigen Aufgaben sind im Heft zu rechnen, wobei die Kinder noch weitere Aufgaben bilden sollten.

Der rechte Teil der Schulbuchseite hat kombinatorische Aufgaben zum Inhalt. Die Kinder sollten versuchen, verschiedene Darstellungsformen zu finden, d.h. es geht nicht um eine Lösungszahl, sondern darum, wie man diese Zahl begründen und erklären kann. Zudem sind die Schüler aufgefordert, weitere kombinatorische Sachverhalte zu finden und entsprechende Aufgaben schriftlich in das Heft zu notieren. Dies ist möglich, indem zusätzliche Kleidungsstücke eingeführt oder weitere Farben an dem Würfel vorgenommen werden.

Das Arbeitsblatt **15.1** nimmt das Thema „Punktrechnung vor Strichrechnung" wieder auf. Hierbei müssen die Kinder die Teilaufgaben jeweils zuerst lösen, d.h. schrittweise vorgehen. Die zweite Aufgabe beinhaltet das bekannte Format der Rechenscheiben.
15.2 hat zum Gegenstand, Zahlzerlegungen in geeigneter Weise vorzunehmen. Sie dient der Entwicklung des Zahlensinns. Ebenso die zweite Aufgabe, bei der die Rechenoperationen zu finden sind. Bei der dritten Aufgabe sind Regeln für Zahlenfolgen zu entdecken, hier nun in vereinfachter Form. Lediglich die dritte Aufgabe dürfte für einige Kinder schwierig sein. Es ist hinreichend, wenn eine weitere Figur gezeichnet wird.

Die Kinder werden sehr unterschiedliche Möglichkeiten bei der kombinatorischen Aufgabe erzielen und verschieden weit in das Gebiet eindringen. Dies ist zulässig und kann als zieldifferente Maßnahme verstanden werden. In einem diagnostischen Sinne ist es sicherlich die Aufgabe 4 auf dem Arbeitsblatt **15.2**, die am aufschlussreichsten ist. Hier geht es um sehr komplexe Formenfolgen, die das kognitive Niveau einzelner Kinder übersteigen könnte. Dies ist zu beobachten.

Zu Seite 16

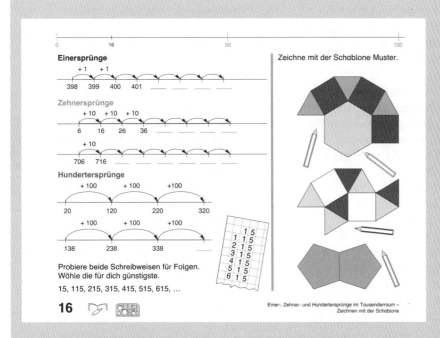

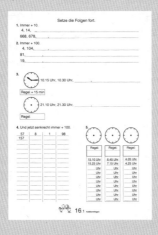

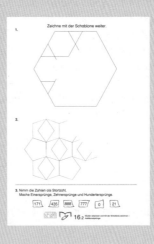

Einer-, Zehner- und Hundertersprünge im 1000er-Raum ausführen; Zeichnen mit der Schablone.

Für die Zeichnungen benötigen die Kinder eine Schablone mit den verschiedenen geometrischen Grundformen (Quadrat, gleichseitiges Dreieck, Fünfeck, Sechseck, Kreis, rechtwinklige Dreiecke); für ein Fortsetzen der Folgen benötigen die Kinder das Heft.

Es ist günstig, die auf der Schulbuchseite links angegebenen Sprünge im Plenum vornehmen zu lassen. Wir stellen uns vor, dass die Kinder sehr schnell in Einer-Zahlen weiterzählen sollen. Dies kann ein einzelner Schüler machen, günstiger ist es aber, dass die Kinder nacheinander jeweils eine Zahl sagen. Hierbei sollte sowohl das Vorwärts- als auch Rückwärtszählen durchgeführt werden. Bei der zweiten Aufgaben sollte in Zehnerschritten vorwärts von einer Startzahl ab gesprungen werden, anschließend in Zehnersprüngen rückwärts.

Zu Seite 16

Insbesondere sind die Hunderterüberschreitungen zu betonen. Hier kann es bei einigen Kindern noch zu Schwierigkeiten kommen. Die Hundertersprünge im 1000er-Raum dürften hingegen einfacher sein.

Die Darstellung auf der Schulbuchseite am leeren Zahlenstrahl ist in das Heft zu übertragen. Die Kinder sind auch aufgefordert, weitere Zahlenstrahle im Heft zu zeichnen und entsprechende Zehnersprünge von vorgegebenen Startzahlen vorzunehmen.

Als Variante hiervon kommt die rein symbolische Darstellung, die ebenfalls im Heft vorgenommen werden muss. Die Kinder schreiben Zahlenfolgen auf, wobei sie dies in einer Reihe, durch Kommata getrennt, notieren können oder untereinander. Eine Bewertung, welche von beiden Schreibweisen günstiger ist und die Struktur leichter erkennen lässt, sollte auf alle Fälle vorgenommen werden. In der Regel ist das Untereinanderschreiben der Zahlenfolgen klarer.

Der rechte Teil der Schulbuchseite dient lediglich als Anregung, mit der Schablone eigenständig Muster zu konstruieren. Es sind Vorgaben, die keineswegs für die Kinder verpflichtend sein sollten. Ziel ist es, bestimmte Zusammenhänge zwischen den geometrischen Formen zu erkennen. Welche Grundfiguren lassen sich leicht aneinandersetzen und zu Paretten erweitern? Die ersten beiden geben hierfür ein Beispiel. Wie ist es mit dem Fünfeck, finden wir eine Parkettierung, die zufriedenstellend ist? Es ist notwendig, dass die Kinder die freien Zeichnungen mit der Schablone auf einem unlinierten Blatt vornehmen, die karierten Blätter sind bei diesen geometrischen Formen eher störend, da sie in den Winkelmaßen nicht kompatibel sind.

Das Arbeitsblatt **16.1** nimmt die Sprünge in unterschiedlichen Formen wieder auf. Aufgabe 1 und 2 verlangt die Fortsetzung von Zahlenfolgen, wobei Zehner- bzw. Hunderter-Sprünge vorgenommen werden. Aufgabe 3 überträgt diese Denkweise auf die Größe „Zeit". Die Uhrzeiten müssen nach bestimmten Regeln als Folgen fortgesetzt werden. Beim zweiten Teil von Aufgabe 3 ist auch diese Regel zu finden. Wir halten es nicht für notwendig, dass die Kinder jeweils das Wort „Uhr" hinter die Zahlen setzen. Diese Form der Standardisierung entspricht keineswegs der Denkweise.

Bei Aufgabe 4 wird in Tabellenform in Hundertersprüngen vorgegangen. Die Kinder sollten versuchen, die Zahlen möglichst passgenau untereinander zu schreiben, so dass sich die Struktur leicht ergibt. Gleiches gilt auch für die Aufgabe 5, bei der die Zeiten in Sprüngen fortgesetzt werden. Hierbei sind noch jeweils die Regeln zu formulieren.

16.2 verlangt von den Kindern, Muster zu erkennen und sie mit Hilfe der Schablone fortzusetzen.

Die Aufgabe 3 ist in dem Sinne offen, dass die Kinder die Notationsform für ihre Sprünge selbst wählen können. Es ist aber zu vermuten, dass sie nun die tabellarische Form wählen werden. Die Aufgaben sind im Heft zu notieren.

Es werden keine Schwierigkeiten mit dieser Schulbuchseite erwartet.

Zu Seite 17

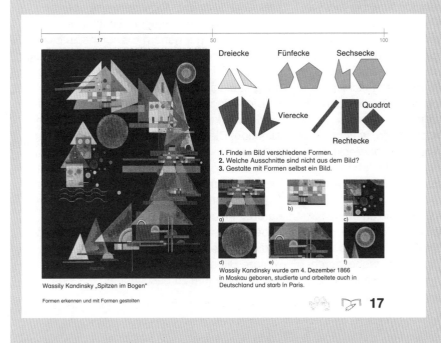

Formen erkennen und mit Formen Bilder gestalten; Mathematik in der Kunst erleben.

Für die zeichnerische Gestaltung benötigen die Kinder das Heft, günstigerweise Blätter, die nicht liniert sind.

Das Bild auf der Schulbuchseite von Wassily Kandinsky „Spitzen im Bogen" sollte als Ausgangspunkt dienen. Die Kinder sollten versuchen, die verschiedenen, ihnen bekannten Formen in dem Bild wiederzuentdecken. Es handelt sich hierbei um gleichseitige Dreiecke, rechtwinklige Dreiecke, gleichschenklige Dreiecke, Rechtecke, Kreise, Halbkreise, Viertelkreise und Quadrate. Zudem gibt es einen Übergang von Rechtecken zu Linien, indem die Rechtecke immer schmaler werden. Ist die Linie nur ein sehr dünnes Rechteck? Das Bild dient als Anstoß, eigene konstruktive Aktivitäten anzuleiten. Es ist wünschenswert,

Zu Seite 17

wenn die Kinder in hohem Maße experimentieren.

Diese Aktivitäten können und sollten in den Kunstunterricht mit eingebaut werden. Ebenso können im Deutschunterricht Geschichten zu dem Bild entstehen oder andere Geschichten in der Klasse ausgedacht werden, die dann bildhaft umgesetzt werden.

Die Kinder sollten untersuchen, welche geometrischen Formen bei der Überdeckung zweier geometrischer Figuren entstehen können. Das Bild gibt hierzu eine Fülle von Anlässen.

Teilfiguren aus dem Bild „Spitzen im Bogen" sind unregelmäßige n-Ecke. Die Kinder müssen diese Dreiecke, Vierecke, Fünfecke, Sechsecke aufspüren, wobei durchaus nicht-konvexe Vierecke oder Sechsecke entstehen können. Möglicherweise sperren sich einige Kinder dagegen, Ecken, „die nach innen in die Figur gehen" als solche zu akzeptieren und mitzuzählen. Auch ist es notwendig, die Figuren in unterschiedlichen Lage-Beziehungen als solche zu sehen.

Die Aufgabe, die Ausschnitte in dem Bild wiederzuerkennen, dient der visuellen Diskrimination. Die Kinder müssen sehr genau hinschauen um festzustellen, dass das Bild d) spiegelverkehrt aus dem Kandinksy-Bild entnommen wurde.

Im Deutsch- bzw. Kunstunterricht können darüber hinaus noch Daten über den Lebensweg von Kandinsky gesammelt werden und es sollte zum Anlass genommen werden, weitere Bilder dieses Künstlers zu analysieren und sich mit ihm zu beschäftigen.

Zu Seite 18

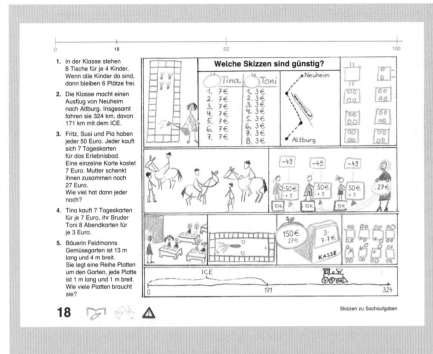

Skizzen zu Sachaufgaben erstellen, Skizzen als Hilfen für die Lösung von Sachproblemen zu erkennen, Skizzen bewerten und verbessern; ungünstige Skizzen als nicht hilfreich erkennen; fehlerhafte Skizzen erkennen.

Die Kinder benötigen für das Herstellen der Skizzen möglichst unlinierte Blätter, auch Karopapier sollte nicht verwendet werden.

Die Unterrichtsstunde sollte mit einer Kopfrecheneinheit beginnen, wobei wieder gemischte Multiplikations-, Divisions- und Additions-/Subtraktionsaufgaben behandelt werden sollten. Diese können schwerpunktmäßig sich auf die Division beziehen (Typ 81 : 9 – 3, 54 : 6 + 15).

Wir schlagen vor, dass anschließend die Aufgaben der Schulbuchseite von der Lehrperson vorgelesen werden, wobei die Kinder aufgefordert sind, zu jeder Aufgabe eine Skizze zu machen.

Nicht die Lösung ist wesentlich, sondern das Erstellen der Skizze!

Zu Seite 18

Die Skizzen sollten in Einzelarbeit erstellt werden, jedes Kind macht seine eigene Skizze. Sind alle Kinder mit der ersten Skizze fertig, wird die zweite Aufgabe vorgelesen, zu der dann ebenfalls eine Skizze von den Kindern zu erstellen ist. Wie viele dieser Aufgaben mit Skizzen zu versehen sind, hängt vom Zeichentempo der Schüler ab. Es wird aber vorgeschlagen, mindestens eine Doppelstunde für dieses Thema zu verwenden. Die Skizzen von den Kindern sollten anschließend eingesammelt, gemischt und an die Tafel gehängt werden. Jetzt sollte im Plenum eine Diskussion darüber entstehen, ob es wirklich gelingt, die Skizzen den einzelnen Aufgaben zuzuordnen. Woran erkennt man, dass eine bestimmte Aufgabe gemeint ist, woran erkennt man, ob es sich um eine hilfreiche Skizze in dem Sinne handelt, dass sie die Lösung leicht erkennen lässt.

Erst wenn die Kinder zu allen fünf Aufgaben Skizzen erstellt haben, sollte auf die in der Schulbuchseite angegebenen Skizzen eingegangen werden. Auch hier sollten Vergleiche zwischen verschiedenen Darstellungsformen erfolgen. Stimmen diese Skizzen? Die beiden Skizzen für den Garten beispielsweise unterscheiden sich zum einen in der Anzahl, sind sie aber überhaupt richtig in dem Sinne, dass sie die Aufgabenstellung wiedergeben? Beide Skizzen tun dies nicht, da die bei dem ersten Bild gezeichneten Platten nicht eine Umrandung des Gemüsegartens darstellen, dieser hätte 6 Platten breit und 15 Platten lang ausfallen müssen.

Ebenso unterscheiden sich die drei Skizzen für die 8 Tische – 4 Kinder-Aufgabe. Die Skizze in der oberen Zeile lässt sehr schnell einen geeigneten Rechenweg finden, die linke Skizze in der unteren Zeile ist zu konkretistisch, als dass sie überhaupt zur Lösungsfindung beitragen könnte, die Skizze rechts unten ist zu unübersichtlich (auch wenn dies von einigen Kindern möglicherweise anders gesehen wird).

Es wird vorgeschlagen, auch in umgedrehter Form vorzugehen: Hierbei sind Bilder vorgelegt, für die geeignete Textaufgaben zu finden sind. Auch diese können gesammelt werden. Wesentliches Moment dieser Unterrichtseinheit ist die Bewertung von Skizzen und damit die Entwicklung der Fähigkeit,

 Es werden bei dieser Seite keine weiteren als die angesprochenen Schwierigkeiten erwartet.

Zu Seite 19

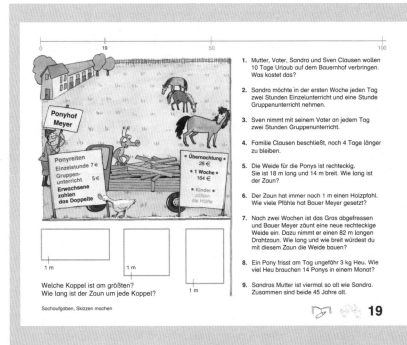

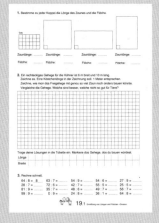

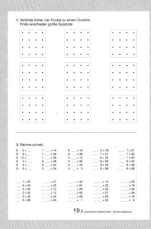

Sachaufgaben lösen; Skizzen zu Sachaufgaben erstellen; Informationen aus Texten entnehmen.

Die Kinder benötigen für die Lösung der Sachaufgaben das Heft, für das Ausmessen der Koppel das Lineal bzw. Zentimetermaß.

Wir stellen uns vor, dass die Stunde mit einer Kopfrecheneinheit beginnt. Als Wiederholung dienen Sprünge im 1000er-Raum (Zehner- und Hundertersprünge) sowie Additions- und Subtraktionsaufgaben mit Zehnerübergang im 100er-Raum als Wiederholung.

Anschließend sind die Aufgaben auf der Schulbuchseite zu bearbeiten. Hierbei müssen die Kinder Informationen aus den angegebenen Plakaten entnehmen. Die neuen Aufgaben stellen Probleme zu zwei verschiedenen Sachgebieten dar. Zum einen müssen Kosten für verschiedene Urlaubsformen erstellt werden. Auch hierzu sollten die Kinder, in Fort-

Zu Seite 19

setzung der letzten Unterrichtseinheit, Skizzen erstellen und innerhalb der Gruppen sich auf eine Skizze einigen.

Der zweite Typ behandelt das Verhältnis von Umfang und Fläche. Bei gegebenem Umfang haben die Rechtecksflächen unterschiedliche Größe, wobei die Frage entsteht, welche Rechtecksform, d.h. welches Verhältnis von Länge zu Breite, ergibt die maximale Fläche.

Das Problem Umfang-Fläche wird auf dem Arbeitsblatt **19.1** aufgegriffen. Hierbei sind die Flächen und die Zaunlängen für die gegebenen Koppeln jeweils zu bestimmen. Dies kann in unterschiedlicher Weise geschehen. Die Multiplikation führt am schnellsten zu dem Ergebnis. Hierbei muss allerdings von den Kindern erkannt werden, dass wieder eine Flächen-Repräsentation der Multiplikation vorliegt. Bei der zweiten Aufgabe sind die Kinder frei, sich eigene Gehege für die Hühner auszudenken und diese zu skizzieren. Dies führt dann zu sehr unterschiedlichen Flächengrößen. Die dritte Aufgabe stellt eine Wiederholung dar, wobei die Divisionsaufgaben auch unter Zeitvorgabe bearbeitet werden können (Lernzielkontrolle).

19.2 regt an, Sachaufgaben mit Hilfe von Tabellen zu lösen. Der Sachkontext bleibt weiterhin der Ponyhof, wobei das Verhältnis Fläche-Umfang und Geldwerte thematisiert werden.

Die Tabellen sollten in jedem Falle ausgefüllt werden.

Die Aufgabe 4 hat keine Lösung, muss aber als solche von den Kindern erkannt werden.

Das Arbeitsblatt **19.3** nimmt die Formenkunde wieder auf. Hierbei sollen Quadrate in unterschiedlicher Größe aber auch in unterschiedlicher Lage gefunden werden. Es kann sich hierbei eine Diskussion zwischen den Kindern einstellen, ob gespiegelte bzw. gedrehte Quadrate als unterschiedlich anzusehen sind.

Die Aufgabe 2 kann als Test vorgelegt werden. Es handelt sich um Multiplikationsaufgaben bzw. Divisionsaufgaben in multiplikativer Form. Hierbei ist zu beachten, dass im zweiten Teil durchaus verschiedene Lösungen von den Kindern angegeben werden können, da die multiplikativen Zusammenhänge nicht immer eindeutig sind, sondern verschiedene Zerlegungen zulassen.

Es werden bei dieser Seite keine weiteren als die angesprochenen Schwierigkeiten erwartet.

Zu Seite 20

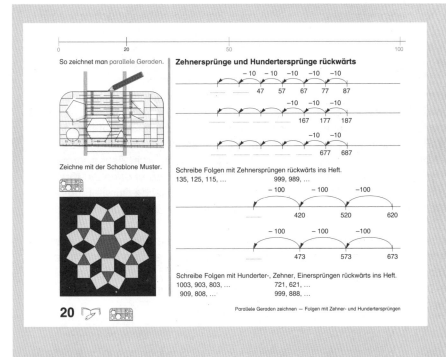

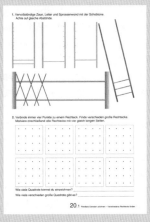
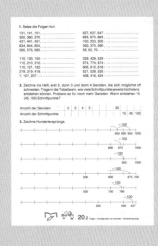

Mit Hilfe der Schablone parallele Geraden zeichnen; Figuren konstruieren, Zusammenhänge geometrischer Figuren vertiefen;

Zehner- und Hundertersprünge im 1000er-Raum rückwärts ausführen.

Für die arithmetischen Aufgaben benötigen die Kinder das Heft, für die geometrischen Teile empfiehlt es sich, unlinierte Blätter zu verwenden.

Da diese Seite sowohl geometrische als auch arithmetische Inhalte hat, kann auf eine einführende kopf-geometrische oder kopf-arithmetische Übung verzichtet werden.

Die Kinder sollten Parallelen auf einem unlinierten Blatt zeichnen. Sie sollten dies nicht nur in horizontaler und vertikaler Richtung versuchen, sondern auch schräge Parallelen mit Hilfe der Schablone erproben. Hierbei sollte darauf geachtet werden, dass immer gleiche Abstände zwischen den Parallelen vorgenommen werden. Die Abstände selbst dürfen zwar variieren, so weit es die Schablone zulässt, sie sollten aber immer gleich sein.

Zu Seite 20

Das Zeichnen „schöner" geometrischer Figuren mit Hilfe der Schablone kann auch zwischen die arithmetischen Teile eingeschoben werden. Die Kinder sollten versuchen, in Analogie zu der Figur auf der Schulbuchseite Parkettierungen zu konstruieren. Bei Parkettierungen wird die gesamte Ebene nach dem gleichen Muster bedeckt. Die auf der Schulbuchseite angegebene „Blume" kann fortgesetzt werden über den Rand hinaus. Es handelt sich also nicht um geschlossene Figuren, sondern um die Idee, mit Hilfe der Anordnung der Formen die gesamte Ebene bedecken zu können.

Die Kinder erproben am Zahlenstrahl die Sprünge rückwärts, wobei insbesondere Wert gelegt wird auf die Analogiebildung im 1000er-Raum. Da diese Übung bereits für Sprünge vorwärts durchgeführt wurde (und in einer einführenden Kopfrechenübung auch schon rückwärts), handelt es sich um eine vertiefende Wiederholung.

Es ist Wert darauf zu legen, dass die Kinder sowohl die Darstellung am leeren Zahlenstrahl als auch als Zahlenfolgen in tabellarischer Form vornehmen. Welche Schreibweise sie günstiger finden, bleibt wieder ihnen überlassen. Im Schulbuch ist (aus ökonomischen Gründen) die Darstellung in Reihenform vorgenommen worden, haben dann die Kinder allerdings die tabellarische Darstellungsform als günstiger erachtet, so werden sie diese benutzen.

Analoges gilt für die Sprünge in Hundertereinheiten. Auch diese sollten in beiden verschiedenen Varianten, Zahlenstrahl und Reihen-Tabellen-Form durchgeführt werden.

20.1 verlangt von den Kindern, parallele Geraden zu zeichnen, wobei auch hier wieder auf äquidistante Abstände zu achten ist. Bei der Aufgabe 2 handelt es sich um eine Variation von Arbeitsblatt **19.3**. Hier sind Rechtecke zu finden. Möglicherweise sperren sich aufgrund der Nähe zu dem Arbeitsblatt **19.3** einige Kinder, Quadrate auch als Rechtecke zu zeichnen und wählen nur solche Rechtecke, die keine Quadrate sind. Dies sollte noch einmal im Plenum erörtert werden.

20.2 verlangt von den Kindern, Zahlenfolgen fortzusetzen (Aufgabe 1). Hierbei handelt es sich um leichte Zahlenfolgen, die keine Schwierigkeiten beinhalten. Aufgabe 2 ist ein kombinatorisches Problem. Wie viele Schnittpunkte können 3 Geraden haben, wie viele 4 Geraden etc.? Es geht hier um die Bestimmung der maximalen Anzahl von Schnittpunkten; wären die Geraden parallel, gäbe es keine Schnittpunkte.

Die Vorgehensweise der Kinder kann hier sehr unterschiedlich sein. Einige werden immer die zeichnerische Lösung vollziehen, während andere durch kombinatorische Überlegungen darauf kommen, dass eine vorher leicht zu bestimmende Anzahl von neuen Schnittpunkten hinzukommt. Es handelt sich in diesem Sinne um ein geometrisches Problem, das arithmetisch gelöst werden kann.

Bei der dritten Aufgabe sind Hundertersprünge am leeren Zahlenstrahl zu vollziehen.

Wir erwarten hier keine Schwierigkeiten. Kinder, die bei Aufgabe 3 auf dem Arbeitsblatt **20.2** noch Schwierigkeiten mit der Verortung von Zahlen haben, sollten intensiv beobachtet werden. Möglicherweise haben sie Probleme:
– mit der Dezimalstruktur von Zahlen (Bündelungsproblem);
– Schwierigkeiten im 100er-Raum, der dann mit ihnen wiederholt werden muss;
– im Zusammenhang mit anderen Hinweisen insbesondere aus der Geometrie, kann der Verdacht auf Orientierungsstörungen vorliegen. Diese sind allerdings in diesem Kontext selten zu beobachten.

Zu Seite 21

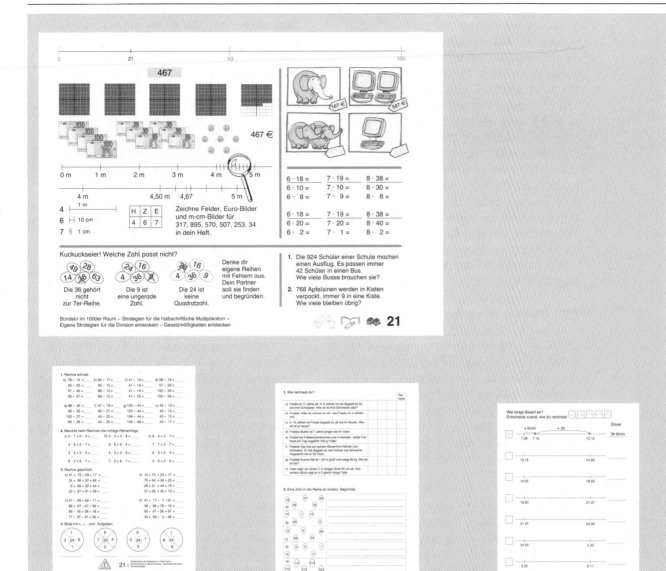

Bündeln im 1000er-Raum; Strategien für die schriftliche Multiplikation vorbereiten; eigene Divisionsstrategien entwickeln; Gesetzmäßigkeiten bei Zahlen erkennen, Divisionsaufgaben mit Rest im Sachkontext lösen.

Die Kinder benötigen Spielgeld, das Metermaß und die Stellenwerttafel. Für das Notieren der Ergebnisse brauchen sie das Heft.

Die Kinder sollten verschiedene Geldbeträge mit Hilfe des Spielgeldes legen. Hierzu sollten sie lediglich die Hunderter-, Zehner-Scheine und Einer-Münzen verwenden. Aufgabe kann neben dem Legen von vorgegebenen Geldbeträgen auch die Ergänzung zum nächsten Zehner, zum nächsten Hunderter und zu Tausend sein.

Die Schulbuchseite gibt verschiedene Veranschaulichungen für die Zahl 467. Hierbei wird das Hunderterfeld verwendet, Spielgeld, das Metermaß und die Stellenwerttafel. Ziel ist es, dass die Schülerinnen und Schüler die Zahl 467 in verschiedenen Darstellungs-

Zu Seite 21

formen kennenlernen.

Ist in der Klasse anderes Veranschaulichungsmaterial vorhanden, so kann dieses verwendet werden. Es ist allerdings zu beachten, dass die Übersetzung von einem Veranschaulichungsmittel auf ein anderes meist bedeutet, dass die Strukturen nicht ähnlich, dass die Handlungen grundverschieden sind. Dies kann insbesondere bei leistungsschwächeren Schülern zu Schwierigkeiten führen. Aus diesem Grunde empfehlen wir dies nicht. Insbesondere empfehlen wir auch nicht die Hundertertafel, da diese eine eher ordinale Struktur hat, von den Kindern wird aber meist die Menge (kardinaler Zahlaspekt) oder die Länge (Größen-Aspekt oder Relationalzahl-Aspekt) mitgedacht.

Die Kuckuckseier enthalten immer eine Zahl, die nicht zu den anderen Zahlen passt. Hier geht es nicht nur darum, eine Zahl auszusondern, sondern auch Begründungen dafür zu liefern. Die zweite und die dritte Zahlenreihe ist identisch, nur einmal wird die 24 ausgesondert, weil sie keine Quadratzahl ist, zum anderen die 9 ausgesondert, weil sie eine ungerade Zahl ist. Die Begründung könnte auch lauten, weil sie nicht zur Vierer-Reihe gehört. Dieses Argumentieren und Begründen ist das wesentliche Ziel. Die Kinder erleben hierbei auch, dass mit entsprechender und richtiger Begründung sehr verschiedene Zahlen aus dem Nest ausgesondert werden können.

Der rechte Teil der Schulbuchseite beinhaltet Halbierungs- und Verdoppelungsstrategien mit komplizierten Zahlen. Die Lösungsstrategien sind hierbei noch nicht standardisiert. Dies soll dazu führen, dass die Schüler eigene Strategien für die Multiplikation bzw. Division entwickeln. Bei einfachen, überschaubaren Aufgaben kann es zu verschiedenen Lösungen kommen, wie sie auf der Schulbuchseite angeboten werden. So lässt sich die Aufgabe 6 · 18 additiv lösen als 6 · 10 + 6 · 8, aber auch subtraktiv als 6 · 20 – 6 · 2. Entsprechende unterschiedliche halbschriftliche Strategien sind für die anderen beiden Aufgaben auch angegeben. Man beachte, dass diese Zerlegungsaufgaben eine Nähe zu der Sprungstrategie haben.

Die Divisionsaufgaben 1 und 2 sind für die Kinder sehr schwierig. Sie können diese Aufgaben nicht schriftlich lösen, sondern müssen sich Strategien überlegen. Strategien, die man häufig findet, sind 10 · 42 + 10 · 42 = 840, 840 + 84 = 924. Bei dieser Aufgabe stellt sich kein Rest ein. Bei der zweiten Aufgabe ergibt sich ein Rest.

21.1 Die erste Aufgabe kann als Schnellrechentest verwendet werden. Die Kinder sollten hierbei erleben, dass sich ihre Rechenfähigkeiten im 100er-Raum ständig verbessern. Die Bearbeitungszeit hängt davon ab, welche Subtraktionsstrategien von den Kindern verwendet werden. Die Kinder mit einer Sprungstrategie sind hierbei im Vorteil.

Die Aufgabe 2 thematisiert die Regel „Punktrechnung vor Strichrechnung". Dies muss von den Kindern angewendet werden. Es wird allerdings erwartet, dass sie die Addition bzw. Subtraktion dann anschließend im Kopf ausführen können.

Aufgabe 3 verlangt von den Kindern geschicktes Umsortieren der Zahlen, so dass die Aufgabe leicht im Kopf gerechnet werden kann. Die Markierung mit Buntstiften sollte hierbei erlaubt sein, auch wenn viele Kinder sie nicht benötigen.

Aufgabe 4 hat das Standardformat der Rechenscheiben, die zunehmend schwieriger werden und den Zahlensinn fordern.

Auf dem Arbeitsblatt **21.2** sind die Rechenwege für die Textaufgaben anzugeben. Insbesondere ist auch zu entscheiden, ob Aufgaben nicht gerechnet werden können, weil zu wenig Information vorhanden ist. Im zweiten Teil der Arbeitsblattseite ist jeweils wieder zu begründen, weshalb eine Zahl herausfällt. Auch hier können unterschiedliche Begründungen angegeben werden. Es ist auch möglich anzugeben, dass kein Element der Reihe herausfällt. Bei den Buchstaben könnten Kinder argumentieren, dass sich alle fünf Buchstaben zusammen zu dem Wort „Adieu" verbinden lassen, also kein Buchstabe überflüssig ist.

21.3 überträgt die Ergänzungsstrategie auf den Größenbereich „Zeit". Hier müssen die Kinder nicht nur die Zeitdauer bestimmen, sondern sie müssen vorab markieren, mit welcher Strategie sie die Ergänzung berechnen. Bei der zweiten Aufgabe ist eine Autobahn-Strategie möglich, aber auch eine Sprungstrategie (von 10.15 bis 14.15 und dann 10 Minuten zurück, so dass sich die Lösung als 4 h – 10 min = 3 h 50 min ergibt). Aber auch andere Strategien werden von den Kindern verwendet.

Wir erwarten lediglich Schwierigkeiten bei dem Arbeitsblatt **21.3** bei denjenigen Kindern, die noch Probleme mit der Zeit bzw. der Uhr haben. Hier sollten weitere Beobachtungen stattfinden, um zu diagnostizieren, ob die Schwierigkeiten im arithmetischen Bereich liegen, beispielsweise in der Bündelung von Sechziger-Einheiten, oder mit Wahrnehmungsproblemen allgemeinerer Art (Zeitverläufe, Handlungsabläufe) zu tun haben.

Zu Seite 22

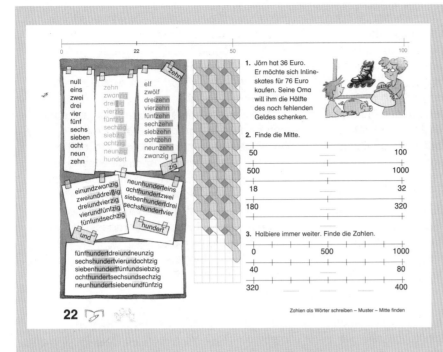

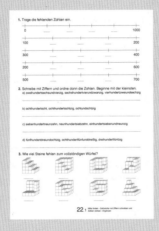
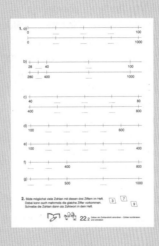

Zahlen als Zahlworte schreiben; geometrische Muster fortsetzen; die Mitte finden.

Für das Schreiben der Zahlworte, für das Fortsetzen der Muster und die zweite Aufgabe von Arbeitsblatt **22.2** benötigen die Kinder das Heft.

Wir schlagen vor, dass eine kurze Übungseinheit am Anfang der Stunde steht, in der ein Zahlendiktat durchgeführt wird. Zahlen aus dem 1000er-Raum werden diktiert, d.h. es besteht die Anforderung, Zahlworte in symbolische Darstellungen zu übersetzen.

Der Gegenstand der Schulbuchseite beinhaltet die umgekehrte Übersetzung, in Ziffern dargestellte Zahlen sollen als Zahlworte geschrieben werden. Hierbei ist insbesondere die Regel zu beachten, dass bei Zahlen im Zahlenraum bis 100 das Bindewort „und" verwendet wird, bei vorgesetzten Hundertern aber nicht. Zudem sollte auf bestimmte Recht-

Zu Seite 22

schreibschwierigkeiten hingewiesen werden, insbesondere das Wort „dreißig", das mit einem „ß" geschrieben wird. Darüber hinaus dürfte es die Kinder überraschen, dass die Zahlen im 1000er-Raum als ein einziges Wort geschrieben werden, das dadurch sehr lang wird. Dies ist insofern bedeutsam, als diese Regel dann bei größeren Zahlen in der 4. Klasse wieder aufgehoben wird, da Milliarden und Millionen nicht in einem Wort geschrieben werden. Das Schreiben der Worte sollte einen relativ breiten Raum in dieser Unterrichtseinheit einnehmen, es sollte auch am Anfang folgender Stunden wiederholt werden.

Das geometrische Muster der Schulbuchseite sollte ins Heft übertragen und fortgesetzt werden. Hierbei ist insbesondere auf die kleinen Quadrate zu achten, die von den Kindern schwierig zu zeichnen sind. Das Ornament sollte freihändig gezeichnet werden, ein Vorgehen mit Schablone oder Geodreieck ist nicht hilfreich, es führt meist zu zu langen Strichen.

Die Zahlenstrahle der Schulbuchseite müssen ins Heft übertragen werden und es ist die jeweilige Mitte anzugeben. Hier handelt es sich um zum einen um Analogiebildung, die Mitte aus dem 100er-Raum wird übertragen auf den 1000er-Raum. Bei der dritten Aufgabe handelt es sich um Aufgaben sehr unterschiedlichen Schwierigkeitsgrades. Die zweite Aufgabe (40/80) ist relativ einfach, die erste Aufgabe kann hingegen einigen Kindern Schwierigkeiten bereiten.

Das Arbeitsblatt **22.1** nimmt die Problematik des Mitte Findens der Schulbuchseite auf außer bei der ersten Teilaufgabe, bei der es sich nicht um „die Mitte finden", sondern um eine Strukturierung des 1000er-Raumes (200, 400, 600, 800) handelt. Die zweite Aufgabe verlangt von den Kindern die Übertragung von Zahlworten in die Ziffernsymbolik, wobei sie vorab entscheiden müssen, welches dieser Zahlworte die kleinste Zahl bezeichnet. Die Aufgabe 3 verlangt von den Schülerinnen und Schülern eine Strukturierung. Der Würfel muss ergänzt werden, wobei die Vorstellungen im Kopf sehr individuell ablaufen. Bei unterschiedlichen Ergebnissen sollten die Kinder untereinander erklären, wie sie zu dem jeweiligen Ergebnis gekommen sind. Die Aufgaben sind durchaus komplex und verlangen ein mehrschrittiges Vorgehen, so dass es vorkommen kann, dass einige Teilschritte übersprungen oder einige Zwischenergebnisse vergessen werden.

22.2 Die erste Aufgabe verlangt von den Kindern eine Übertragung vom 100er-Raum auf den 1000er-Raum. Es handelt sich um leichte Wiederholungen. Die zweite Aufgabe ist eine Umkehrung der Problemstellung von **22.1**. Nun muss aus Ziffernkombinationen das entsprechende Zahlwort gebildet und im Heft aufgeschrieben werden. Insgesamt sind 27 Zahlenkombinationen möglich, es ist aber nicht zu erwarten, dass die Kinder sämtliche aufschreiben werden.

Es ist auf jene Kinder zu achten, die bei dem Arbeitsblatt **22.1** Aufgabe 3 Schwierigkeiten bei der Lösung haben. Dies könnte auf mangelnde Vorstellungsfähigkeit hinweisen. Die Aufgabe verlangt eine Strukturierung und schrittweises Auffüllen des Würfels mit Bausteinschichten. Aufgrund der Komplexität der Aufgabe sind sehr einfache Zählstrategien nicht möglich oder in hohem Maße fehleranfällig. Es sollte auf die Begründung der Kinder und die Beschreibung ihres Vorgehens geachtet werden, da dies Hinweise auf mögliche kognitive Schwierigkeiten liefert.

Eine Förderung kann in der Maßnahme bestehen, leichtere Würfelbauten zu ergänzen. Gegebenenfalls kann auf entsprechende Übungen aus der 2. Klasse zurückgegriffen werden.

Zu Seite 23

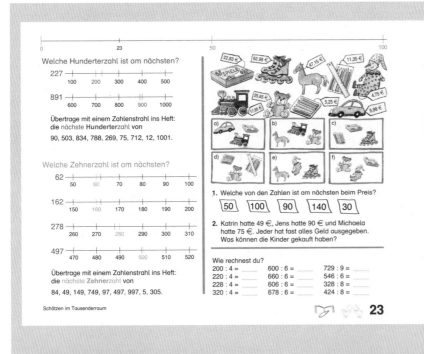

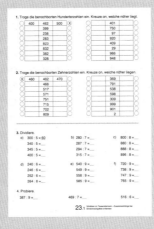

Schätzen im Tausenderraum; Strukturierung des Zahlenraumes; Nachbar-Zehner und Nachbar-Hunderter finden; Überschlagen; eigene Strategien bei der Division entwickeln.

Die Kinder benötigen das Heft und Buntstifte.

Die Unterrichtsstunde sollte mit Kopfgeometrie beginnen. Hierbei könnten auch Beschreibungen über räumliche Beziehungen in der Klasse vorkommen. Wer steht nahe an der Wand, wer ist näher an der Tafel, wo ist der Abstand groß, wo ist er klein? Dies leitet zu dem Hauptthema der Schulbuchseite über. Es können auch Abstände in Metern bzw. Zentimetern geschätzt werden. Wie breit ist ein Fenster? Wie breit ist die Tafel, der Tisch, wie lang ist der Bleistift?

Auf der Schulbuchseite ist markiert, wo die 227 oder 891 liegt. Es ist die Entfernung zu der nächsten Hunderterzahl anzugeben.

Zu Seite 23

Darüber hinaus ist der Zahlenstrahl in das Heft zu übertragen und die angegebenen Zahlen dort zu verorten und mit einem Buntstift der nächste Hunderter zu markieren. Dieser muss darüber hinaus angegeben werden.

Das gleiche Vorgehen für die Zahlenstrahlabschnitte wird bei dem nächsten Aufgabentyp verlangt. Hier ist die nahegelegende Zehnerzahl zu bestimmen. Auch diese Zahlenstrahlabschnitte sollen in das Heft übertragen werden. Die im Schulbuch angegebenen Zahlen verlangen, dass eigene Zahlenstrahlabschnitte konstruiert werden. Einige Kinder werden hierauf verzichten können und direkt angeben wollen, welches die nächste Zehnerzahl ist. Auch dies ist ein durchaus zulässiges Verfahren.

Der zweite Teil der Seite verlangt von den Kindern, im Größenbereich „Geld" Schätzungen und Überschlagungen vorzunehmen. Hierfür sind fünf Zielzahlen vorgegeben. Wie die Schüler die Zuordnung vornehmen, ist ihnen überlassen. Auch hier wäre eine tabellarische Form sinnvoll, indem die sechs Käufe eine Spalte darstellen, die Zielzahlen eine zweite.

Die Divisionsaufgaben sind nicht alle direkt berechenbar, sie können aber voneinander abgeleitet werden. Ziel ist es, dass ein schrittweises Vorgehen erkannt wird. So ist die Aufgabe 600 : 6 leicht lösbar, 660 : 6 kann abgeleitet werden und hiervon dann wieder 678. Bei der dritten Spalte der Divisionsaufgaben ist die Ankeraufgabe nicht mehr vorgegeben, sie muss von den Kindern selbst gefunden werden.

Die Aufgaben des Arbeitsblattes **23.1** verlangen von den Kindern, benachbarte Zehner- und Hunderterzahlen zu finden. Hierbei sind, in Abwandlung der Aufgaben der Schulbuchseite, beide Nachbar-Zehner bzw. -Hunderter anzugeben und es ist anzukreuzen, welche Nachbarzahl näher an der Ausgangszahl liegt.

Die Aufgabe 3 stellt Divisionsaufgaben dar, wobei auch hier ein zunehmender Schwierigkeitsgrad vorgenommen wird. Die Aufgaben können teilweise voneinander abgeleitet werden. Die vierte Aufgabe muss nicht unbedingt von allen Kindern bearbeitet werden, da die schrittweise Division schwierig ist.

Es kann hilfreich sein, wenn die unterschiedlichen Lösungswege der Kinder im Plenum vorgestellt werden. Hier ist darauf zu achten, dass die individuellen Divisionsstrategien von den anderen verstanden werden, was sich durchaus als schwierig herausstellen kann.

23.2 thematisiert das Schätzen von Geldwerten. Ziel ist es zu überschlagen, Abschätzungen zu finden. Bei der ersten Aufgabe hat man mit 40 Euro eine obere Grenze dessen, was man einkaufen kann. Hier sind aber sehr viele verschiedene Lösungen möglich. Erfahrungsgemäß versuchen die Kinder, möglichst nahe an diese Zielzahl 40 heranzukommen.

Bei der Aufgabe 2 handelt es sich ebenfalls um eine offene Aufgabe, hier geht es aber nicht um eine Obergrenze, sondern nur um eine Abschätzung. Die Abschätzung kann auch niedriger liegen, dies muss kein Fehler sein. Bei den Aufgaben 3, 4 und 5 müssen die Summen geschätzt werden, insbesondere ob 50 oder 100 Euro zum Bezahlen ausreichen oder nicht. Es stellt sich allerdings häufig ein, dass die Kinder die Aufgaben genau berechnen, um anschließend zu runden. Das sollte hier nicht vorgenommen werden. Die Kinder sollten versuchen, schnell überschlagsmäßig zu bestimmen, ob der Geldwert hinreichend ist. Wird erst genau berechnet und anschließend gerundet, dann stellt das Schätzen keine Hilfe dar, sondern eine zusätzliche Aufgabenstellung.

Das Schätzen ist eine kognitiv anspruchsvolle Tätigkeit und verlangt von den Kindern ein hinreichendes Maß an Zahlensinn. Dies muss nicht bei allen Kindern schon in adäquater Weise entwickelt sein. Dies ist aber nicht als Hinweis auf Störungen irgendwelcher Art zu deuten.

Auch das Nichtlösen von komplexen Divisionsaufgaben sollte nicht überbewertet werden. Es bahnt die schriftliche Division an. Es ist notwendig, dass hierfür die Kinder Erfahrungen sammeln, ausprobieren, eigene, auch fehlerhafte Lösungswege beschreiten.

Dies ist nicht als Hinweis aufzufassen, dass arithmetische Entwicklung nur unzureichend fortgeschritten sei oder gar basale kognitive Störungen vorliegen.

Für Kinder mit Schwierigkeiten bei diesen komplexen Divisionsaufgaben empfiehlt es sich, Aufgaben des Typs in verstärktem Maße vorzunehmen wie sie auf **23.1** Aufgabe 3 am Anfang vorliegen. Diese Ableitungen, die jeweils nur eines zusätzlichen weiteren Schritts bedürfen, bereiten komplexere Aufgabenstellungen vor.

Zu Seite 24

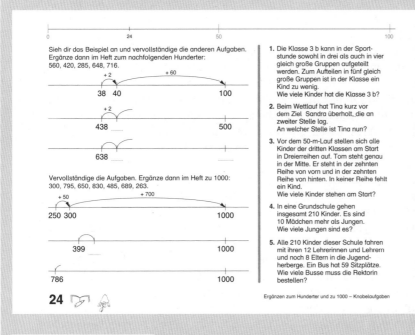

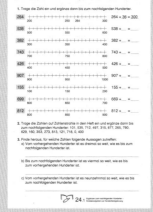
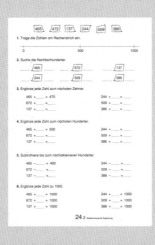

Ergänzen zum nächsten Hunderter, Ergänzen zum Tausender; Knobelaufgaben.

Die Kinder brauchen für die Fortführung der Aufgaben das Heft. Hierein sollten sie mit der Schablone die leeren Zahlenstrahle zeichnen, auf denen dann die fortführenden Aufgaben notiert werden; nützlich wären zudem Notizzettel, auf denen die Kinder weitere Knobelaufgaben selbst entwickeln können.

Es ist günstig, am Anfang der Stunde eine Kopfrecheneinheit zu haben, bei der Additions- und Subtraktionsaufgaben im Hunderterraum gestellt werden. Hierbei geht es nicht um eine Sammlung der Strategien, sondern um schnelles, zügiges Rechnen im Hunderterraum als Wiederholung. Dies dient als Vorbereitung auf die Schulbuchseite.

Die Aufgaben der Schulbuchseite, die die Ergänzung zum nächsten Hunderter zum Inhalt haben, sollten als Tafelbild zur Verfügung stehen. Im Plenum sollte die Strategie „Ergänzung zum nächsten Zehner" und „Ergänzung zum Hunderter" diskutiert werden.

Zu Seite 24

Die im Schulbuch angeführten Aufgaben sollten anschließend in Einzelarbeit im Heft gelöst werden (evtl. Partnerkontrolle). Ein Eingreifen der Lehrperson ist nicht notwendig, allerdings sollte sie die Lösungen und Fehllösungen der Kinder registrieren.

In einem zweiten Abschnitt werden die im Schulbuch angegebenen drei Aufgaben mit Ergänzung zum Tausender ebenfalls als Tafelbild präsentiert. Auch hier werden wieder die Lösungen im Plenum gesammelt, bevor die weiterführenden Aufgaben in Einzelarbeit im Heft gelöst werden. Das Vorgehen entspricht der Ergänzung zum nächsten Hunderter: Einzelarbeit, Partnerkontrolle, Registrierung der Lösungen bzw. Fehllösungen.

Im Anschluss hieran sollten die Arbeitsblätter **24.1** und **24.2** in Einzelarbeit bearbeitet werden. Die Aufgaben Nr. 2 und 3 von Arbeitsblatt **24.1** stellen Knobelaufgaben zur Hunderter-Ergänzung dar, schließen sich thematisch aber an das Vorangehende an.

Erst nach der Bearbeitung der beiden Arbeitsblätter sollten die Knobelaufgaben auf dem rechten Teil der Schulbuchseite von den Kindern gelöst werden.

Die Aufgaben verlangen einen gewissen Zahlensinn, können aber auch durch Experimentieren gelöst werden. Hier werden sich deutliche Unterschiede zwischen den Kindern zeigen. Einige werden durch eine Veränderungsstrategie, d.h. durch Ausprobieren, sich dem Ergebnis nähern, andere Kinder werden durch Kombinieren und logisches Denken auf die Lösung kommen.

Wir schlagen vor, dass die Kinder zuerst in Einzelarbeit versuchen die ersten beiden Aufgaben zu lösen und dann in Partner- oder in Gruppenarbeit die vorgestellten Lösungen besprechen, um sie anschließend im Plenum darzustellen. Die jeweiligen Lösungsstrategien sollten besprochen und bewertet werden.

Auch hier erweist es sich als vorteilhaft, eher die fehlerhaften und nicht optimalen Lösungen am Anfang im Plenum vorstellen zu lassen. Während der Bearbeitungszeit hatte die Lehrperson die Möglichkeit, die Gruppenlösungen zu beobachten, so dass sie anschließend die Reihenfolge der Lösungsvorschläge im Plenum bestimmen kann.

Wesentliches Element dieser Einheit ist, dass die Überlegungen, die zu der richtigen Lösung führen, genau besprochen werden.

Anschließend sollten die Aufgaben 3 bis 5 wieder in Einzelarbeit, dann in Gruppenarbeit behandelt werden. Möglicherweise stellt die letzte Aufgabe die Kinder vor ein Problem, da es sich um eine Divisionsaufgabe mit Rest handelt. Die Lösung besteht natürlich darin, dass nicht gesagt wird, 3 Busse seien die Lösung und einige Personen blieben „als Rest" übrig, sondern dass es hierbei nur ganzzahlige Lösungen geben kann.

Das Arbeitsblatt **24.1** setzt die Aufgaben der Schulbuchseite fort. Es handelt sich um entsprechende Aufgaben, die bereits im Plenum an der Tafel bzw. von den Kindern in Einzelarbeit im Heft gelöst wurden. Die Aufgabe Nr. 2 stellt eine Fortführung dar, hierbei ist allerdings der leere Zahlenstrahl im Heft zu zeichnen und die Aufgaben jeweils daran zu notieren. Für die Lehrperson ist es interessant zu beobachten, wie die Kinder mit der Zahl 0 umgehen. Möglicherweise wird diese bereits als Hunderterzahl gewertet, so dass überhaupt kein Sprung gemacht wird. Dies kann prinzipiell zu der Diskussion anregen, ob von glatten Hunderterzahlen eigentlich in einem Hunderterschritt zum „nächsten Hunderter" gegangen werden muss, oder ob die Zahl nicht selbst der nächste Hunderter ist.

Die Aufgabe 3 stellt drei Knobelaufgaben zusammen, die von den Kindern Vorabüberlegungen verlangen. Bei der Aufgabe A ist es keineswegs trivial, dass der Hunderter in 4 gleiche Teile geteilt wird, obwohl es in der Aufgabe nur das Wort „dreimal" als Hinweis gibt. Die Lösungen sind demnach alle dreistelligen Zahlen (im Tausenderraum), die als Endziffern 75 haben.

Entsprechend ist es bei Aufgabe B: die Lösungen sind die Zahlen, die die Endziffern 20 besitzen, denn bis zum nachfolgenden Hunderter ist es 80, d.h. viermal so weit wie zum vorangehenden Hunderter, nämlich 20. Die größte Schwierigkeit kann bei der Aufgabe C eintreten, da hier die Zahl "neunzehnmal" für Kinder irritierend sein könnte. Die Lösung der vorangehenden Aufgaben dürfte sie aber auf die richtige Spur führen: Lösungen sind alle Zahlen, die die Endziffern 95 haben, denn nun ist es vom vorangehenden Hunderter 95, d.h. neunzehnmal so viel wie bis zum nachfolgenden Hunderter, nämlich 5.

Das Arbeitsblatt **24.2** wiederholt die Ergänzung sowohl in additiver als auch in subtraktiver Weise. Es werden die Nachbar-Hunderter gesucht und die Ergänzungen zum nachfolgenden und zum vorangehenden Hunderter bzw. Zehner. Die letzte Aufgabe verlangt eine Ergänzung zum Tausender, wobei hier verkürzt nur noch die Zahl hingeschrieben wird.

24.3 wiederholt noch einmal die Tausenderergänzung, wobei Wert auf die Darstellung am leeren Zahlenstrahl gelegt wird. Dies soll das schrittweise Vorgehen noch

Zu Seite 24

einmal verdeutlichen. Dies wurde zwar bereits auch auf dem vorangehenden Arbeitsblatt verwendet, soll hier aber noch einmal bewusst gemacht werden. Die Zahlen am unteren Rand sollen in entsprechender Weise im Heft fortgeführt werden. Es ist darauf zu achten, dass die Kinder sehr sorgsam den Strahl mit der Schablone bzw. Geodreieck malen.

Arbeitsblatt **24.4** wiederholt nun in symbolischer Form, was auf dem vorangehenden Arbeitsblatt am leeren Zahlenstrahl gemacht wurde. Auch hier wird zuerst ein schrittweises Vorgehen notiert, um dann in der jeweils zweiten Zeile als Lösung zusammengefasst zu werden. Im zweiten Abschnitt von Aufgabe 1 wird diese Vorgehensweise abgekürzt. Die Arbeitsblätter **24.2** bis **24.4** thematisieren auf unterschiedlichen Ebenen jeweils die Hunderter- bzw. Tausenderergänzung. Es handelt sich aber nicht um ein graduelles Vorgehen, da bereits am Anfang durchaus schwierigere Aufgaben gestellt wurden als am Ende. Es ist eher als spiralförmiges Vorgehen zu werten, wobei Kinder immer wieder auf durchaus leichtere Aufgabenstellungen stoßen, die ihre Vorgehensweise verstärken sollen.

Bei der Aufgabe 2 von Arbeitsblatt **24.4** ist ein Muster fortzusetzen. Es sollte den Kindern überlassen sein, ob sie anhand des isometrischen Gitters freihändig zeichnen, oder lieber die Schablone verwenden wollen. Gerade bei diesen kurzen Strichen erweist sich die Schablone nicht immer als vorteilhaft.

 Es werden keine weiteren Schwierigkeiten erwartet.

Zu Seite 25

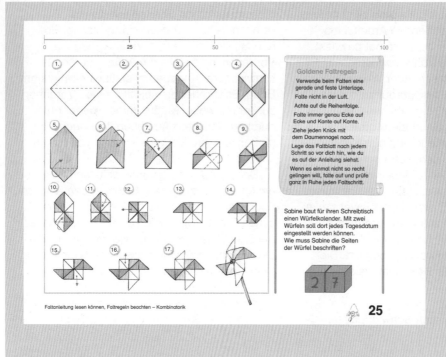

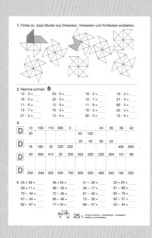

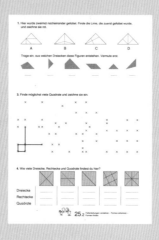

Faltanleitungen lesen können, Faltregeln beachten, sorgsam Schritt für Schritt einen Arbeitsablauf nachvollziehen; eine kombinatorische Aufgabe lösen.

Die Kinder benötigen für das Windrad ein quadratisches Blatt Papier. Es ist günstig, wenn es sich um ein zweifarbiges Papier handelt, d.h. die Vorderseite eine andere Farbe besitzt als die Rückseite.

Quadratisches Papier kann von den Kindern aus DIN A4-Papier hergestellt werden, indem eine Ecke umgeknickt wird, so dass die Kante auf die anliegende Seite fällt. Der überschüssige Teil des DIN A4-Blattes muss dann abgeschnitten werden. Auch hierbei erweist es sich günstig, diesen Teil zuerst anzufalten.

Es wird vorgeschlagen, zu Beginn der Unterrichtseinheit eine Kopfrechenphase vorzuschalten. Dieses sollte in der Wiederholung der Einmaleins-Reihen bzw. der Erweiterung auf die Multiplikation mit Zehnerzahlen bestehen.

Anschließend sollten die Kinder versuchen, entsprechend den goldenen Faltregeln, die auf der Schulbuchseite angegeben sind, das Windrad zu falten. Zwar sind die einzelnen Schritte hierfür angegeben, trotzdem muss davon ausgegangen werden, dass nicht alle Kinder sofort und beim ersten Versuch das Windrad vollständig und genau falten können. Wir schlagen vor, dass die Kinder in Partnerarbeit versuchen, zwei Windräder zu falten. Hierbei sollte jeweils der eine Partner überprüfen, ob der Faltvorgang des anderen Schritt für Schritt richtig ist. Die Kinder sollten aus diesem Grunde nicht gleichzeitig ihre Windräder erstellen.

Die Knobelaufgabe der Schulbuchseite kann zu einem beliebigen Zeitpunkt im Ablauf der Unterrichtseinheit eingeschoben werden, auch zwischen die Bearbeitung von den Arbeitsblättern. Die Aufgabe besteht darin, zwei Würfel so mit Zahlen zu beschriften, dass jedes Tagesdatum eines Monates gelegt werden kann. Hierbei müssen die Kinder erkennen, dass
– die Ziffern 1 und 2 auf beiden Würfeln vorkommen müssen, da es sowohl den 11. als auch den 22. eines Monates gibt;
– sich mit den 12 zur Verfügung stehenden Flächen der beiden Würfel dadurch auch sämtliche notwendigen Zahlen darstellen lassen, nämlich die Ziffern von 0 bis 9 und zusätzlich noch jeweils einmal die Ziffern 1 und 2.

Eine mögliche Lösung ist daher, auf einem Würfel die Ziffern 1 bis 6 zu notieren, auf dem anderen Würfel die Ziffern 1, 2, 7, 8, 9, 0.

Es sollte die Kinder angeregt haben, die Papiere in einer Weise zu bemalen, dass sich hinterher am Windrad schöne Muster ergeben. Dies bedeutet allerdings, dass sie den Faltvorgang wieder rückgängig machen müssen und sich dabei merken oder besser notieren müssen, welche Teile des Blattes an welcher Stelle sichtbar werden. Um vielfarbige Windräder zu erstellen, bedarf es schon eines ausgetüftelten Färbungsvorganges.

Darüber hinaus sollte der Zusammenhang zwischen Windrichtung und Windrad von den Kindern ausprobiert werden. Die Kinder können an einen Stock mehrere Windräder anheften. Weisen diese alle in die gleiche Richtung, dann werden sie sich auch alle zum gleichen Zeitpunkt drehen, ist eines allerdings auf der „Vorderseite", das andere Windrad auf der „Rückseite" des Stockes, dann gibt es möglicherweise Situationen, dass sich nur ein Windrad dreht. Wie ist die günstigste Lage zum Wind? Ändert sich etwas, wenn wir große Windräder erstellen? Sind kleine Windräder günstiger und drehen sich diese schneller?

Arbeitsblatt **25.1** wiederholt Multiplikationsreihen, Verdoppelungen und Addition/Subtraktion im Hunderterraum. Hinzu kommt bei Aufgabe 1 das Färben von zweidimensionalen Windrädern, wobei Dreiecke, Vierecke und Fünfecke entstehen sollten. Bei Dreiecken werden die Kinder anfangs damit experimentieren, auch größere Dreiecke, die sich aus zwei kleinen Dreiecken zusammensetzen, zu verwenden. Dies führt aber zu Schwierigkeiten. Dass diese nicht vorab gesehen werden, ist kein Fehler der Kinder, sondern ein notwendiger Punkt in ihrem Lernprozess. Ziel ist es hierbei, dass innerhalb von komplexen Formen andere Formen herausgesehen, in den Vordergrund gehoben werden können (visuelle Figur-Grund-Diskrimination).
25.2 Gegenstand dieses Arbeitsblattes ist es, von einem anderen Standpunkt aus noch einmal über Faltanleitungen zu reflektieren und sich den Faltprozess vor Augen zu führen.

Insbesondere Aufgabe 1 stellt ein durchaus schwieriges Unterfangen dar, da hierbei die erste Faltlinie gefunden werden muss. Angegeben sind jeweils Figuren, bei denen die Faltlinien nach der Faltung sichtbar sind. Hier müssen kopfgeometrische Überlegungen angestellt werden. Dies gilt auch für die Aufgabe 2. Bei der Aufgabe 3 sollen unterschiedliche Quadrate in verschiedenen Lagen gefunden werden. Es gibt sehr viele Quadrate in dieser Zeichnung, so dass nicht erwartet wird, dass die Kinder sie alle finden. Es ist aber hilfreich, wenn die Kinder verschieden farbige Bleistifte für ihre Quadrate verwenden, da an einigen Stellen sich die Seiten der Quadrate überdecken. Die letzte Aufgabe ist wieder eine Wahrnehmungsanforderung, da die verschiedenen Formen in der Figur gefunden werden müssen. Es handelt sich hierbei ebenfalls um Figur-Grund-Diskrimination.

Die Anforderung, die Faltanleitung durchzuführen, kann für einige Kinder durchaus schwierig sein. Hier ist zu beobachten, ob die Reihenfolge der Aufgabenschritte eingehalten wird, d.h. ob die Kinder jeweils bei der Anleitung wieder an die entsprechende, richtige Stelle zurückkehren. Die 17 vorgegebenen Schritte verlangen ein sukzessives Vorgehen, wobei bei einigen Kindern ein mögliches Springen, Auslassen von Teilschritten, Zürückgehen auf einen bereits durchgeführten Teilschritt etc. möglich ist. Hierbei ist dann differenzierter zu prüfen, ob die Kinder visuelle Schwierigkeiten haben, sich auf dem Blatt in der richtigen Reihenfolge zu orientieren, oder ob ein Problem mit der Reihenfolge von Anweisungen besteht, das auch in anderen Kontexten beobachtet wird.

Das Experimentieren mit zu großen Dreiecken bei Arbeitsblatt **25.1** wurde bereits angesprochen, ist aber nicht als Hinweis für irgendwelche Schwierigkeiten zu werten, sondern stellt einen notwendigen, wenn auch fehlerhaften Schritt im Lernprozess dar.

Das Arbeitsblatt **25.2** verlangt von den Kindern sehr unterschiedliche visuelle Fähigkeiten. Bei der Aufgabe 1 ist von ihnen nachzuvollziehen, welche Faltlinie als erste gefaltet wurde. Hier müssen die symmetrischen Linien entdeckt werden, die als zweite durch eine einzige Faltung entstehen können. In diesem Sinne sind die Aufgaben B und D am leichtesten. Aufgabe C besitzt zwei Lösungen, beide Faltlinien können als erste gefaltet sein, da die Linien senkrecht aufeinander stehen. Aufgabe A dürfte für die meisten Kinder die schwierigste darstellen. Hier sollte eine Diskussion bzw. Begründung zwischen den Partnern hilfreicher sein als eine Erklärung durch die Lehrperson.

Ist einmal festgelegt, welche Faltlinie als erste gefaltet wurde und welche als zweite, dann ergibt sich die Aufgabe 2 direkt. Allerdings verlangt sie ein Operieren in dem visuellen Anschauungsraum. Die kognitiven Anforderungen sind hierbei sehr hoch. Es sollte registriert werden, welche Kinder Schwierigkeiten haben. Nach unseren Erfahrungen sind es auch diejenigen, die im arithmetischen Bereich mögliche Probleme aufweisen. Die Aufgaben 3 und 4 verlangen eine visuelle Figur-Grund-Diskrimination. Einigen Kindern gelingt es nicht, bei der Aufgabe 3 Größenbeziehungen herzustellen und Quadrate zu erkennen, die nicht in konventioneller Weise eine Seite parallel zum Blattrand haben. Die schrägliegenden Quadrate sind von diesen Kindern schwieriger wahrzunehmen. Es sollte ihnen gestattet sein, mit der Schablone Abmessungen vorzunehmen und die rechten Winkel mit dem Geodreieck zu überprüfen.

Für leistungsstarke Kinder kann es eine zusätzliche Anforderung sein, bei der Aufgabe 4 allgemeine Vierecke zu finden, die nicht Rechtecke oder Quadrate zu sein brauchen. Dies stellt eine Differenzierung dar, die bei Kindern, die sonst auf dieser Seite Schwierigkeiten haben, nicht unbedingt als Aufgabe eingesetzt werden sollte.

Zu Seite 26

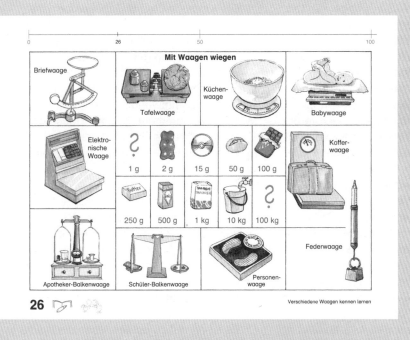

Verschiedene Waagen kennen lernen, verschiedene Gewichte vergleichen, geeignete Waagen für unterschiedliche Gewichte bestimmen.

Die Kinder benötigen für die Übertragung der unterschiedlich gewogenen Sachen in Tabellenform das Heft.

Es wird vorgeschlagen, am Anfang der Stunde Alltagssituationen zu sammeln, in welchen die Kinder mit unterschiedlichen Waagen in Berührung kamen. Es ist vorteilhaft, wenn diese Waagen nicht nur einen Namen bekommen, sondern von den Kindern auch gezeichnet werden und die Alltagssituationen, in denen sie vorkommen, genau beschrieben werden. Es sollte auch jeweils eine Liste von Objekten erstellt werden, die mit diesen betreffenden Waagen gewogen werden können.

Die Schulbuchseite gibt insgesamt 10 Waagen an, die den Kindern zumindest teilweise vertraut sind. Einige Waagen, wie etwa die Federwaage oder die Briefwaage, dürften hingegen einigen Kindern unbekannt sein.

In einem ersten Schritt sollte versucht werden zu klären, wie die Waagen funktionieren. Hierbei wird sich herausstellen, dass einige mit Gewichten arbeiten (Apotheker-Balkenwaage, Schüler-Balkenwaage, Tafelwaage, auch die Briefwaage allerdings in einer veränderten Form, da sie das Hebelgesetz verwendet, ebenfalls die Babywaage). Andere Waagen arbeiten mit Federn, so etwa die Federwaage, viele Personenwaagen, die Kofferwaage oder die Küchenwaage.

Als nächster Schritt sollte versucht werden, die Objekte, die auf der Schulbuchseite angegeben sind und deren jeweiliges Gewicht vermerkt ist, den einzelnen Waagen zuzuordnen. Hierbei ist es nicht notwendig, dass jeder Waage genau ein Objekt zugeordnet wird, sondern es können die Objekte auch mit verschiedenen Waagen gewogen werden. Ziel ist es, die Kinder dazu zu sensibilisieren, dass die unterschiedlichen Waagen eine spezifische Funktion haben: Sie decken einen bestimmten Gewichtsbereich ab, den sie wiegen können, leichtere bzw. schwerere Gewichte werden von ihnen hingegen gar nicht oder nur schlecht erfasst.

Die Kinder sollten in Tabellenform die Waagen in ihr Heft aufschreiben und jeweils Objekte benennen, die mit diesen verschiedenen Waagentypen gewogen werden können.

Insgesamt ist es für diese Unterrichtseinheit nicht nur günstig sondern bei einigen Kindern auch notwendig, Erfahrungen mit den Waagen zu sammeln. Hat die Klasse eine Experimentierecke und sind verschiedene Waagen dort vorhanden, dann sollte eine durchaus breite Experimentalphase dieser Unterrichtseinheit vorangehen oder immer wieder eingestreut werden. Wiegeerfahrungen können durchaus das gesamte Schuljahr bekleiden. Das eigenständige Handeln sollte im Vordergrund stehen. Gleichzeitig sollten die Kinder versuchen, die Gewichte von verschiedenen Objekten im voraus zu schätzen, bevor sie sie mit einer geeigneten Waage wiegen.

Es ist darauf zu achten, dass die Kinder im voraus und verantwortungsvoll die Waagen benutzen. Das Wiegen von zu schweren Objekten mit einer Waage führt zu deren Zerstörung. Auch dieses verantwortungsvolle Umgehen mit Messinstrumenten ist Ziel dieser Unterrichtseinheit.

Das es sich hier um eine stark handlungsorientierte Unterrichtseinheit handelt, sind keine Arbeitsblätter vorgesehen. Die Kinder sollten ihre Erfahrungen selbst ins Heft schreiben und möglichst viele verschiedene Objekte gewogen und deren Gewicht bestimmt haben. Das Schätzen von Alltagsgewichten, das Vergleichen von Gewichten, die zwar gleich groß aber unterschiedlich schwer sind, stellt ein wesentliches Lernziel dar. Dieses kann nicht über Arbeitsblätter hinreichend abgedeckt werden.

Da diese Unterrichtseinheit die eigenständige Handlung der Kinder betont, sollten keine Schwierigkeiten auftreten. Die Kinder werden jeweils die gewogenen Objekte in tabellarischer Form erfassen. Allerdings wird die Lehrperson feststellen, dass die Kinder über sehr unterschiedliche Vorerfahrungen mit Gewichten und dem Schätzen des Gewichtes eines Objektes verfügen. Wir sehen hierin noch keinen Hinweis auf irgendwelche Lernschwierigkeiten, da der Größenbereich „Gewichte" mit zu den schwierigsten gehört. Auch Erwachsene verschätzen sich häufig hierbei; wie schwer ein Apfel, ein Buch oder ein Stuhl ist, kann zu lebhaften Debatten zwischen Erwachsenen führen.

ZU SEITE 27

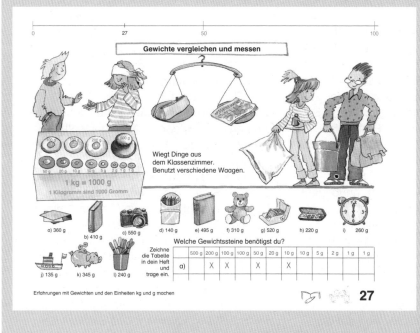

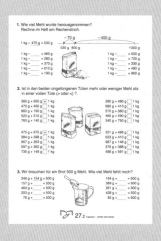

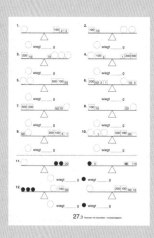

Weitergehende Erfahrungen mit Gewichten machen; die Einheiten Gramm und Kilogramm kennen lernen; Gewichte durch Gewichtssteine (Balken- oder Tafelwaage) erstellen.

Für die Übertragung der Gewichtstabellen und das Sammeln weiterer Gewichte benötigen die Kinder das Heft.

Es wird vorgeschlagen, am Anfang der Unterrichtseinheit eine Kopfrechenphase vorzuschalten. Hierfür sollte die Subtraktion von Tausend besonders betont werden, das Kleine Einmaleins bzw. die Multiplikation mit Zehnerzahlen.

Der auf der letzten Schulbuchseite begonnene handlungsorientierte Rahmen sollte weiter beibehalten werden. Mittels einer Balken-Waage werden Alltagsobjekte aus dem Klassenzimmer miteinander verglichen. Hierbei handelt es sich im ersten Schritt lediglich um die Fragestellung: Welches Objekt ist schwerer? Eine hierfür benötigte Balken-

Zu Seite 27

Waage lässt sich sehr leicht aus einem Kleiderbügel herstellen.

Die Kinder sollten Objekte selbst vergleichen, indem sie sie in ihren Händen halten. Dieser Gewichtsvergleich ist bei sehr starken Gewichtsdifferenzen natürlich leicht zu fühlen, die Kinder sollten aber durchaus schwierig zu unterscheidende Gewichte vergleichen, z.B. unterschiedliche Geldmünzen. Ergibt sich hierbei ein Unterschied, ob ich sie in der rechten oder der linken Hand halte, verändert sich dann meine Wahrnehmung?

Eine unterschiedliche Wahrnehmung kann auch dadurch eintreten, dass sich die Objekte unterschiedlich leicht in der Hand halten lassen. Ein Wassereimer mit einem sehr dünnen Bügel, der tief in die Hand einschneidet, scheint ein größeres Gewicht zu haben als ein gleich schwerer Schulranzen.

Mit Hilfe der Gewichtssteine lässt sich das Gewicht der einzelnen Objekte nun auf der Balken-Waage genauer bestimmen. Wir messen das Gewicht bis auf 1 Gramm genau.

Die Gewichte können durch unterschiedliche Gewichtssteine repräsentiert werden. So kann 224 Gramm dargestellt werden durch ein 200-Gramm-Gewicht, ein 20-Gramm-Gewicht und ein 2-Gramm-Gewicht plus zwei 1 Gramm-Gewichte. Es könnte aber auch durch zwei 100er-Gewichte, zwei 10er-Gewichte und ein 5-Gramm-Gewicht repräsentiert werden, wenn dem Objekt selbst noch ein 1-Gramm-Gewicht zugelegt wird. Diese unterschiedlichen Wiegevorgänge, wobei die Gewichtssteine auf beide Seiten der Balken-Waage gelegt werden dürfen, d.h. auch zu dem Objekt selbst, das gemessen werden soll, stellt eine kombinatorische Herausforderung an die Kinder dar. Auch hier sollte ein breiter Raum zum Experimentieren und Ausprobieren zur Verfügung stehen.

Die auf der Schulbuchseite angegebenen Objekte werden möglicherweise in ihren Gewichten nicht mit denen übereinstimmen, die in der Klasse verwendet werden. Die gewogenen Objekte sollen ebenfalls in das Heft in Tabellenform übertragen werden. Die Tabelle ist in ihrem Anfang auf der Schulbuchseite vorgegeben, es müssen sämtliche Gewichte, die der Wiegesatz enthält, auch in der Tabelle vorkommen. Das Gewicht der Objekte wird nun durch die Gewichtssteine in der Tabelle dargestellt (offene Aufgabe).

Der Merksatz „1 Kilogramm = 1000 Gramm" sollte in der Klasse aufgehängt werden. Es kann zu einem gedächtnisunterstützenden Vergleich mit Meter-Kilometer kommen. Das Wort Kilo bedeutet 1000, es stellt lediglich eine Abkürzung dar.

Das Arbeitsblatt **27.1** verlangt in der ersten Aufgabe genau dieses Wissen, ist ansonsten aber lediglich eine Wiederholung der Subtraktion im Tausenderraum.

Aufgabe 2 verlangt von den Kindern eine Bündelung der Gewichtssteine und die Angabe des Gesamtgewichtes, das durch die Gewichtssteine repräsentiert wird. Aufgabe 3 des Arbeitsblattes sollte im Heft gelöst werden, es handelt sich um kurze Textaufgaben, bei denen wieder unterschiedliche Lösungen möglich sind. Die Aufgaben können in Gramm-Form oder in gemischter Form kg/g gelöst werden. Zu diesem Zeitpunkt tendieren die meisten Kinder noch zu einer Darstellung lediglich in Gramm-Form.

Das Arbeitsblatt **27.2** wiederholt die Subtraktionsaufgaben im Tausenderraum, d.h. hier die Subtraktion von 1000. Es sollte die Darstellung am leeren Zahlenstrahl verwendet werden, um das schrittweise Vorgehen der Subtraktion zu unterstützen. Bei der zweiten Aufgabe wird von den Kindern verlangt zu entscheiden, ob das angegebene Grammgewicht größer oder kleiner ist als ein Kilogramm. Bei Aufgabe 3 handelt es sich um Ergänzungsaufgaben zu 500, die in die Form von Gewichten verpackt ist.

Diesem Aufgabentyp wird häufig vorgeworfen, dass er lediglich eine Mogelpackung darstellt und die Größenbereiche als Anwendungen für arithmetische Rechnungen verwende. Dies ist einerseits richtig, andererseits aber in sofern falsch, als wir im Kopf nicht mit den Einheiten rechnen sondern lediglich mit Zahlen. Zum anderen verkennt es auch die Kraft der Mathematik, die sich für sämtliche Größenbereiche als gleich erweist. Auch dies ist ein Lernziel im Grundschulunterricht.

27.3 verlangt von den Kindern Zahlzerlegungen, die hier in Form von Balken-Waagen dargestellt sind, wobei die letzten beiden Aufgaben zweischrittig sind. Zur Lösung muss erst die rechte Seite, d.h. die zweite Balken-Waage, gelöst werden, bevor die linke gelöst werden kann.

Schwierigkeiten werden bei diesen Aufgaben nicht erwartet. Lediglich Kinder, die noch Schwierigkeiten beim Rechnen im Zahlenraum bis 100 oder bei der Tausenderergänzung haben, dürften hier Probleme aufweisen. Sie bedürfen wiederholender Übungen im arithmetischen Bereich.

Zu Seite 28

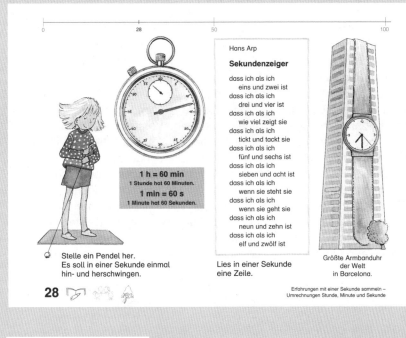
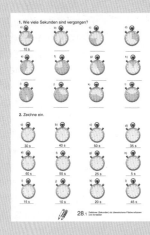

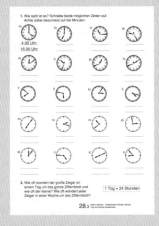
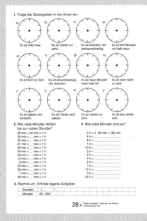
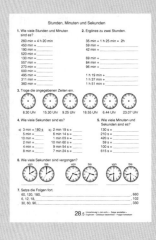

Größenbereich „Zeit"; Erfahrungen mit einer Sekunde sammeln; Umrechnungen Stunde – Minute und Minute – Sekunde vornehmen.

Die Kinder benötigen verschiedene Uhren, insbesondere eine Stoppuhr oder eine Demonstrationsuhr mit Sekundenzeiger; darüber hinaus müssen die Beobachtungen in einem Heft notiert werden.

Die Unterrichtseinheit „Zeit" sollte in Verbindung mit dem Sportunterricht bzw. Wettkampfsituationen gebracht werden. Im Sportunterricht ergeben sich vielfältige Möglichkeiten, Zeiten mit Hilfe der Stoppuhr zu messen: Wie lange brauchen die Kinder, um eine bestimmte Strecke zurückzulegen, wie lange brauchen sie, um die Matten auszulegen, das Klettergerüst hoch und wieder runter zu klettern etc.?

Die Zeiteinheit Sekunde dürfte als Begriff den Kindern bekannt sein, nicht aber unbedingt ihre Umrechnung in Minuten. Aus diesem Grunde sollte die Einheitenumrechnung 1 Stunde = 60 Minuten und

Zu Seite 28

1 Minute = 60 Sekunden
als Merkzettel in der Klasse aufgehängt werden. (Die in diesem Schulbuch verwendeten Zeichen, aber auch Umrechnungen von Größeneinheiten sind auf den Seiten 94 und 95 jederzeit von den Kinder nachzuschlagen.)

Als Problem wird den Kindern gestellt ein Pendel zu bauen, das in einer Sekunde genau einmal hin- und herschwingt. Erfahrungsgemäß operieren die Kinder hier mit unterschiedlichen Gewichten, sie kommen erst in einem zweiten Schritt dazu, die Länge des Pendels zu variieren. Zudem gibt es das Problem, das es schwierig ist, eine Pendelbewegung genau mit der Stoppuhr zu messen. Könnte es andere Verfahrensweisen geben? Es stellt sich als günstiger und genauer heraus, zehn oder noch mehr Pendelbewegungen auszuführen und deren Dauer zu messen.

Als Lernziel ergibt sich durch dieses experimentierende Vorgehen, dass die Schwingungsdauer eines Pendels von dem jeweils verwendeten Gewicht unabhängig ist und lediglich von der Länge des Pendels abhängt. Wie lang ist das Pendel? Auch hier sollten die Kinder ihre Beobachtungen in eine Tabelle eintragen.

Das Übertragen von Ergebnissen in eine Tabelle stellt eine Vorstufe des physikalischen Experimentierens dar und sollte bei vielfältigen Gelegenheiten angeregt werden.

Das Gedicht „Sekundenzeiger" von Hans Arp sollte von den Kindern tatsächlich in der Form gelesen werden, da sie für eine Zeile nur eine Sekunde benötigen. Es stellt sich heraus, dass dies keineswegs zu einem sehr schnellen Lesen führt. Jede Zeile hat vier Silben, so dass es dem normalen Sekundenzählen („einundzwanzig, zweiundzwanzig, dreiundzwanzig, ...") entspricht.

Das Arbeitsblatt **28.1** verlangt von den Kindern, Sekundenverläufe am Ziffernblatt abzulesen. Im zweiten Teil werden entsprechend Zeitdauern an der Stoppuhr eingezeichnet. Hierbei kommen sehr unterschiedliche Darstellungsweisen der Kindern zustande, da ein Anfangszeitpunkt nicht angegeben wurde. Die Kinder sind also frei, ihre Zeitdauern auf verschiedene Anfangszeitpunkte zu legen.
28.2 hat zum Gegenstand, Zeitdauern in verschiedenen Zeiteinheiten zu erfassen. Hierbei sollen die Kinder ihren eigenen Körper in Zeiten erfahren. Sie müssen sich überlegen, wie sie geeignete Messvorgänge vornehmen. Gleichzeitig müssen sie eine Umrechnung von Minuten in Stunden ausführen. Die Aufgabe 2 wiederholt ein Verfahren, das bereits in der 2. Klasse als Darstellungsmethode und Denkhilfe eingeführt wurde, nämlich den doppelten Zahlenstrahl. Thema ist die proportionale Beziehung zwischen zwei Größen, die von den Kindern bildhaft am leeren Zahlenstrahl gezeichnet werden muss. Die eigenen Konstruktionen stehen hierbei im Vordergrund, die Kinder können nicht ablesen und dabei gar zählen.

Die dritte Aufgabe verlangt von den Kindern, eine Stoppuhr abzulesen. Hierbei ist insbesondere die letzte Aufgabe, nämlich die Zeitbestimmung bei Max, kritisch. Einige Kinder dürften der Ansicht sein, dass Max den 100-Meter-Lauf in 1 Sekunde absolviert hat, dies ist aber nicht möglich. Die Lösung ist 61 Sekunden (oder 121 Sekunden).

Auch das Arbeitsblatt **28.3** wiederholt den Größenbereich „Zeit", nun aber die schon bekannten Beziehungen Stunde-Minute, Stunde-Tag und Tag-Woche. Es handelt sich um eine Wiederholung der Inhalte der 2. Klasse.
28.4 stellt ebenfalls Wiederholungsaufgaben dar, bei denen die Zeiger eingestellt werden müssen. Die letzte Aufgabe der mittleren Zeile ist im Prinzip nicht eindeutig lösbar. Allerdings werden die Kinder mit der Angabe „noch nicht zu spät" häufig einen Zeitpunkt des Abends verbinden und dementsprechend eine Nachmittagszeit einstellen. Bei den Aufgaben 2 bis 4 handelt es sich um Wiederholung. Bei der Aufgabe 4 selbst sind die Kinder frei, entsprechende Stundenangaben vorzunehmen und auch in größeren Zahlräumen zu experimentieren.
28.5 setzt die Umrechnungen Stunden – Minuten – Sekunden fort, ebenso die Zeigereinstellungen. Hierbei ist bei Aufgabe 3 lediglich mit zwei Zeigern zu operieren, während bei Aufgabe 6 drei Zeiger angegeben sind. Die siebente Aufgabe stellt insofern einen Zusam-

Das Problem mit dem Größenbereich „Zeit" liegt in der nicht strengen Dezimalstruktur. Die Übergänge sind die Sechziger. Allerdings kennen die Kinder diesen Zusammenhang bei der Umrechnung von Minuten in Stunden, so dass sich keine zusätzlichen arithmetischen Schwierigkeiten in diesem Bereich ergeben. Darüber hinaus muss betont werden, dass die Zeitdauer von Sekunden den Kindern sehr viel erlebnisnaher ist als Minuten oder gar Stunden, Tage und Wochen.

Zu Seite 29

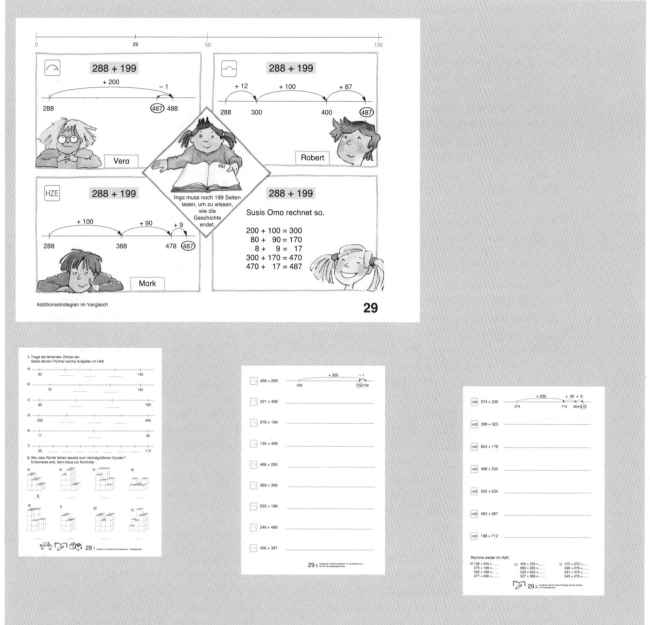

Additionsstrategien vergleichen, eigene Additionsstrategien im Tausenderraum verwenden.

Für die Schulbuchseite benötigen die Kinder kein weiteres Material, für die Arbeitsblätter allerdings das Heft für fortführende Rechnungen und die Würfel für die Würfelbauten.

Wir stellen uns vor, dass die Aufgabe der Schulbuchseite als Ausgangspunkt genommen wird. Diese Aufgabe sollte mündlich vorgelesen werden. Im Plenum werden dann unterschiedliche Strategien gesammelt werden, wie man diese Aufgabe lösen könnte. Gegenstand ist also nicht die Lösung selbst, d.h. die Zahl 487, sondern das Auffinden möglichst vieler verschiedener Lösungswege, um auf diese Zahl zu gelangen. Diese unterschiedlichen Lösungswege sollten auch am leeren Zahlenstrahl in der Klasse öffentlich an der Tafel gezeichnet und dann mit den anderen verglichen werden. Es können durchaus

Zu Seite 29

Abstimmungen durchgeführt werden, welche Schüler am liebsten die eine oder die andere Strategie verwenden würden. Es ist zu erwarten, dass die ersten drei auf der Schulbuchseite angegebenen Verfahren von den Kindern entwickelt werden, die letzte, die Strategie der Oma, möglicherweise aufgrund der Erfahrungen mit diesem Schulbuch nicht. Allerdings kann es eine Strategie sein, die von Kindern, die bislang mit einem anderen Schulbuch unterrichtet wurden, eingesetzt wird. Diese Strategie ist in hohem Maße gedächtnisaufwendig und von den Kindern schon im Hunderterraum kaum zu bewältigen.

Aus diesem Grunde sollte diese letzte Strategie des stellengerechten Rechnens eher abschreckend behandelt werden. Der Gedächtnisaufwand hierfür ist enorm und übersteigt die Kapazitäten der Kinder. Untersuchungen zeigen, dass selbst bei zweistelligen Zahlen, d.h. Rechnungen im Hunderterraum, diese Strategie viermal so viele Fehler produziert wie andere Strategien.

Die Aufgabe der Schulbuchseite, nämlich 288 + 199, wurde auch gewählt, weil sie die Sprungstrategien nahe legt. Aus diesem Grunde sollte im Anschluss an diese Aufgabe eine andere Additionsaufgabe gestellt werden, bei der dies nicht unbedingt so der Fall ist, etwa 344 + 237.

29.1 wiederholt noch einmal das Zahlenverorten am Zahlenstrahl in bestimmten Zahlenabschnitten. Hierbei ist das Halbieren oder Dreiteilen von Zahlabschnitten, also insbesondere die Strategie des Mitte Findens wesentlich. Bei Aufgabe 2 geht es darum, Würfelbauten in der Vorstellung zu ergänzen. Wenn Kinder hierbei Schwierigkeiten haben, sollten sie auf die Würfel des Lehrwerkes zurückgreifen. Die Handlungen stellen dann für diese Kinder, die noch Probleme in der Vorstellung haben, eine notwendige Hilfe dar.

Möglicherweise ist auch noch einmal zu klären, was ein Quader ist. Dies war zwar bereits Gegenstand des Unterrichts, solche speziellen Bezeichnungen sind aber häufig Gegenstand des kindlichen Vergessens.

29.2 verlangt von den Kindern, die vorgegebenen Aufgaben nach der Sprungstrategie zu lösen. Es wird verlangt, dass sie diese Strategie durchführen, damit sie sie auch für die Vergleiche zur Verfügung haben.

Entsprechend wird die „Hunderter-Zehner-Einer-Strategie" auf dem Arbeitsblatt **29.3** verwendet. Auch hier ist es wieder zwingend, dass diese Strategie verwendet wird. Mit den auf dem unteren Rand des Arbeitsblattes angegebenen Aufgaben ist genau so weiter zu verfahren, sie müssen in das Heft übertragen werden.

Es ist auf jene Kinder zu achten, die Schwierigkeiten mit den Würfelbauten in der Vorstellung haben. Diese Kinder dürften zwar schon früher aufgefallen sein, sie bedürfen aber mehr Hilfe in Form konkret durchzuführender Handlungen mit dem Material als andere Kinder.

Insbesondere sollte beobachtet werden, ob sich diese Vorstellungsschwächen auch in anderem Kontext, etwa bei arithmetischen Operationen zeigen. Häufig werden Schwierigkeiten bei selbst auszuführenden Konstruktionen am Zahlenstrahl beobachtet.

Zu Seite 30

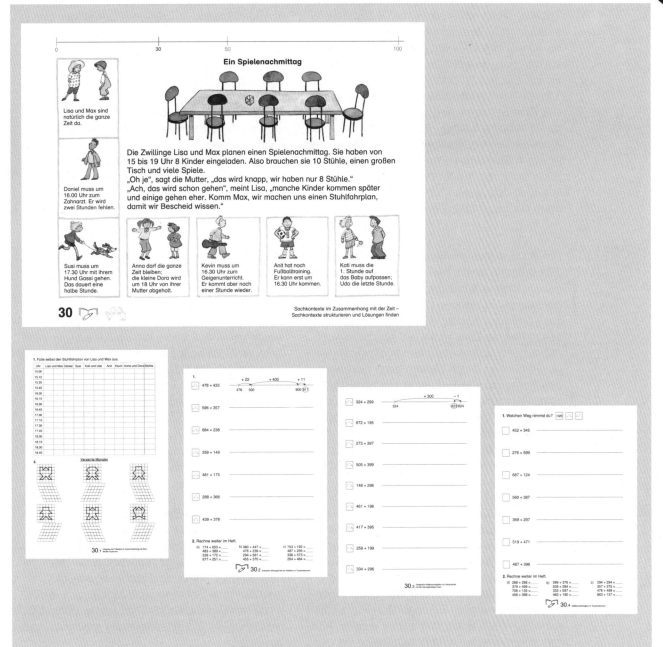

Es handelt sich um eine sehr globale und komplexe Sachaufgabe im Zusammenhang mit dem Größenbereich „Zeit". Sachkontexte müssen strukturiert und Informationen vielfältig zusammengesetzt und geordnet werden.

Die Kinder benötigen für diese Aufgabe das Heft, da sie (ohne dazu angeleitet zu werden) eine Tabelle bzw. ein Diagramm erstellen müssen.

Diese Aufgabe ist von Beginn an in einer Gruppe zu lösen. Hier sollte keine Einzelarbeit vorgeschaltet werden. Ohne weitere Hinweise sollten die einzelnen Gruppen die Texte lesen und die Aufgabe zu lösen versuchen. Es handelt sich um eine komplexe Situation, bei der zu entscheiden ist, ob tatsächlich die 8 Stühle während der gesamten Spielzeit des Nachmittags hinreichend sind. Die verschiedenen Informationen sind zu verwerten.

Lernziel ist es, dass die Kinder von sich aus eine andere Darstellungsform als lediglich die Verbindung von Texten und das Behalten im Kopf versuchen. Ein Diagramm bzw. eine

Zu Seite 30

Tabelle, die in halbstündlichen Abständen strukturiert ist und auf der anderen Dimension die Kinder enthält, wäre günstig. Hier ist dann einzutragen, an welchen Zeiten Kinder fehlen. Es lässt sich dann anhand einer solchen Tabelle bzw. eines Diagramms leicht ablesen, wie viele Stühle zu einem bestimmten Zeitpunkt benötigt werden. Auch werden die Kinder erkennen, dass eine Tabellenform, die lediglich Stundenabschnitte enthält, nicht hilfreich ist, da die Kinder zu Halbstunden-Zeiten kommen oder gehen. Überlappungen sind dann nur ungenau zu vermerken.

Das Arbeiten in Gruppen dürfte einen längeren Zeitraum in Anspruch nehmen, insbesondere das Finden eines geeigneten Lösungsweges bzw. einer adäquaten Darstellungsform. Die Diskussion im Plenum hinterher sollte sich lediglich auf die günstigste Darstellungsformen beschränken, da sicherlich die Kinder sämtlich auf die Lösung kommen werden.

Das Lernziel der Unterrichtseinheit ist das Methodentraining, das Erkennen der Brauchbarkeit und Sinnhaftigkeit einer bestimmten Darstellungsform.

Diese Darstellungsform wird in Arbeitsblatt **30.1** aufgenommen, hier nun allerdings vorgegeben. Dieses Arbeitsblatt sollte dann unter gar keinen Umständen (!!!) den Kindern vorab zur Verfügung stehen, d.h. sie sollten nicht schon hier die Lösung finden, bevor sie sich mit der Schulbuchseite intensiv auseinandergesetzt haben. Nach diesem doch anstrengenden Vorgehen und Problemlösen bildet die zweite Aufgabe, die „Verzerrten Monster" eine Erholung für die Kinder, auch wenn sie selbst wiederum durchaus anspruchsvoll ist.
30.2 nimmt noch einmal die Strategien der vorangehenden Schulbuchseite auf, nun wird die Autobahn-Strategie für die Addition im Tausenderraum wiederholt. Entsprechend beinhaltet das Arbeitsblatt **30.3** die Sprungstrategie, ebenfalls für die Addition. Erst in Arbeitsblatt **30.4** kommt es dann zu Entscheidungen bei bestimmten Aufgaben, die Kinder müssen hier eine Wahl zwischen drei verschiedenen Strategien treffen. Die Strategie des stellenweisen Rechnens wurde nicht weiter aufgenommen. Die unteren Aufgaben sind ebenfalls im Heft am leeren Zahlenstrahl weiter zu rechnen.

Wir erwarten keinerlei Schwierigkeiten bei den Strategien, da sie Fortsetzungen bekannter Strategien aus dem Hunderterraum sind und auch bislang schon mehrfach behandelt wurden, allerdings ohne diese Systematik. Die „Verzerrten Monster" stellen Wiederholungen dar, es sind lediglich Schrägbilder. Hier sollten keine Schwierigkeiten auftreten. Lediglich können sich Kinder verzählt haben, wenn sie den Anfangspunkt der Zeichnung markieren wollen. Zwischen den Kindern kann es deutliche Unterschiede im Lösen der Problemaufgabe der Schulbuchseite geben. Dies sollte registriert werden, muss aber nicht Hinweis auf irgendwelche Schwierigkeit darstellen. Hierfür ist diese Aufgabe kognitiv sehr anspruchsvoll, ein Scheitern ist keineswegs als gravierend zu bewerten.

ZU SEITE 31

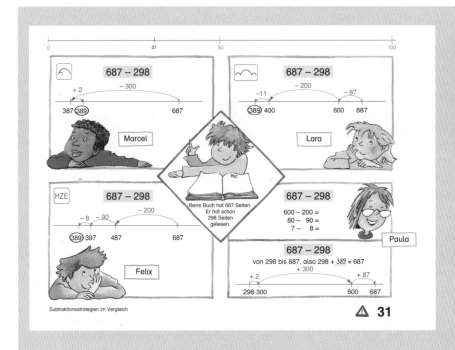

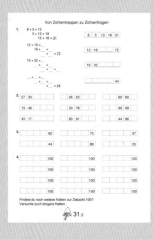

Verschiedene Subtraktionsstrategien im Tausenderraum kennen lernen, Subtraktionsstrategien vergleichen.

Es wäre günstig, wenn die Kinder Notizzettel zur Verfügung hätten, auf denen sie Aufgaben zu den jeweiligen Strategien aufschreiben und mit Hilfe des Zahlenstrahls zeichnen können. Diese Notizzettel können zu einem Plakat zusammengeklebt werden.

Ausgangspunkt sollte die Aufgabe der Schulbuchseite sein „Bens Buch hat 687 Seiten. Er hat schon 298 Seiten gelesen.".
An der Tafel sollten verschiedene Zahlenstrahle bereits vorgegeben sein. Im Plenum werden unterschiedliche Lösungsstrategien gesammelt. Auch hier wieder besteht die Aufgabe darin, möglichst verschiedene Lösungswege zu finden, nicht das Ergebnis von 389. Die verschiedenen Strategien sollten miteinander verglichen werden. Es sind auch Strategien zulässig, die nicht den leeren Zahlenstrahl verwenden, sondern eine halbschriftliche Notationsform (oder eine schriftli-

Zu Seite 31

che, wenn sie einigen Kindern bereits bekannt ist).

Auf der Schulbuchseite ist auch die Strategie von Paula angegeben, die eine stellengerechte (?) Vorgehensweise verwendet, indem sie zuerst die Hunderter voneinander subtrahiert, dann die Zehner, dann die Einer. Die jeweiligen Lösungen sind nicht angegeben, da sie in den Bereich der negativen Zahlen fallen würden. Es stellen sich hierbei allerdings erfahrungsgemäß typische Fehler ein, weshalb diese Strategie letztendlich nicht als vorteilhaft erachtet wird. Aus diesem Grunde ist am unteren Rand der Seite ein „Achtung-Fehler"-Zeichen enthalten.

Die vier verschiedenen Strategien, die auf dieser Schulbuchseite angesprochen werden und von denen erwartet wird, dass sie die Kinder auch finden werden, sind
– die Sprungstrategie „Zurück-Vor",
– Autobahn-Strategie,
– Hunderter-Zehner-Einer-Strategie,
– Ergänzungsstrategie für die Subtraktion.

Bei dem Arbeitsblatt **31.1** sind die Kinder angehalten, sämtliche Aufgaben nach der Sprungstrategie am leeren Zahlenstrahl durchzuführen. Die Zahlen sind, bis auf wenige Ausnahmen, sehr günstig gewählt, dass die Kinder sie wahrscheinlich von sich aus auch verwenden würden. Lediglich bei der Aufgabe 817 – 395 beträgt der Abstand zum nächsten Hunderter 5, was einige Kinder möglicherweise davon abhalten würde, die Sprungstrategie zu verwenden. Sie sollten es aber in diesem Falle tun.

31.2 verlangt von den Kindern, die Hunderter-Zehner-Einer-Strategie am leeren Zahlenstrahl durchzuführen. Dieses schrittweise Vorgehen entspricht dem klassischen halbschrittigen Verfahren, wobei der Minuend nicht verändert wird. Bei einigen Zahlenkombinationen dieser Seite wären auch andere Strategien sinnvoll und günstig, aber ein Vergleich sollte erst zu einem späteren Zeitpunkt erfolgen.

31.1 nimmt altbekannte Rechenformate wieder auf. Bei Aufgabe 1 wird das Format der Zahlentreppen übertragen auf Zahlenfolgen. Diese zunehmende Schematisierung ist einerseits eine Erleichterung beim Notieren der gefundenen Zahlen, setzt andererseits ein höheres Maß an Kopfrechenfertigkeiten voraus. Dieses wird hierdurch gefordert und gefördert.

Die dritte und vierte Aufgabe ist jeweils offen in dem Sinne, dass verschiedene Lösungen möglich sind. Leistungsstarken Kindern sollte angeboten werden, verschiedene Möglichkeiten für jede Teilaufgabe im Heft zu finden. Durch systematische Variation könnten sämtliche Lösungen der Aufgabe 4 gefunden werden, dies würde aber sehr umfangreich ausfallen und wahrscheinlich die Geduld der Kinder überfordern.

Da es sich um eine Fortsetzung bekannter Strategien aus dem Hunderterraum handelt, die in entsprechender Form bereits bei der Addition verwendet wurde, werden hier keine Schwierigkeiten erwartet. Die Kinder sollten in der Lage sein, diese Strategien bei den jeweiligen Zahlenkombinationen problemlos anzuwenden. Auch bei den Arbeitsblättern dürften keine Schwierigkeiten auftreten. Allerdings kann der Zeitbedarf bei den Zahlenfolgen sehr unterschiedlich ausfallen. Ein Zeitlimit sollte bei der Bearbeitung dieser Aufgaben nicht vorgegeben werden.

Zu Seite 32

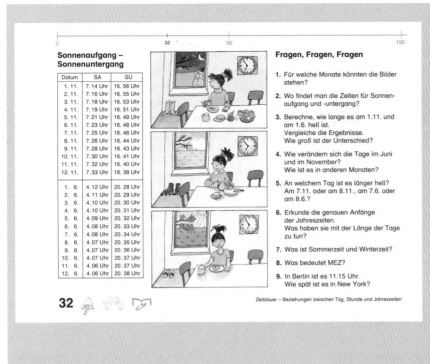

Zeitdauer; Beziehungen zwischen den Zeitmaßen Tag-Stunde-Minuten in Beziehung zu Jahreszeiten.

Die Aufgaben der Schulbuchseite sollten im Heft gelöst werden, darüber hinaus sollten die Kinder die Möglichkeit haben, Informationsträger zu Rate zu ziehen (Lexikon, Internet, Tabellenwerke).

Es ist angebracht, die Stunde mit einer Kopfrecheneinheit zu beginnen. Hierbei sollte das Ergänzungsverfahren im Vordergrund stehen, d.h. Aufgaben der Art „Wie weit ist es von der 48 bis zur 121?". Die Aufgaben müssen nicht den Größenbereich „Zeit" thematisieren.

Die Bildfolge der Schulbuchseite kann anschließend als Anstoß dafür genommen werden, über die Jahreszeiten, die leicht zuzuordnen sind, aber vor allem den Sonnenaufgang und den Sonnenuntergang zu sprechen. Die Zeitdauer zwischen Sonnenaufgang und Sonnenuntergang sollte zuerst nur qualitativ besprochen werden. Im Sommer sind die

Zu Seite 32

Tage länger, die Nächte kürzer, im Winter umgekehrt, an welchem Punkt des Jahres sind Tag und Nacht gleich? Gibt es davon mehrere Zeitpunkte?

Die Fragen in der rechten Spalte der Schulbuchseite sollten in Partnerarbeit bearbeitet werden. Einige dieser Fragen lassen sich anhand der Tabelle auf der linken Spalte der Schulbuchseite beantworten, andere erfordern, einen Kalender zu Rate zu ziehen, der Angaben über den Beginn der Jahreszeiten enthält, schließlich sollten weitere Fragen mit Hilfe des Lexikons beantwortet werden (Frage 7 und 8). Die Frage 9 stellt eine Wiederholung dar, die mit der Zeitverschiebung zu tun hat, die bereits behandelt wurde.

Das Thema „Sonnenscheindauer" wird auf Seite 39 wieder aufgenommen, dort allerdings in einer abgewandelten Form.

Das Arbeitsblatt **32.1** verlangt, Tages- und Nachtlänge in eine Tabelle zu übertragen. Hier sind verschiedene Strategien möglich bzw. bei den unterschiedlichen Zeitangaben auch sinnvoll. Es sollte registriert werden, wie die Kinder diese Aufgaben lösen.

Die Tageslänge bemisst sich als Differenz zwischen Sonnenuntergang und Sonnenaufgang, die Nachtlänge als entsprechende Ergänzung bis 24 Stunden. Beides ist unterhalb der Tabelle als Beispiel am leeren Zahlenstrahl dargestellt. Es ist zu empfehlen, dass die Kinder diese Darstellung am Zahlenstrahl in ihrem Heft vornehmen.

Die Markierung am Zahlenstrahl (Tageslänge gelb, Nachtlänge blau) stellt eine neue Darstellungsform dar, die zwischen Tabellen und Diagrammen anzusiedeln ist. Die Kinder lernen hierbei eine neue Methode kennen, um Daten zu übertragen und sichtbar zu machen (Methodentraining).

32.2 verlangt die Zeiteinteilung am Zahlenstrahl vorzunehmen und entsprechende Zeitspannen zu markieren. Zeitspannen werden dadurch bestimmt, dass die Anfangs- und Endpunkte der Zeitdauer am Zahlenstrahl verortet werden, das Ausmalen ist eher sekundär.

Es wird nicht erwartet, dass hier Schwierigkeiten auftreten, da es sich um eine Wiederholung eines bekannten Inhaltes handelt, der nun eine andere Darstellungsform erhält. In diesem Sinne ist die Schulbuchseite als Methodentraining anzusehen, die das Repertoire der Kinder erweitert.

Allerdings treten die bekannten Schwierigkeiten mit der Größe „Zeit" möglicherweise auch hier wieder auf: Das dezimale Zahlensystem wird durchbrochen, da die Stunden nur 60 Minuten haben und sich dadurch Verrechnungen und sehr typische „Zeit-Fehler" bei den Kindern einstellen können.

Kindern, denen solche Fehler unterlaufen, sollte die Möglichkeit gegeben werden, anhand einer Demonstrationsuhr die Zeiten selbst noch einmal (im Schnellverfahren) zu durchlaufen.

Zu Seite 33

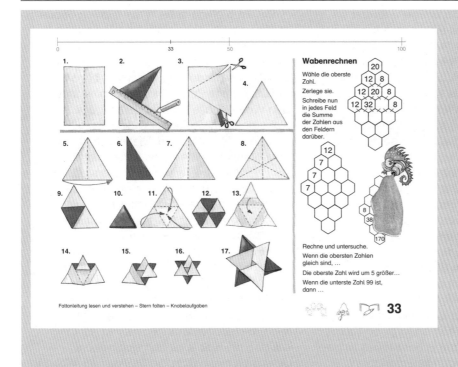

Faltanleitungen lesen und verstehen, einen Stern falten; Knobelaufgaben lösen.

Die Kinder benötigen hierfür das Heft, um die Knobelaufgaben zu lösen bzw. zu übertragen. Für die Faltungen benötigen die Kinder ein DIN A4-Blatt. Auch hier wäre es günstig, wenn es sich um ein zweifarbiges Blatt handeln würde. Ersatzweise kann auch eine Seite des DIN A4-Blattes angemalt werden.

Wir schlagen vor, dass die Stunde mit einer Kopfrechneneinheit beginnt, bei der Zahlen zerlegt werden. Eine Zahl wird vorgegeben, ein Zerlegungsteil ebenfalls angegeben. Beispiel: 71 ist gleich 42 plus ?. Diese Kopfrechenaufgaben führen auf das Wabenrechnen, d.h. die Knobelaufgaben hin.

Das Falten der Sterne sollte im Dezember stattfinden, d.h. weihnachtsnah.

Das Falten sollte in Partnerarbeit (nicht in Gruppenarbeit!) geschehen. Die Faltungen lassen sich in Partnerarbeit leichter durchführen als in Einzelarbeit, da jeweils ein Kind kontrolliert, ob die Faltungen entsprechend

Zu Seite 33

der Faltanleitung vorgenommen werden. Kontrolle spielt hierbei eine wesentliche Rolle. In der Faltanleitung sind die Schritte 1 bis 4 lediglich dazu da, ein gleichseitiges Dreieck zu erstellen, das als Ausgangspunkt für den Stern benötig wird. Die Arbeitsschritte 5 bis 17 führen dann zu dem Weihnachtsstern.

Wie bei allen Faltungen ist auf höchste Präzision zu achten. Bei Bedarf sollten noch einmal die Faltregeln von Seite 25 durchgelesen werden. Auch diese könnten als Merkregel und kleines Plakat in der Klasse aufgehängt sein. Genaues und präzises Arbeiten, Abarbeiten einzelner vorgegebener Schritte gehört mit zu dem Methodenrepertoire, über das die Kinder am Ende der 3. Klasse verfügen sollten. In diesem Sinne verfolgt die Schulbuchseite ein doppeltes Ziel:
– das Erstellen ästhetisch ansprechender Figuren, die jahreszeitlich genutzt werden können; die verschiedenen farbigen Sterne können als Dekoration in der Klasse aufgehängt werden oder als Halterung bzw. Unterlage für Kerzen dienen;
– die Kinder üben Methoden des zielgerichteten Arbeitens ein.

Schwierigkeiten sind hierbei nicht zu erwarten, allerdings ist zu vermuten, dass die Kinder sehr unterschiedlich tief in diese Problemaufgabe eindringen.

Die Problemaufgabe in der rechten Spalte der Schulbuchseite beinhaltet „Wabenrechnungen". Hierbei wird die Zahl in der obersten Wabe (beliebig) zerlegt, die darunter liegenden Waben werden entsprechend additiv aufgefüllt. Welche Zahl ergibt sich in der untersten Wabe? Dass sich bei der vorgegebenen Wabe das Zehnfache der Ausgangszahl einstellt, könnte Zufall sein. Diese Vermutung („Hypothese") sollte bei weiteren Waben überprüft werden. Die verdeckte Wabe stellt eine besondere Herausforderung dar. Hier sollte ebenfalls in partnerschaftlicher Arbeit vorgegangen werden, auch Gruppenarbeit ist möglich. Die Kinder sollten verschiedene Waben ausprobieren, insbesondere solche, wo die Zerlegungen, bei Beibehaltung der Startzahl, in der zweiten Zeile unterschiedlich sind. Ebenso sollten sie Veränderungen untersuchen. Die auf der Schulbuchseite angegebenen Arbeitsaufforderungen stellen nur einen Teil dar, die Kinder sollten sich weitere Untersuchungen über die Struktur der Waben ausdenken.

Die Faltanleitung für den Weihnachtsstern dürfte die motorischen Fähigkeiten der Kinder nicht überfordern. Sollten hierbei Auffälligkeiten beobachtet werden, so sind sie wahrscheinlich schon seit längerem bekannt.

Zu Seite 34

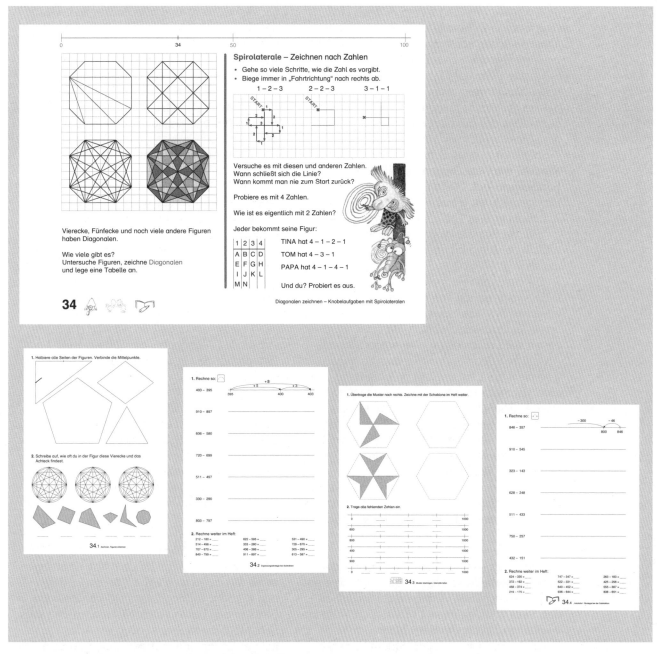

Diagonalen mit der Schablone zeichnen, ästhetische Muster entwickeln; Spirolaterale untersuchen.

Es wird das Heft (kariert) und die Schablone benötigt.

Die Stunde kann ohne Kopfrechen- oder Kopfgeometrieaufgaben direkt beginnen, indem die auf der Schulbuchseite dargestellte Figur untersucht wird. Die rot eingezeichneten Linien heißen Diagonalen, ein Begriff, der nicht unbedingt allen Kindern vertraut sein muss. Er sollte als Wort angeschrieben und von der Lehrperson häufig verwendet werden. Hier sind nur wenige Diagonalen eingezeichnet, so dass es sich anbietet, einen Schritt zurückzugehen und Diagonalen an einfacheren ebenen Figuren zu untersuchen, etwa bei Vierecken und Fünfecken.

In einem ersten Schritt sollte lediglich geprüft werden, wo Diagonalen möglich sind. Hierbei kann es bereits zu vorläufigen Definitionsversuchen kommen: Diagonale als Verbindung zwischen zwei Eckpunkten, die aber nicht eine Seite der Figur ist; Diagonale als Verbindung zweier nicht benachbarter Eckpunkte der Figur und anderes mehr. Die Kinder sollten das auf der Schulbuchseite angegebene Achteck in ihr Heft übertragen.

In einem zweiten Schritt sollte untersucht werden, wie viele Diagonalen ein Viereck, ein Fünfeck etc. hat. Diese Figuren werden in das Heft gezeichnet, die zueinander gehörenden Anzahlen in eine Tabelle eingetragen.

(Für die interessierten Leser allerdings: Die Anzahl der Diagonalen in einem n-Eck ist gleich $n \cdot (n - 3) : 2$.)

Die Spirolaterale stellen ein eigenständiges Untersuchungsfeld dar. Hierbei wird nach Zahlenvorgaben gezeichnet. Auf dem Karo-Gitter ist ein Startpunkt zu wählen, dann ist entsprechend der Zahlenfolgen eine entsprechende Anzahl von Schritten nach rechts zu gehen (wie die erste Zahl angibt), anschließend dreht man sich nach rechts, geht entsprechend der zweiten Zahl die Kästchenzahl weiter, dreht wieder nach rechts, geht entsprechend der dritten Zahl weiter, dreht sich nach rechts ... Ist die Zahlenfolge durchlaufen, dann beginnt man wieder von vorne.

Die Kinder sollten auf ihrem Karopapier mit unterschiedlichen Dreier-Zahlen experimentieren. Sie werden schnell feststellen, dass es günstig ist, nicht zu große Zahlen zu verwenden. Bei den Zahlenfolgen stellen sich unterschiedliche Formen ein:
– Formen mit Linien, die sich nicht überschneiden und kein inneres Loch haben,
– Figuren mit Loch,
– Figuren mit sich überschneidenden Linien.
Mehreren Fragen kann nachgegangen werden:
– Kann es passieren, dass man nie zum Startpunkt zurückfindet?
– Schließt sich die Linie immer?
– Lässt sich im voraus bestimmen, welche Form die Figur haben wird?

In einem nächsten Schritt sollten die Kinder probieren, was passiert, wenn die Zahlenfolge vier Zahlen oder nur zwei Zahlen enthält. (Die Kinder finden sehr schnell heraus, dass eine nur aus zwei Zahlen bestehende Folge trivialerweise ein Rechteck liefert, nicht sehr spannend.) In einem dritten Schritt sind die Buchstaben des Alphabetes den Ziffern 1 bis 4 zugeordnet. Die in der Schulbuchseite angegebene Tabelle ist von den Kindern noch zu vervollständigen. Nun kann jedes Kind mit seinem eigenen Namen experimentieren. Möglicherweise ist es günstig, den eigenen Vornamen auf lediglich drei oder vier Buchstaben zu begrenzen, weil es sonst eine sehr diffizile Zahlenfolge ergibt und dementsprechend ein möglicherweise unübersichtliches Spirolateral.

34.1 verlangt von den Kindern, mit Hilfe der Schablone die Seiten einer Figur zu halbieren und entsprechende Verbindungen zwischen den Seitenmittelpunkten herzustellen. Aufgabe 2 verlangt von den Kindern wiederum eine Figur-Grund-Diskrimination, indem Vierecke und Achtecke und einer vorgegebenen Figur gefunden werden müssen. Es empfiehlt sich, dass die Kinder diese gefundenen Figuren mit Buntstiften anmalen.

34.2 wiederholt die Subtraktion im Tausenderraum, wobei nun von den Kindern das Ergänzungsverfahren angewendet werden muss (!). Die jeweilige Ergänzung in Schritten ist am Zahlenstrahl darzustellen. Die Aufgabe 2 muss von den Kindern im Heft weiter gerechnet werden, wobei auch hier wieder eine Darstellung am Zahlenstrahl erforderlich ist.

34.3 verlangt von den Kindern das Übertragen eines Muster in eine Figur. Hierbei wird von den Kindern verlangt, dass sie sich über die Struktur der Teilfiguren im Klaren werden müssen. Möglicherweise ist auch ein Ausmessen mit der Schablone erforderlich. Im zweiten Teil des Arbeitsblattes müssen Zahlen auf dem Zahlenstrahl gefunden werden. Es ist eine Strukturierung des Tausenderraumes bzw. verschiedener Teilabschnitte.

34.4 behandelt die Strategie „Autobahn". Diese Strategie ist für bestimmte Zahlenkombinationen günstig, die Kinder werden allerdings feststellen, dass sie nicht immer vorteilhaft ist. Aber gerade in einer Auseinandersetzung mit den unterschiedlichen Strategien und die Bewertung ihrer Brauchbarkeit steckt der metakognitive Wert dieser Übung.

Schwierigkeiten sind lediglich bei denjenigen Kindern zu erwarten, die noch Probleme mit der Zehner- bzw. Hundererergänzung besitzen. Ihnen gelingt dann die Subtraktion mit den verschiedenen Strategien nicht immer. Hier muss noch einmal auf den Zahlenraum bis 20 bzw. bis 100 zurückgegangen werden.

Zu Seite 35

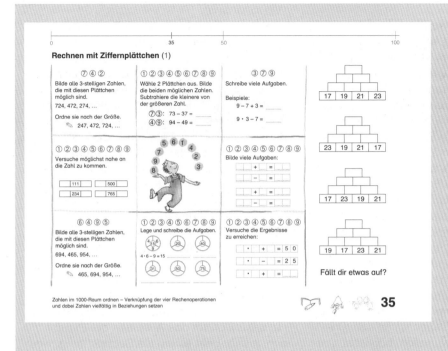

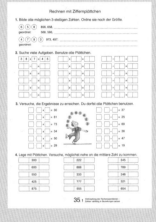
Zahlen im Tausenderraum nach der Größe ordnen; Zahlen in vielfältige Beziehungen setzen, Rechenoperationen miteinander verknüpfen.

Die Aufgaben der Schulbuchseite müssen im Heft durchgeführt werden.
Es wäre günstig, wenn zumindest die leistungsschwächeren Kinder Ziffernplättchen zur Verfügung haben. Diese lassen sich leicht aus Pappscheiben herstellen, die mit den Ziffern beschriftet und foliert werden.

Die Schulbuchseite enthält eine Fülle von Aufgaben, bei denen die Kinder mit Ziffern operieren müssen. Aus diesem Grunde ist eine vorangestellte Kopfrechneneinheit nicht notwendig, da während dieser Einheit sehr viel von den Kindern gerechnet und geordnet werden muss. Die erste Aufgabe verlangt von den Kindern, alle Möglichkeiten, eine Zahl mit drei Ziffern darzustellen, aufzuschreiben. Die Kinder werden schnell feststellen, dass es hierfür sechs verschiedene Möglichkeiten gibt. Diese sechs Zahlen sind der Größe nach zu ordnen. Die zweite Aufgabe verlangt von den Kindern, Subtraktionen mit Spiegelzahlen vor-

ZU SEITE 35

zunehmen.

Die Spiegelzahlen wurden bereits im 2. Schuljahr behandelt, so dass möglicherweise den Kindern bekannt ist, dass sich als Ergebnis immer eine Neunerzahl einstellt, und zwar die Differenz zwischen den beiden Ziffern mal neun. Es ist also das Ergebnis dieser Subtraktionsaufgabe leicht im Kopf auszurechnen, ohne dass die Subtraktion tatsächlich ausgeführt werden muss. So ergibt sich bei den Ziffern 4 und 9, deren Differenz 5 ist, als Ergebnis 5 · 9 = 45.

Die dritte Aufgabe ist eine offene Aufgabe, die Kinder sollen aus drei gewählten Ziffern möglichst viele verschiedene Aufgaben bilden. Es ist nicht angestrebt, dass sie sämtliche möglichen Aufgaben finden sollen, das würde den Zeitrahmen sprengen. Sie sollten aber versuchen, möglichst große bzw. kleine Zahlen durch die Rechenoperation zu bilden.

Die vierte Aufgabe verlangt von den Kindern, durch Ziffernkombination möglichst nah an eine Zielzahl zu gelangen. Hierbei muss links eine kleine Zahl, rechts eine größere Zahl stehen, wobei jeweils drei verschiedene Ziffern verwendet werden müssen. Eine Abwandlung der Regel besteht darin, dass man innerhalb einer Zahl eine Ziffer mehrfach verwenden kann (Erleichterung), oder dass für die größere bzw. kleinere Zahl sechs verschiedene Ziffern verwendet werden müssen (Verschärfung).

Bei der fünften Aufgabe sollen möglichst viele verschiedene Aufgaben gefunden werden, wobei jeweils fünf verschiedene Ziffern verwendet werden müssen. Dies ist keineswegs so banal, wie es anfangs erscheint.

Aufgabe 6 verlangt das Erstellen dreistelliger Zahlen mit Hilfe von vier Ziffern. Die Kinder erleben hierbei, dass die Anzahl der möglichen Zahlen deutlich ansteigt. Waren es bei der ersten Aufgabe nur sechs Möglichkeiten, drei Ziffern zu Zahlen zu kombinieren, so sind es nun bei vier Ziffern schon 24 Möglichkeiten.

Aufgabe 7 verlangt von den Kindern, durch geeignete Kombination der Rechenoperationen und der Ziffern, die Zielzahl zu finden. Aufgabe 8 verlangt das Entsprechende, nun in einem anderen Darstellungsformat.

Die rechte Spalte beinhaltet das bekannte Format der Zahlenpyramiden. Hierbei geht es nur sekundär um das Ausfüllen der Pyramiden, primär geht es um die Beobachtung, was mit der Zahl im Dach der Pyramide passiert, wenn sich die Stellung der Ausgangszahlen in der unteren Reihe verändert. So verändert sich von der ersten zur zweiten Pyramide nichts, hingegen führen die beiden anderen Pyramiden zu anderen Dachzahlen.

35.1 Die auf der Schulbuchseite dargelegten unterschiedlichen Übungen mit den Ziffern bzw. Ziffernplättchen werden fortgeführt. Insbesondere müssen Rechenoperationen geeignet verknüpft werden und Zahlen werden in sehr vielfältiger Beziehung zueinander untersucht.

35.2 nimmt nun die in den vorangehenden Stunden untersuchten Subtraktionsstrategien wieder auf. Es handelt sich in diesem Falle um eine Wiederholung im Hunderterraum. Die Kinder müssen entscheiden, welche der möglichen Rechenstrategien hier angewendet werden sollten, welche ihnen günstig erscheinen. Das Ergebnis ist zwar einerseits wichtig, für diagnostische Zwecke aber eher sekundär. Die Darstellung am leeren Zahlenstrahl gibt Auskunft über das Denken der Kinder und über ihr Lösen von Subtraktionsaufgaben im Kopf.

35.3 erweitert die eben erprobte Entscheidungsfindung über Subtraktionsstrategien vom Hunderterraum auf den Tausenderraum. Bei beiden Arbeitsblättern sind die unteren Aufgaben im Schulheft fortzusetzen.

Da die Aufgaben sehr offen gestaltet sind, dürften auf dieser Schulbuchseite Schwierigkeiten nicht zu beobachten sein. Hingegen lassen sich deutliche Unterschiede zwischen den Kindern bemerken, wie tief sie in die offene Aufgabenstellung einzudringen bereit sind. Es ergeben sich auch Unterschiede in der Weise, flexibel mit den Ziffern umzugehen und Strukturen zu erkennen. Dies sollte lediglich registriert werden.

Stellen sich bei den Subtraktionsaufgaben noch Schwierigkeiten ein, so sollten erneut Übungen im Hunderterraum durchgeführt werden, wie sie auf dem Arbeitsblatt **35.2** vorgegeben sind. Gegebenenfalls sollten nochmal Aufgaben aus dem 2. Schuljahr wiederholt werden. Hierzu eignen sich Stillarbeitsphasen während der Einzelarbeit oder Förderstunden.

Zu Seite 36

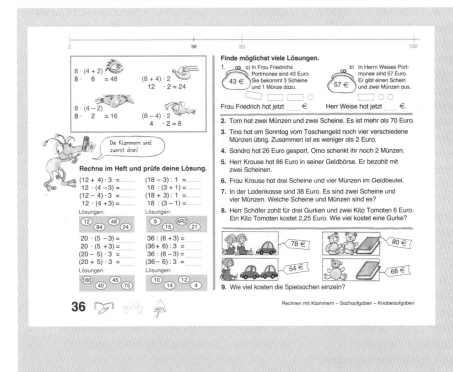

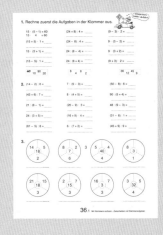

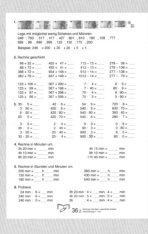

Rechnen mit Klammern; Sachaufgaben im Größenbereich „Geld"; Knobelaufgaben.

Die Kinder benötigen für die Fortführung der Aufgaben das Heft. Weitere Sachaufgaben sollten von den Kindern ebenfalls im Heft entwickelt werden.

Als Einstieg kann das Problem, das in der linken Spalte der Schulbuchseite oben thematisiert wird, gestellt werden. Es sollte allerdings im Plenum mündlich formuliert werden. Bei der mündlichen Darbietung ist ja nicht klar, an welcher Stelle Klammern gesetzt werden oder ob überhaupt Klammern gesetzt wurden. Die mündliche Darbietung der Aufgabe 8 · 4 + 2 ohne explizite Klammersetzung hat zwei verschiedene Lösungen, nämlich 34 und 48. Die Regel „Klammern sind zuerst dran" ist den Kindern bereits bekannt, Klammern sind aber lediglich in der schriftlichen, d.h. der symbolischen Darstellungsweise erkennbar.

Zu Seite 36

Anschließend sollten die Aufgaben der linken Spalte im Heft in Einzelarbeit durchgeführt werden. Die Kinder haben die Möglichkeit, ihre Resultate zu überprüfen, da die Lösungen auf der Schulbuchseite angegeben sind.

Die Aufgaben der rechten Spalte sollten in Partnerarbeit bearbeitet werden. Es handelt sich um offene Aufgaben, die verschiedene Lösungen zulassen. Die Partner sind angehalten, möglichst viele Lösungen zu den jeweiligen Aufgaben zu finden. Beide Partner sollten allerdings die gemeinsam gefundenen Lösungen in ihr Heft schreiben. Die Textaufgaben zum Thema „Geld" haben unterschiedliche Struktur. Zum Teil sind es offene Aufgaben (Aufgabe 2 bis 6) bzw. geschlossene Aufgaben, die unterschiedliche Lösungsstrategien verlangen (Aufgabe 7 und 8).

Die Aufgabe 9 variiert das Thema Subtraktion, sie ist aber nicht in einer sehr schlichten Weise direkt zu lösen.

Arbeitsblatt **36.1** nimmt das Thema der Schulbuchseite auf, indem die Kinder mit Klammern rechnen müssen. Hierbei ist jeweils schrittweise vorzugehen und die Klammern sind zuerst zu lösen. Dies gilt auch für die Aufgabe 2. Die Aufgabe 3 stellt die bekannte Form der Rechenscheiben dar, die jetzt ein etwas anspruchsvolleres Niveau erreicht hat. **36.2** umfasst unterschiedliche Bereiche. Verschiedene Geldwerte sollen mit möglichst wenigen Scheinen und Münzen gelegt werden. Dadurch sind die Aufgaben nicht mehr ganz offen. Möglicherweise, dies haben die Kinder herauszufinden, gibt es aber verschiedene Lösungen mit gleicher Anzahl von Scheinen/Münzen. Die Aufgaben 4 bis 6 beinhalten die Umrechnung von Stunden in Minuten, wobei hier eine gestufte Schwierigkeit vorliegt, denn die Aufgabe 6 behandelt die Division von gemischten Stunden-Minutenangaben.

Schwierigkeiten werden lediglich bei der Aufgabe 8 der Schulbuchseite bzw. bei der Knobelaufgabe 9 erwartet. Die Schwierigkeit ist auf das Problem zurückzuführen, dass es sich hierbei um mehrgestufte Aufgaben handelt. Hierbei sind dann die Angaben auch noch in unterschiedlicher Weise zu kombinieren (Multiplikation, Subtraktion). Die hierbei zu beobachtenden Schwierigkeiten sind aber nicht auf mangelnde arithmetische Kompetenz zurückzuführen sondern verweisen gegebenenfalls auf allgemeine (abstrakte, planerische) Kompetenzen auf Seiten des Kindes.

Zu Seite 37

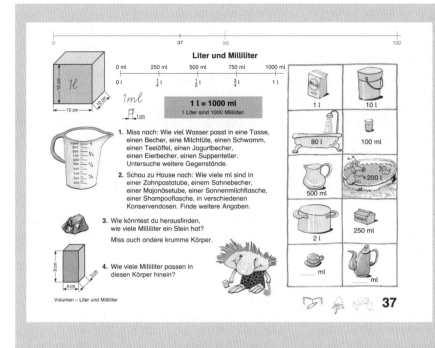

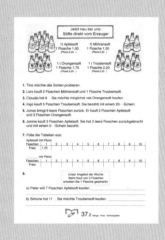

Größenbereich „Volumen", Umrechnung von Liter in Milliliter, Erfahrungen mit Volumina sammeln.

Für ihre Beobachtungen und Messungen benötigen die Kinder das Heft, für die Darstellung der Gruppenarbeit kann ein Plakat erstellt werden.

Wir stellen uns vor, dass am Anfang der Stunde ein Problem mit Volumina gestellt wird. Zwei Körper ähnlichen Volumens aber unterschiedlicher Form sollten miteinander verglichen werden. „In welchen Körper passt mehr Wasser hinein?"

Es lässt sich auch das gleiche Problem statt mit Wasser mit Perlen, Würfeln oder mit Sand durchführen (Nebenwirkungen). Aus diesem Grunde ist für das Problem, das hier behandelt werden soll, günstigerweise auf „Messeinheiten" zurückzugreifen, die in der Klasse vorhanden sind (Erbsen, Bohnen oder Reis). Auch aus Vergleichsgründen dürfte den

Zu Seite 37

Kindern deutlich werden, dass keine Erbsen oder Reiskörner verlorengehen dürfen.

Wenn die beiden Körper verglichen worden sind und entschieden wurde, welcher von beiden der größere ist, dann stellt sich die Frage, wie man dieses mitteilen könnte, beispielsweise Personen in anderen Städten. Dies läuft auf eine Festlegung einer allgemeingültigen Maßeinheit hinaus. Wir müssen festlegen, was ein geeignetes Maß ist.

Aus dem Alltag kennen die Kinder die Bezeichnung „Liter" für die Milchtüte, aber auch für Benzin oder Wassermengen.

Ein Messbecher, der am Rand die Einheiten in 100 ml-Abständen bzw. $\frac{1}{4}$, $\frac{1}{2}$, $\frac{3}{4}$ und 1 Liter enthalten sollte, zeigt, dass es sich um ein sehr großes Maß handelt, das für das Messen kleinerer Flüssigkeitsmengen ungeeignet ist.

Aus diesem Grunde wird ein neues Maß eingeführt, der Milliliter, der tausendstel Liter.

Auch hier sollte auf einem Plakat für behandelte Größen und Einheiten bzw. deren Umrechnung notiert werden, 1 Liter sind 1000 Milliliter (ml). Entsprechende Übertragungen am leeren Zahlenstrahl sollten im Plenum durchgeführt werden. Hierbei ist es wesentlich, die Einheiten $\frac{1}{4}$ Liter (= 250 ml), $\frac{1}{2}$ Liter (= 500 ml) und $\frac{3}{4}$ Liter (= 750 ml) zu bestimmen.

Die Aufgaben der Schulbuchseite sollten anschließend in Gruppen behandelt werden. Es ist notwendig, dass hierbei die Kinder einen Messbecher zur Verfügung haben, mit dem sie die Inhalte verschiedener Objekte messen können.

Der Größenbereich „Volumen" sollte im Kontext des Sachunterrichtes mitbehandelt werden.

Es ist notwendig, dass die Kinder sehr viel Erfahrung sammeln, die mit Volumen in unterschiedlicher Erscheinungsform zu tun haben. Bei Aufgabe 2 ist es notwendig, die Inhaltsangaben von Alltagsobjekten nachzusehen. Es dürfte für viele Kinder keineswegs selbstverständlich sein, auf Majonaise- oder Zahnpastatuben Inhaltsangaben vorzufinden.

Eine Herausforderung stellt Aufgabe 3 dar. Hierbei müssen sich die Kinder überlegen, wie das Volumen von krummen Körpern, die keine Quader sind, bestimmt werden kann. Bei Aufgabe 4 handelt es sich um einen Quader, dessen Inhalt berechnet werden muss. Dies gelingt bei krummen Körpern nicht. Es wäre schön, wenn die Kinder von sich aus auf die Lösung kämen, den krummen Körper in einen halbgefüllten Messbecher einzutauchen und die Veränderung der Wasserhöhe zu messen und als Volumen des Körpers zu erkennen (hierbei kann ihnen die Geschichte von Archimedes erzählt werden, der das Volumen einer Krone in einer gleicher Weise maß. Er kam auf die Idee, als er in die Badewanne stieg und beobachtete, wie hierbei der Wasserpegel in die Höhe schoss.).

Die Volumenmaße auf der rechten Spalte der Schulbuchseite sollten als Ankerpunkte in der Vorstellung dienen. Es müssen prototypische Volumeninhalte im Kopf der Kinder entwickelt werden.

Arbeitsblatt **37.1** stellt eine Verbindung zwischen Volumen und dem Größenbereich „Geld" her. Die Aufgaben 2 und 3 sind offene Aufgaben, als es nicht zu allen eine eindeutige Lösung gibt, sondern verschiedene Lösungen möglich sind. Aus diesem Grunde sollten die Lösungswege der Kinder von dem Partner kontrolliert werden. Aufgabe 3 ist im Heft fortzusetzen. **37.2** führt das Thema „Volumen" und die Verbindung zu Preisen fort.

In beiden Arbeitsblättern ist die tabellarische Darstellungsform gewählt worden, da sie zu den Methoden gehört, über die die Kinder bereits verfügen, die aber weiterhin vertieft werden müssen.

37.3 verlangt von den Kindern, eine Aufgabe auf drei verschiedene Arten zu rechnen. Die Subtraktionen sollen nach der vorgegebenen Strategie durchgeführt werden. Anschließend ist jeweils zu markieren, welche der verwendeten Strategien aus Sicht der Kinder am günstigsten ist.

Schwierigkeiten treten prinzipiell bei dem Größenbereich „Volumen" auf, da er den Kindern nicht ähnlich geläufig ist wie etwa „Länge" oder „Geld" (dies gilt im Übrigen auch für Erwachsene). Fehlerhafte Schätzungen sind danach eher die Regel als die Ausnahme. Sie sollten unter keinen Umständen überschätzt werden. Untersuchungen zeigen, dass bei dem Schätzen von Volumina Unsicherheiten bis weit in die Sekundarstufe hinein auftreten. Schwierigkeiten in diesem Bereich sind also weniger diagnostisch relevant als vielmehr Anlass, den Größenbereich „Volumen" spiralförmig immer wieder zu behandeln. Erst die fortlaufende Erfahrung und ständige Erweiterung der Kompetenzen ermöglicht es den Kindern, präzisere Schätzungen abzugeben.

Zu Seite 38

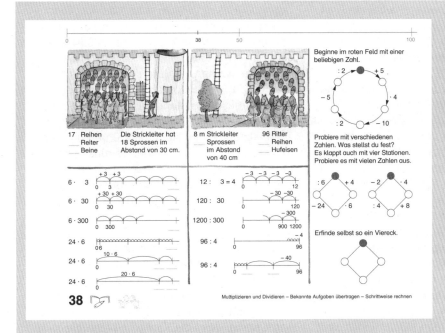

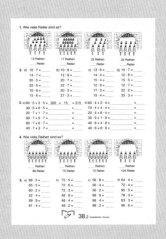

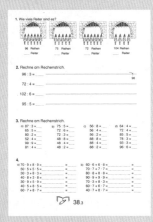

Multiplikation und Division als Umkehroperationen verstehen; bekannte Aufgaben übertragen, eigenständige Strategien entwickeln, schrittweises Rechnen und Umkehroperationen selbst verwenden.

Für die Fortführung der Aufgaben sowohl auf der Schulbuchseite als auch auf den Arbeitsblättern benötigen die Kinder das Heft.

Die Aufgaben sollten in Partnerarbeit durchgeführt werden.

Wir empfehlen, am Anfang der Stunde eine Kopfrechenheinheit durchzuführen, bei der längere Aufgabenketten berechnet werden. Die jeweiligen Teillösungen sind im Kopf zu behalten. Es handelt sich um Aufgaben ähnlicher Form, wie sie auf der Schulbuchseite rechts oben dargestellt sind. Hierbei muss allerdings nicht immer auf die Startzahl zurückgekommen werden.

Die beiden Bilder der Schulbuchseite sollten nacheinander in Partnerarbeit bearbeitet werden. Bei dem ersten Bild handelt es sich um Reihen von jeweils sechs Reitern. Die Anzahl der Reiter ist zu berechnen (Multipli-

Zu Seite 38

kation), ebenfalls der Beine. Hierbei kann es zu unterschiedlichen Lösungen kommen, je nachdem, ob die Beine der Pferde mitberechnet werden. Je nachdem kommen die Kinder auf 204 oder 612 Beine.

Die Aufgabe mit der Strickleiter hat insofern eine Tücke, als nicht schlichtweg 18 · 30 gerechnet werden kann sondern es 17 · 30 ist, da es nur 17 Abstände von jeweils 30 cm gibt. Ähnliche Aufgaben hatten die Kinder bereits früher zu rechnen, wo es um die Länge einer Straße ging, wobei die Abstände zwischen den Bäumen angegeben waren.

Die zweite Illustration führt auf ähnliche Zusammenhänge, die Aufgabe der Strickleiter ist analog. Allerdings werden hier die Umkehroperationen verlangt. Die Gesamtzahl der Ritter ist angegeben, nun muss durch Division die Anzahl der Reihen bzw. der Hufeisen bestimmt werden.

Die Aufgaben unter den Illustrationen sind jeweils von den Kindern in das Heft zu übertragen. Es ist Wert darauf zu legen, dass die Darstellung mit dem leeren Zahlenstrahl auch tatsächlich vorgenommen wird. Es geht hier weniger um das Ergebnis der jeweiligen Aufgabe, das die Kinder aufgrund ihrer Kenntnisse der Multiplikationsreihen sehr schnell berechnen können. Wichtig ist vielmehr die Entwicklung bzw. Festigung des Multiplikationsbegriffs als wiederholte Addition. Dies stellt zwar eine Wiederholung dar, dürfte aber möglicherweise im Verständnis des Kindes wieder verschüttet worden sein. In entsprechender Weise wird durch die Darstellung am leeren Zahlenstrahl die Division als wiederholte Subtraktion verstanden. Dies macht sie als Umkehroperation zur Multiplikation deutlich. Die letzten beiden Aufgaben führen auf Verkürzungen bei der Division. Es muss nicht nur in Viererschritten zurückgegangen werden, sondern es sind auch Abkürzungen möglich. Dies sind Vorbereitungen auf die schriftliche Division.

Die Aufgabe am rechten Rand der Schulbuchseite sollte von den Kindern als Zahlenfolge notiert werden. Die kreisförmige Zeichnung ist nicht notwendig. Es genügt, dass die Kinder die jeweiligen Zahlenfolgen, die sich nach einer Startzahl ergeben, notieren. Es ist notwendig, dass die Kinder mit mehreren verschiedenen Startzahlen experimentieren, wobei sie dann ihre Vermutung als Text in ihr Heft schreiben sollten. Ähnliches gilt für die beiden nächsten Zahlenfolgen.

Es ist sehr wünschenswert, wenn die Kinder eine Struktur erkennen und selbst ein Viereck konstruieren, das zur Startzahl zurückführt. In der Wahl der Operationen sind sie hierbei frei.

Arbeitsblatt **38.1** wiederholt Multiplikation und Division von Zehnerzahlen, wobei die Division noch ohne Rest möglich ist.
38.2 hat ebenfalls die Multiplikation und Division zum Gegenstand, hier allerdings in erschwerter Form. Bei Aufgabe 3 beispielsweise bedarf es neben der Multiplikation auch noch der Addition. Die Aufgaben 1 und 4 stellen wieder Umkehraufgaben dar, die das komplementäre Verhältnis von Multiplikation und Division verdeutlichen sollen.
38.3 führt die Multiplikation und Division fort. Die Aufgaben 3 und 4 sind von schwierigerem Charakter, als jene der vorangehenden Arbeitsblätter. Es sollte darauf geachtet werden, dass die Aufgabe 3 auch tatsächlich am Rechenstrich im Heft durchgeführt wird. Einige Aufgaben sind sehr leicht zu rechnen und möglicherweise werden die Kinder die Darstellung am leeren Zahlenstrahl nur schematisch durchführen, da sie das Ergebnis bereits wissen. Es erscheint uns aber wichtig, dass die Aufgaben der zweiten und dritten Spalte in ihren jeweiligen Zusammenhängen von den Kindern erkannt werden. So ist beispielsweise 48 : 8 nur halb so viel wie 48 : 4 und dieses wieder nur halb so viel wie 48 : 2. Diese gegensinnige Veränderung der Faktoren ist ein wesentliches Erkenntnismittel für zukünftige Aufgaben.

Schwierigkeiten werden bei dieser Schulbuchseite lediglich bei den Problemaufgaben verwendet, d.h. bei den „Strickleiter-Aufgaben". Bei den Arbeitsblättern dürfte es keine Schwierigkeiten geben. Gerade rechenschwache Kinder verfügen häufig über sehr gute Kenntnisse des Kleinen Einmaleins und können aus diesem Grunde Multiplikations- und Divisionsaufgaben gut lösen. Diagnostisch bedeutsam ist aus diesem Grunde eher die Aufgabe 4 von Arbeitsblatt **38.3**. Hier wird Multiplikation mit Addition vermischt. Rechenschwache Kinder haben eher bei Additions- oder Subtraktionsaufgaben Probleme als bei der automatisierten Multiplikation/Division. Dies sollte registriert werden.

Zu Seite 39

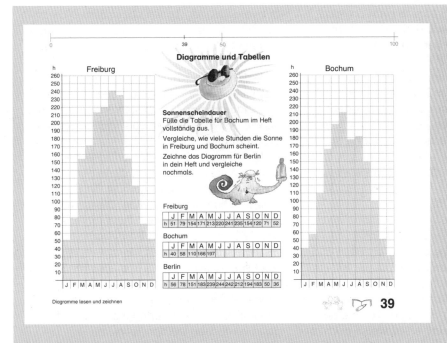

Diagramme lesen, Diagramme zeichnen.

Da die Kinder weitere Diagramme zeichnen sollten, benötigen sie das Heft. Die Arbeit sollte in Partnerarbeit (nicht in Gruppenarbeit) durchgeführt werden.

Es ist wünschenswert, wenn die Sonnenscheindauer, das Thema dieser Seite, im Sachunterricht mitbehandelt würde. Es lässt sich einbetten in das Thema „Zeit", insbesondere Tagesdauer, Jahreszeiten, aber auch Vegetation oder Temperatur.

Es wäre günstig, wenn das Diagramm von einer Stadt, entweder Freiburg oder Bochum, als Folie vorliegt. Es könnte hierbei erst einmal zu dem Problem führen, was überhaupt dargestellt ist. Zwar sind Stunden angegeben, aber es dürfte den Kindern schon nicht deutlich sein, was die Buchstaben am unteren Rand des Diagramms zu bedeuten haben.

Zu Seite 39

Monate vielleicht? Da es sich nicht um eine Quizstunde handelt, sollte für das Bestimmen der Parameter, die in dem Diagramm dargestellt sind, nicht zu viel Zeit verwendet werden. Es handelt sich um die Sonnenscheindauer für die einzelnen Monate. Anhand dieses Diagrammes lassen sich verschiedene Aktivitäten durchführen.

– In welchem Monat scheint die Sonne am längsten?
– In welchem Monat scheint sie am wenigsten?
– Wie ist es mit den Jahreszeiten?
– Wie viele Stunden scheint die Sonne durchschnittlich im Juni, im Dezember?

Bei der Bestimmung der Jahreszeiten und ihrer durchschnittlichen Sonnendauer tritt ein Problem auf, da die Jahreszeiten nicht an einem Monatsanfang beginnen. Vereinfachenderweise könnte man aber den Frühling am 1. April beginnen lassen, ersatzweise auch am 15. März, und nimmt dann den halben März hinzu. Dass hierbei Fehler und Ungenauigkeiten auftreten, kann von den Kindern mitdiskutiert werden. Dies kann dazu führen, dass die Kinder zu dem Ergebnis kommen, dass es geschickter wäre, die Sonnenscheindauer für die einzelnen Tage vorliegen zu haben. Bei der vorliegenden Tabelle bzw. dem Diagramm handelt es sich ja um summarische, über den gesamten Monat jeweils aufaddierte Sonnenscheindauern.

Wesentlicher Gegenstand dieser Schulbuchseite ist aber das Übertragen von Daten aus Diagrammen in Tabellen und umgekehrt, so wie das Vergleichen von Tabellen bzw. Diagrammen.

Die Kinder müssen dementsprechend die Tabellen vervollständigen, die in den Diagrammen angegeben sind bzw. für Berlin ein eigenes Diagramm erstellen. Dieses müssen sie im Heft in Einzelarbeit durchführen, der Vergleich sollte dann in Partnerarbeit erfolgen. Es wäre wünschenswert, dass weitere Nachschlagewerke mit Tabellen über Sonnenscheindauer oder über die durchschnittliche Niederschlagsmenge oder andere Daten für bestimmte Orte zur Verfügung stehen, die dann verglichen werden können.

Hauptpunkt ist die Übertragung von Daten in unterschiedliche Repräsentationsformen. Auch dieses muss als Methodentraining angesehen werden.

 Zu dieser Seite liegen keine Arbeitsblätter vor.

 Schwierigkeiten werden bei dieser Seite nicht erwartet.

Zu Seite 40

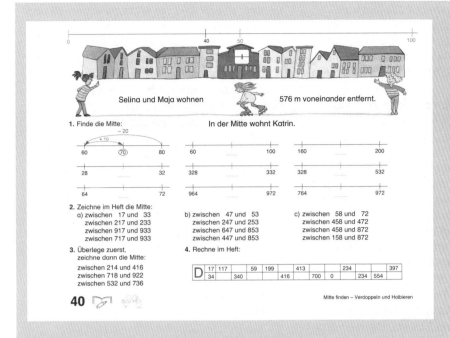

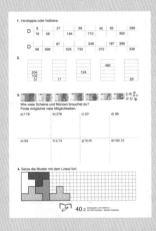

Mitte finden; Verdoppeln und Halbieren; Strukturierung am Zahlenstrahl.

Die Kinder benötigen lediglich das Heft, um die Aufgaben fortzuführen.

Es wird vorgeschlagen, die Unterrichtseinheit mit einer Kopfgeometrieübung zu beginnen. Hierbei kann es sich um Falten von Papier und anschließendem Abschneiden von Ecken handeln, mehrmaliges Falten und anschließendes Beschneiden des Papiers, deren wieder aufgeklappter Zustand dann von Kindern zu bestimmen ist. Es führt zum Gegenstand der Schulbuchseite über, die ebenfalls, nun aber im arithmetischen Bereich, Symmetrieüberlegungen zum Gegenstand hat.

Die Aufgaben auf der Schulbuchseite sollten sämtlich in das Heft der Kinder übertragen werden, wobei darauf zu achten ist, dass die

Zu Seite 40

jeweiligen Darstellungen am Zahlenstrahl möglichst genau durchgeführt werden. Es sollte in allen Fällen die Schablone verwendet werden, auch wenn die jeweiligen Striche auf dem Karoraster der Schulbuchseite gezeichnet werden.

Die in der Illustration dargestellte Sachsituation sollte mit den Kindern besprochen werden. Was heißt es, „genau in der Mitte" zu wohnen? Es führt auf diese Symmetriebetrachtung, dass der Abstand zu beiden anderen Punkten (hier Selina und Maja) identisch ist. Geometrisch gesprochen: Würde man „die Stadt bzw. den Weg in der Mitte falten", dann kämen die beiden Punkte aufeinander.

Die untereinander stehenden Aufgaben haben jeweils einen steigenden Schwierigkeitsgrad. Sie dienen aber auch jeweils als Stufe für die nächste Teilaufgabe. So ist die Mitte von 17 und 33 Ausgangspunkt für die Mitte zwischen 217 und 233 etc. Bei dem letzten Schritt kommen noch zusätzliche Überlegungen hinzu. Hier muss in Schritten halbiert werden, zuerst wird die Mitte zwischen 17 und 33 gefunden, die ja aus den vorangehenden Aufgaben bereits bekannt ist, dann wird der zusätzliche Zweihunderter halbiert werden.

Die Aufgabe 4 stellt eine vereinfachte Form des Themas „Mitte Finden" dar, es sollte allerdings sich im Kopf der Kinder der Zusammenhang zwischen diesen Aufgaben entwickeln. Halbierungen bzw. Verdoppelungen sind eine vereinfachte Form des „Mitte Findens". Die Hälfte von 416 ist das gleiche wie die Mitte zu finden zwischen 0 und 416. Umgedreht kann die Mitte zwischen zwei Zahlen leicht gefunden werden, indem die Differenz zwischen den beiden Zahlen halbiert wird und sie dann der kleineren Zahl zugeschlagen wird. Dies ist bereits in der Illustration der ersten Aufgabe angegeben und sollte auch möglichst von den Kindern durchgeführt werden.

40.1 verlangt von den Kindern, die Mitte bei verschiedenen Zahlenstrahlabständen zu finden. Es handelt sich hierbei um eine Fortsetzung der Aufgaben der Schulbuchseite.

Ebenso wird am Anfang dieser Gegenstandsbereich auf **40.2** weitergeführt. In der Aufgabe 3 rechnen die Kinder mit Geld, wobei es sich um offene Aufgaben handelt. Es müssen verschiedene Geldwerte durch Scheine und Münzen dargestellt werden. Es sind viele verschiedene Lösungen möglich. Hier sollte die Kontrolle auch durch die Partner erfolgen. Das Muster am unteren Rand sollte mit der Schablone fortgesetzt werden. Es ist auch möglich, dieses Muster in das Heft zu übertragen und zu einem größeren, bunten Bild zu gestalten.

Es ist zu erwarten, dass es leistungsschwächeren Kindern schwer fällt, die Differenzen zwischen den Randzahlen zu bestimmen, so dass ihnen der nächste Schritt, nämlich die Halbierung dieser Differenzen und damit die Bestimmung der Mitte, Probleme bereitet. Zwar sind die Zahlen so gewählt, dass sich bis auf wenige Ausnahmen auf dem Arbeitsblatt **40.1** diese Differenz leicht berechnen lässt, einige Kinder haben aber eben doch Schwierigkeiten bei der Addition bzw. Subtraktion. Es sollte beobachtet werden, ob sich diese Schwierigkeiten bereits bei den leichten Aufgaben, d.h. also der sehr einfachen Subtraktion, einstellen oder ob sie durch den erweiterten Zahlenraum bedingt sind. Im ersten Falle sind Wiederholungen mit Inhalten aus der 2. Klasse notwendig, gegebenenfalls ist auch wieder ein Zurückgehen auf den Zahlenraum bis 20 erforderlich. Dies hängt von den differenzierteren Beobachtungen bei den Lösungen unterschiedlich schwerer Aufgaben ab.

Basale kognitive Fähigkeiten, insbesondere visuelle oder sprachliche bzw. gedächtnismäßige Fähigkeiten werden auf dieser Schulbuchseite nicht über Gebühr gefordert.

Zu Seite 41

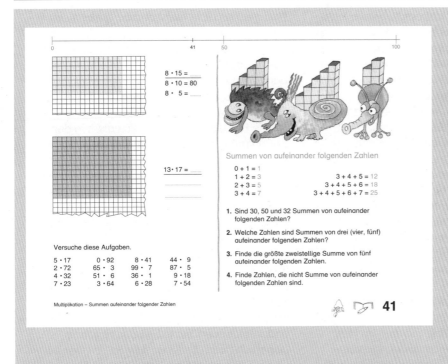

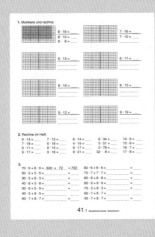

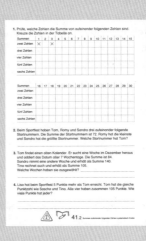

Multiplikation, Summen aufeinander folgender Zahlen (Saufze; dieser Terminus ist schon seit Jahrzehnten in der Mathematikdidaktik gängig. Es besteht kein Grund, ihn durch andere Wortschöpfungen abzulösen).

Für die Darstellung der Multiplikationen und zum Erproben ihrer Hypothesen bei den Problemaufgaben benötigen die Kinder das Heft. Es ist wünschenswert, wenn die Kinder die Aufgaben in Partnerarbeit durchführen.

Es wird empfohlen, zu Beginn der Unterrichtseinheit das Kleine Einmaleins übend zu wiederholen. Es dürfte immer noch Kinder geben, die zu diesem Zeitpunkt die Einmaleins-Sätze noch nicht automatisiert haben. Für weiterführende Aufgaben, Multiplikationen über das Kleine Einmaleins hinaus, sind diese Festigungen notwendig, da ansonsten die Gedächtniskapazität des Kindes überfordert wird.

Die Darstellungen der beiden Aufgaben sollten an der Tafel stehen. Besitzt die Tafel kein Karoraster, so ist es günstig, die entsprechende Darstellung als Folie auf dem Overheadprojek-

Zu Seite 41

tor zu haben. Es wird nicht empfohlen, mit der Schulbuchseite direkt anzufangen, da hier die vereinfachende, schrittweise Vorgehensweise schon vorgegeben ist und diese sollte von den Kindern eher gefunden werden, als dass sie sie lediglich vorgemacht bekommen.

Es geht also darum, wie dieses Feld bestimmt werden kann. Wie viele kleine Kästchen sind in dem großen Kästchen und wie können wir dies berechnen? Die naheliegende Strukturierung durch die Zehnerlinie sollte vorgegeben sein, ebenso die Fünferlinien. Damit erleichtert sich die Angelegenheit, die Aufgabe $8 \cdot 15$ zerfällt schon optisch in $8 \cdot 10 + 8 \cdot 5$. Dieses Schema, die geometrische Repräsentation eines arithmetischen Sachverhalts, ist wesentlicher Punkt dieser Unterrichtseinheit. Aus diesem Grunde sollten die Kinder noch weitere Aufgaben, die sich in einem überschaubaren und zeichenbaren Rahmen halten, diktiert bekommen und als Flächen im Heft darstellen. Darüber hinaus sollten sie zum Einzeichnen der 10er-Linie angehalten werden.

Die weiteren Multiplikationsaufgaben der Schulbuchseite sind nicht mehr im Heft darstellbar. Hier geht es jetzt um eine Übertragung des Schemas auf größere Zahlen. Die Kinder erleben dadurch die Kraft der Zerlegung bzw. des Distributivgesetzes (der Name sollte allerdings nicht im Unterricht verwendet werden).

Die rechte Spalte der Schulbuchseite stellt eine Weiterentwicklung der Würfeltreppen dar.

Nun geht es nicht mehr darum, die Mitte zu finden (in Anlehnung an die vorangehende Schulbuchseite), sondern weiterführend Zahlen zu untersuchen, die sich in dieser Form darstellen lassen. Welche Zahlen sind „Saufze", d.h. Summen von aufeinander folgenden Zahlen.

Die Kinder werden natürlich nicht in der Form vorgehen, dass sie irgendeine Zahl wählen, die sie dann untersuchen, sondern sie werden versuchen, Saufze zu bilden. Die einfachste Form ist bereits auf der Schulbuchseite angegeben, die Summe von zwei aufeinander folgenden Zahlen. Dies führt schnell zu der Erkenntnis, dass sämtliche ungerade Zahlen sich als Saufze darstellen lassen. Wie ist es, wenn wir drei aufeinander folgende Zahlen nehmen? Auch dies führt sehr schnell zu der Einsicht, dass in dieser Weise die durch 3 teilbaren Zahlen darstellbar sind, bei fünf aufeinander folgenden Zahlen ist das Ergebnis sicherlich durch 5 teilbar. Wie ist es aber bei vier aufeinander folgenden Zahlen? Dies muss von den Kindern untersucht werden. Die Kinder werden bei ihren Untersuchungen auch auf jene Zahlen stoßen, die keine Saufze sind, werden aber aller Wahrscheinlichkeit nach keine Systematik dabei entdecken.

(Für die interessierten Leserinnen und Leser: Die Zahlen 2, 4, 8, 16, 32, ... sind keine Saufze.)

41.1 nimmt die multiplikative Darstellung in Form der Fläche wieder auf. Die Kinder müssen die Darstellung vornehmen und schrittweise das Ergebnis bestimmen.

Das Flächenmodell für die Multiplikation, das hier verwendet wird, ist ausgesprochen kraftvoll und erweiterbar auf die Gegenstände der Sekundarstufe. Es muss für die Grundschule immer mitbedacht werden, dass die Prototypen, die sich im Grundschulunterricht im Kopf des Kindes entwickeln, von weiterführenden Schulen aufgegriffen und verändert werden müssen. Das Flächenmodell bereitet nicht nur den Flächenbegriff und seine Berechnung vor, sondern ist auch kraftvoll in der Bruchrechnung.

Die weiteren Aufgaben von **41.1** sollten im Heft berechnet werden.

41.2 nimmt bei der ersten Aufgabe das Thema der Saufze wieder auf. Die Textaufgaben variieren die Summe aufeinander folgender Zahlen. Hierbei ist zu beachten, dass in der Aufgabe 3 ein Fehler vorkommt: die Zahl 100 kann nicht als Summe von sieben aufeinander folgenden Zahlen dargestellt werden, da sie nicht durch 7 teilbar ist. Dies sollte ein Lernziel der Schulbuchseite sein.

Es ist zu erwarten, dass die Kinder sehr unterschiedliche Erfahrungen mit den Summen aufeinander folgender Zahlen machen. Diese Erfahrungen müssen zwischen den Kindern ausgetauscht werden und sollten auch Gegenstand der Plenumsdiskussion sein. Schwierigkeiten deuten aber nicht unbedingt auf irgendwelche Lernstörungen hin. Es sind sehr ungewohnte Gedankengänge bzw. das leichte Überblicken deutet eher auf eine hohe Leistungsfähigkeit hin, nicht tief in dieses Gebiet eindringen zu können bedeutet deshalb nicht, dass eine Lernstörung vorliegt.

Bei der schrittweisen Multiplikation ist zu beobachten, ob die Kinder über das Kleine Einmaleins in hinreichender Weise verfügen. Der diagnostische Blick sollte aus diesem Grunde auf die Automatisierung des Kleinen Einmaleins gerichtet sein.

Zu Seite 42

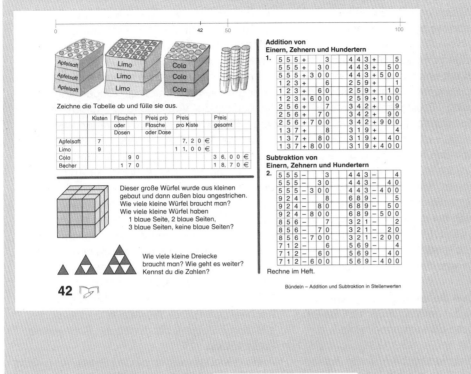

Bündeln; Bündelungen als Multiplikation verstehen; Addition und Subtraktion in Stellenwerten; Arithmetische Zusammenhänge bei ebenen und räumlichen Figuren.

Für die Rechnungen und die Entdeckungen arithmetischer Zusammenhänge bei Figuren benötigen die Kinder das Heft.

Da in dieser Unterrichtseinheit sowohl arithmetische als auch räumlich-geometrische und visuelle Fähigkeiten gefordert werden, muss keine kopfgeometrische oder Kopfrechenübung vorangestellt werden.

Die Abbildung der Schulbuchseite kann als Ausgangspunkt für die Einzelarbeit verwendet werden. Es sind verschiedene Stapel mit Säften und Bechern dargestellt. Aus der Tabelle ergibt sich in unterschiedlicher Weise die Anzahl der Kisten, Anzahl der Flaschen, der Preis pro Kiste oder der Preis insgesamt. Die fehlenden Stellen, insbesondere der Preis pro Flasche bzw. Dose ist von den Kindern zu ermitteln. Es handelt sich um vermischte Aufgaben zur Division und Multiplikation, die jeweils als Umkehrung erkannt werden müssen.

Die Kinder sollten darüber hinaus noch weitere Kistenstapel mit unterschiedlicher Anzahl von Flaschen bzw. Dosen als Inhalt zeichnen, einen realistischen (!) Preis wählen und die Tabelle in entsprechender Form fortsetzen.

Die Aufgaben der rechten Spalte der Schulbuchseite sind von den Kindern in das Heft zu übertragen und zu lösen. Es ist hierbei großer Wert darauf zu legen, dass die entsprechenden Stellenwerte berücksichtigt werden, dass insbesondere auch bei der Angabe von lediglich Einerzahlen zwei Kästchen frei bleiben. Wir sehen dies als große Erleichterung insbesondere für leistungsschwächere Schülerinnen und Schüler an.

Diese Aufgaben dienen dazu, die Sensibilität der Kinder für die unterschiedlichen Stellenwerte und damit die Bündelungseinheiten zu erhöhen.

Bei einer Additionsaufgabe wird der Zahlenraum bis 1000 überschritten. Dies sollte aber aufgrund der vorangehenden Aufgabenlösungen für die Kinder keine Schwierigkeit mehr darstellen.

Die arithmetischen Zusammenhänge auf der linken Schulbuchseite bei geometrischen Figuren stellen Problemaufgaben dar. Der 27er-Würfel enthält unterschiedliche kleine Würfel. Die Färbungen sind verschieden: Es gibt
– 6 Würfel mit nur 1 blauen Seite (dies entspricht den Würfeln in der Mitte einer Seite)
– 12 Würfel mit 2 blauen Seiten (dies entspricht den Würfeln in der Mitte einer Kante)
– 8 Würfel mit 3 blauen Seiten (dies sind die Eckwürfel)
– 1 Würfel ohne eine blaue Seite (dies ist der Würfel in der Mitte des 27er-Würfels).

Die Fähigkeit, die hier von den Kindern gefordert wird, ist eine mehrfache. Zum einen müssen sie die verdeckten Würfel bei der Darstellung bestimmen. Hierfür gibt es sehr unterschiedliche Strategien. Die Kinder können sich vorstellen, dass die Vorderfläche aus 9 Würfeln besteht, und da es 3 solcher Flächen gibt (Mittelfläche, Hinterfläche) kommt man auf 27. Andere Kinder werden die obere Fläche bestimmen und entsprechend nach unten gehen oder umgekehrt. Zählen die Kinder hingegen lediglich in der Vorstellung ab, kommt es häufig zu Fehlern. Dies sollte registriert werden.

Da die Anzahl der unterschiedlich gefärbten kleinen Würfel eine Symmetrie aufweist, die sich begründen lässt, sollte diese Aufgabenstellung in Partnerarbeit gelöst werden. Die Kinder müssen hierbei begründen, welche kleinen Würfel die jeweilige Färbung besitzen. Haben Kinder hierbei Vorstellungsschwierigkeiten, so sollten sie die vorhandenen Würfel, die zum Lehrwerk gehören, verwenden dürfen. Diese haben zwar nicht die entsprechende Färbung, es lässt sich aber anhand eines nachgebauten 27er-Würfels sehr viel leichter, z.B. durch Zeigen, die gegebene Begründung unterstützen.

Andere Kinder werden diese Hilfestellung nicht benötigen, sondern in der Vorstellung bestimmen können, wie viele Ecken ein Würfel hat, nämlich 8, die den kleinen Würfeln mit 3 blauen Seiten entsprechen, dass ein Würfel 12 Kanten besitzt, was der Anzahl der kleinen Würfel mit 2 blauen Flächen entspricht etc. Die wachsende Figur des Dreiecks, das aus kleinen Dreiecken besteht, stellt eine Variation eines bekannten arithmetischen Sachverhaltes dar. Die Anzahl der hinzukommenden kleinen Dreiecke ist die jeweils nächste ungerade Zahl. Es beginnt mit einem kleinen Dreieck, dann kommen 3 kleine Dreiecke hinzu, dann 5, dann 7 etc. Es ergibt sich die Folge der Quadratzahlen. Dies haben die Kinder bereits in anderem Kontext erfahren. Wesentlich erscheint uns, dass die Kinder arithmetische Zusammenhänge in sehr unterschiedlichen Situationen und Repräsentationsformen kennen lernen, um so Beziehungen und Vernetzungen zwischen Inhalten herstellen zu können.

Zu Seite 42

42.1 wiederholt das auf der Schulbuchseite angegebene Bündeln mit nun verschiedenen Obst- und Gemüsedosen oder Objekten. Die Tabellen sind jeweils von den Kindern auszufüllen, wobei es auch hier wieder vermischte Multiplikations- und Divisionsaufgaben gibt. Die Aufgabe 4 des Arbeitsblattes verlangt von den Kindern, Beziehungen zwischen Zahlen herzustellen. Die Begründungen hierfür können durchaus unterschiedlich sein, so dass gegebenenfalls auch verschiedene Zahlen gestrichen werden können. Es kommt uns im Wesentlichen auf die Begründung an. Allerdings haben diese Aufgaben eine multiplikative Struktur: die Multiplikation zweier Zahlen ergibt eine dritte, so dass die vierte als nicht hinzupassend ausfällt. Geben die Kinder allerdings eine andere, akzeptable Begründung, dann sollte dies gewürdigt werden.

42.2 nimmt die Addition und Subtraktion von Einern, Zehnern und Hundertern im Tausenderraum auf, wobei die Kinder aufgrund der sehr einfachen Aufgaben durchaus sehr schnell rechnen können sollten. Die ersten vier Aufgaben des Arbeitsblattes können auch als Test verwendet werden.
Die fünfte Aufgabe verlangt von den Kindern, das richtige Zeichen einzusetzen: >, < oder =.

Wir erwarten auf dieser Seite relativ wenig Schwierigkeiten. Es können allerdings an zwei Stellen bei einigen Probleme auftreten:

– Die Multiplikation und Division mit Kommazahlen könnte bei einigen Kindern noch Irritationen hervorrufen und zu anfänglichen Schwierigkeiten führen. Nach unseren Erfahrungen ist es aber nicht sonderlich hilfreich, mit realem Geld oder Spielgeld diese Aufgaben zu legen und durchzuführen. Meist reicht ein Hinweis darauf, die angegebenen Eurowerte in Cent umzurechnen, d.h. das Komma fortzulassen und entsprechende Divisionen durchzuführen. Dass dabei der Zahlraum bis 1000 überschritten wird, stellt im Allgemeinen kein Problem dar.

– Bei den geometrischen Aufgaben haben einige Kinder Schwierigkeiten, die sich einen Würfel nicht oder nur sehr schlecht vorstellen können. Hierbei handelt es sich um gravierendere Störungen. Diese sind sicherlich bereits in den Anfangsklassen beobachtet worden, treten aber an dieser spezifischen Anforderung wieder auf. Hier sollten entsprechende Übungen durchgeführt werden, die bereits in den Handbüchern zur 1. und 2. Klasse beschrieben wurden. Es kann hilfreich sein, wenn die Kinder die Ecken, Kanten und Flächen von vor ihnen liegenden Objekten (Würfel, Quader, Pyramide, Prisma u.ä.) bestimmen können, indem sie die Objekte drehen und in die Hand nehmen. In einem zweiten Schritt sollte das Objekt lediglich vor ihnen liegen, in einem dritten Schritt sollte es nur kurz gezeigt werden, gegebenenfalls unter einem Tuch ertastbar sein.

– Möglicherweise erkennen einige Kinder die Struktur des größer werdenden Dreieckes nicht, da ihnen die Quadratzahlen nicht geläufig sind. Das würde zwar zum momentanen Zeitpunkt verwundern, es gibt aber Kinder, die solche Zusammenhänge nicht herstellen bzw. noch nicht mit Zahlen bestimmte Eigenschaften verbinden. Zwar sind in einem gewissen abstrakten Sinne alle Zahlen gleich, aber einige haben doch herausstechende Eigenschaften, wie die Quadratzahlen. Es ist wünschenswert, das diese (zumindest im Hunderterraum) den Kindern geläufig sind.

Zu Seite 43

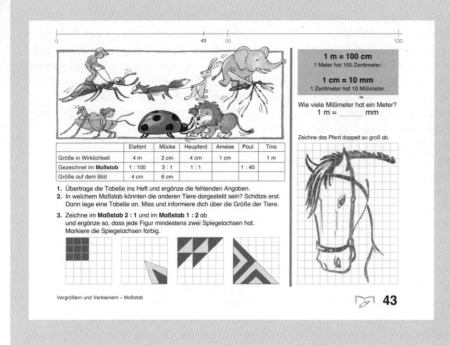

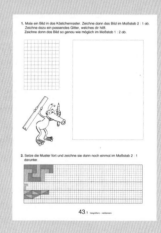

Vergrößern und Verkleinern; Ebene Figuren im Maßstab verändern; Umrechnungen von Meter-Zentimeter-Millimeter.

Für die Übertragung der Tabelle und das Zeichnen entsprechender Figuren benötigen die Kinder das Heft; es wäre wünschenswert, wenn in der Klasse Blätter mit unterschiedlicher Karogröße vorhanden wären. Diese lassen sich gegebenenfalls auch durch Vergrößerungen am Kopierer erstellen.

Wir schlagen vor, dass die Stunde mit einer Kopfrechenheit beginnt, die die Stellenwerte betont, d.h. in ähnlicher Weise strukturiert ist wie die Aufgaben auf der letzten Schulbuchseite. Diese Stellenwert- bzw. Bündelungsbetonung führt auf die Längeneinheiten Meter-Zentimeter-Millimeter.

Die Abbildung auf der Schulbuchseite kann als Ausgangspunkt dienen. Irgendetwas stimmt hier nicht, die Figuren sind in ihrer Beziehung nicht größenangemessen. Der Juni-Käfer kann nicht so groß sein wie der Elefant, die Heuschrecke nicht so groß wie der Löwe, die Kinder können nicht auf diesen klei-

Zu Seite 43

nen Tieren reiten. Dies sollte zuerst als ein Problem behandelt werden. Aus diesem Grunde wäre es günstig, wenn die Abbildung lediglich als Folie im Plenum präsentiert wird oder wenn ein entsprechendes Tafelbild mit solchen Tieren (oder anderen Objekten) gezeigt würde (wir sind uns darüber im Klaren, dass dies die zeichnerischen Fähigkeiten der Lehrperson möglicherweise überfordert).

Das Problem einer Darstellung bzw. eines Bildes ist, dass sich nicht erkennen lässt, wie die Größe des dargestellten Objektes in der Realität ist. Zwar ist der Löwe als Löwe erkennbar, seine tatsächliche Größe ist ihm aber nicht anzusehen. Was benötigen wir hierzu? Wir benötigen, und dies sollten die Kinder versuchen selbst herauszufinden, eine Umrechnung, einen Maßstab. Offensichtlich sind die Maßstäbe bei den in der Illustration verwendeten Lebewesen sehr unterschiedlich.

Hier kann nun zu der Tabelle übergegangen werden. Die Größen in der Wirklichkeit bzw. die Maßstäbe sind jeweils angegeben, so dass sich eine Umrechnungsmöglichkeit von Bildgröße auf die Wirklichkeit und umgedreht ergibt. Die Tabelle sollte von den Kindern in das Heft übertragen werden.

Es sind allerdings einige Tiere nicht in der Tabelle enthalten. Diese sollten dann (Aufgabe 2) ebenfalls übertragen werden. Hierbei erscheint uns wichtig, dass die Kinder zuerst schätzen sollten, um wie viel größer der tatsächliche Löwe in der Realität ist, um wie viel kleiner der Juni-Käfer in der Wirklichkeit herum fliegt.

Darüber hinaus bedarf es einer weiteren Konvention, die nicht von den Kindern entdeckt werden kann, sondern die eine willkürliche Festlegung darstellt. Die Angabe des Maßstabes, z.B. bei dem Elefanten 1 : 100, bedeutet, dass als erstes die Bildgröße, als zweites die Größe in der Wirklichkeit angegeben wird. Eine Verkleinerung für die Illustration bedeutet demnach, dass die kleinere Zahl vorne, die größere Zahl dahintersteht, eine Vergrößerung, wie beim Juni-Käfer bedeutet das Umgekehrte. (Natürlich hätte die Festlegung auch anders sein können, sie hat sich aber in dieser Form eingebürgert und wird dementsprechend auch von uns übernommen und sollte von den Kindern übernommen werden.)

Die Aufgabe 3 verlangt von den Kindern, die Figuren nicht nur fortzusetzen, sondern auch zu berücksichtigen, dass es mindestens zwei Spiegelachsen geben sollte. Dies lässt sich dann leichter bewerkstelligen, wenn sich die Kinder zuerst überlegen, wo sie ihre Spiegelachsen hinzulegen gedenken. Ein schlichtes Fortsetzen der Figur als Muster würde beispielsweise bei der dritten Figur nur auf eine Spiegelachse führen (die Diagonale von links oben nach rechts unten). Dies hat etwas mit planerischer Tätigkeit zu tun, die möglicherweise aber erst durch verschiedene Fehllösungen zustande kommt. Dies sollte nicht kritisch bewertet werden, sondern stellt einen notwendigen Schritt im Lernprozess der Kinder dar.

Die Zusammenhänge zwischen den Längeneinheiten Meter/Zentimeter/Millimeter sollten als Merksatz auf dem Größenplakat in der Klasse sichtbar vorhanden sein. Es ist von den Kindern lediglich im Plenum zu bestimmen, wie viele Millimeter ein Meter besitzt. Hierzu kann ihnen als Veranschaulichung auch ein Zentimetermaß dienen.

Das Pferd in der rechten Spalte der Schulbuchseite sollte in das Heft übertragen werden, wobei die Linien doppelt so lang werden sollten. Wir sind uns bewusst, dass die Bezeichnung „doppelt so groß" mehrdeutig ist: Doppelt so groß hätte auch die Fläche betreffen können, dies würde aber zu irrationalen Längenverhältnissen führen. Die Kinder sollten jeweils statt einem Kästchen zwei Kästchen sowohl in horizontaler als auch vertikaler Richtung nehmen.

43.1 verlangt von den Kindern, zuerst ein eigenes Bild in das Kästchenraster zu übertragen, dies anschließend doppelt so groß bzw. im zweiten Schritt nur halb so groß nachzuzeichnen. Die Schwierigkeit besteht (zumindest in einem ersten Schritt) nicht in der Genauigkeit der Zeichnung, sondern den entsprechenden Maßstab zu wählen. Hierzu müssen die Kinder eine Einteilung des vorgegebenen Rahmens vornehmen.

Die zweite Aufgabe verlangt zum einen die Fortsetzung des angefangenen Musters, dieses sollte dann im Maßstab 1: 2 darunter übertragen werden.

Zu Seite 43

Schwierigkeiten werden einige Kinder bei dem maßstabsgerechten Zeichnen haben. Es gibt Kinder, die noch Schwierigkeiten bei der Übertragung von Längenverhältnissen besitzen. Diese Kinder sind in der Regel auch auffällig im arithmetischen Bereich, da Zahlen als Verhältnisse im Kopf repräsentiert werden. Dies wurde bereits mehrfach im Lehrerhandbuch angesprochen. Bei den hier gestellten geometrischen Aufgaben wird ebenfalls diese Fähigkeit gefordert, die sich dann in Fehlzeichnungen und in einem inadäquaten Raster etwa bei dem Arbeitsblatt **43.1** deutlich zeigt.

Davon unterschieden werden müssen Fehler, die bei der zweiten Aufgabe des Arbeitsblattes auftreten können. Die Verkleinerung des erstellten Musters führt nicht dazu, dass entsprechende Teile untereinander stehen, es kommt nicht nur zu einer Verkleinerung in der Höhe, sondern auch in der Breite. Zueinandergehörende Teile in unterschiedlichem Maßstab stehen dann an verschiedener Stelle. Dies führt zu Irritationen nicht nur bei den leistungsschwächeren Kindern.

Bei Kindern mit beobachtbaren Störungen in der Übertragung von Größenverhältnissen sollten entsprechende Übungen in Förderstunden oder in Einzelarbeit durchgeführt werden. Die hier angegebenen Aufgaben können in veränderter Form gerade dazu dienen, als Förderanforderungen eingesetzt zu werden. Hierbei haben die Kinder noch die Hilfe über das Kästchenraster; weiterführend sollten allerdings Nachzeichnungen, auch Vergrößerungen und Verkleinerungen auf einem nicht karierten bzw. linierten Blatt vorgenommen werden. Dies ist sowohl diagnostisch aufschlussreicher, als auch in höherem Maße fordernd. Sollte sich zeigen, dass diese Übungen das Kind noch in einem Maße überfordern, dass an basale Störungen zu denken ist, dann müssten Übungen am eigenen Körper durchgeführt werden (Schritte im Raum gehen, Schätzen, wie weit man mit einer bestimmten Schrittzahl kommt, wenn ich 2 Schritte weit gehe komme ich bis zu diesem Punkt, wie weit komme ich mit 6 Schritten etc. Dies sollte in sämtliche Richtungen (vorne, hinten, rechts, links) durchgeführt werden).

Zu Seite 44

Die Größen „Kilogramm" und „Gramm" wiederholen und miteinander verbinden; Informationen aus Tabellen und Listen entnehmen, sie suchen und Probleme damit lösen; Unbekannte Begriffe nachschlagen.

Die Kinder sollten die Aufgaben in Partnerarbeit bzw. Gruppenarbeit lösen und sie im Heft notieren.

Auf eine Übungseinheit am Anfang der Stunde kann hier verzichtet werden.

Die Illustration gibt einen vielfältigen Gesprächsanlass. Offensichtlich sind die verwendeten Messinstrumente, die Waagen und Zentimetermaße in einer gewissen Weise ungünstig. Der Elefant ist nicht auf die Briefwaage zu stellen, der Spatz nicht auf die Personenwaage, auch das Känguru dürfte ein zu großes Gewicht besitzen, als dass es durch die Gewichtssteine gewogen werden könnte. Die Illustration nimmt das Thema von Seite 26 und 27 wieder auf und führt es fort. Welche Tiere können denn mit diesen Waagen gewo-

Zu Seite 44

gen werden, wie lässt sich denn die Länge einer Schlange bestimmen etc.?

Die Tabelle in der linken Spalte, „Zooinventur im Tierpark", verlangt von den Kindern einen Vergleich der beiden Tierparks. Hierbei kommen sicher Begriffe vor, die den Kindern nicht geläufig sind. Wir stellen uns aber nicht vor, dass diese von der Lehrperson als Erklärung gegeben werden, sondern dass die Kinder selbstständig in einem Kinderlexikon (oder, falls die Schulklasse über einen Internetanschluss verfügt, auch dort) sich die Informationen holen. Die sehr verschiedenen Informationen über Öffnungszeiten, Eintrittspreise, Speisepläne etc. können zu vielfältigen Fragen Anlass geben. Wie viele Kilogramm Äpfel verbraucht denn der Tierparkt Altdorf am Tag, in der Woche oder im Jahr? Wie viel Weizenkleie?

Es ist wünschenswert, dass die Kinder selbst zuerst versuchen, für die anderen Tiere ähnliche Speisepläne zu erarbeiten. Auch hierfür könnten sie aus den Lexika Informationen sammeln.

Erst nach solcher Arbeit in der Gruppe sollte an die Einzelarbeit mit den Arbeitsblättern übergegangen werden.

44.1 verlangt von den Kindern, unterschiedliche Informationen aus der Schulbuchseite zu entnehmen und sie umzurechnen, um eine Tabelle auszufüllen. Die Aufgaben sind keineswegs einfach, da die Informationen in sehr komplexer Weise verarbeitet werden müssen.

Aus diesem Grunde kann auch daran gedacht werden, die Arbeitsblätter nicht in Einzelarbeit sondern in Partnerarbeit bearbeiten zu lassen. Hierbei kann es dann zu Funktionsaufteilungen kommen: Ein Kind übernimmt die Informationssuche, das andere rechnet in der Zwischenzeit mit den gefundenen Daten weiter.

44.2 setzt die Informationssuche aus dem Schulbuch fort. Diese müssen allerdings dann weiter verarbeitet und am Zahlenstrahl dargestellt werden. Es geht um die Differenzbildung im Vergleich der beiden Zoos. In welcher Weise die Kinder die Differenz berechnen, ob als Ergänzung oder als schrittweises Zurückgehen, bleibt ihnen überlassen. Dies sollte allerdings von der Lehrperson registriert werden. Aufgabe 2 verlangt von den Kindern eine Zerlegung von Zahlen. Hierbei ist es interessant, in welcher Weise die Kinder die Aufgaben zu lösen versuchen. Eine mögliche (günstige) Strategie wäre es, etwa bei der ersten Aufgabe, in jeden Wagon 3 Tiere zu setzen, die dann noch überschüssigen Tiere weiter zu verteilen. Dies führt dann sehr schnell zu der Lösung, dass in 2 Wagons 4, in 4 Wagons 3 Tiere sind. Ähnliches lässt sich dann als Heuristik auf weitere Aufgaben übertragen.

44.3 setzt die Informationssuche und -verarbeitung mit den Daten der Schulbuchseite fort. Hier geht es nun um die Preise, die Erwachsene und Kinder zahlen müssen. Einige Aufgaben beinhalten auch die Größe „Zeit". Die Kinder sollten zusätzlich zu dem Arbeitsblatt ihr Heft benutzen und ihre Überlegungen bzw. Rechnungen und Antworten dorthin weiter fortführen. Sie sind auch angehalten (Aufgabe 8) weitere Rechengeschichten zu erfinden.

Aufgabe 7 führt nicht zu einer Rechnung, andere Aufgaben sind offen, in welcher Richtung weiter gefragt werden kann.

Die Komplexität der Datenmenge stellt sicherlich eine hohe Anforderung an die Kinder. Schwierigkeiten hierbei sollten aber nicht überbewertet werden und sind kein Indiz für Lernstörungen.

Zu Seite 45

Eigene Aufgaben und Rechengeschichten erfinden und sie dann lösen.

Für die Aufgaben, die in der Gruppe gelöst werden sollten, benötigen die Kinder das Heft. Das Arbeitsblatt **45.1** sollte in Einzelarbeit bearbeitet werden. Hinterher können diese Geschichten zu einem Plakat zusammengestellt werden.

Die Zeitungsausschnitte der Schulbuchseite können als Ausgangspunkt dienen, weitere Rechengeschichten zu finden. Es sollten dabei nicht nur Texte erstellt sondern auch Bilder hierzu gemalt werden.

Es ist darauf zu achten, dass jedes Kind versucht, verschiedene Aufgaben/Rechengeschichten zu jedem Zeitungsausschnitt zu entwickeln. Zudem sind die Rechnungen (als verkürzte, andere Repräsentationsform) ebenfalls dazu zu schreiben.

Zu Seite 45

45.1 setzt diese Aufgabe fort. Die Kinder können die Texte auf das Arbeitsblatt oder in das Heft schreiben.

Wesentlicher Punkt dieses Arbeitsblattes ist allerdings Aufgabe 2. Ein längerer Text mit sehr vielen Informationen animiert die Kinder dazu, Rechengeschichten zu notieren. Es sind eine Vielzahl solcher Geschichten möglich. Die jeweils verwendeten Daten sollten mit unterschiedlichen Farben für jede Aufgabe markiert werden.

Hierbei handelt es sich um ein Methodentraining: Wichtige, für die Aufgabenstellung (die zwar selbst gewählt ist) relevante Daten werden markiert. Andere Daten und Informationen des Textes sind für eine bestimmte Fragestellung und Rechengeschichte irrelevant. Diese werden hingegen für eine andere Fragestellung bedeutsam, die dann in entsprechend anderer Farbe markiert werden muss.

Da die Kinder hier sehr eigenständig arbeiten und ihrer Kreativität freien Raum geben können, werden keine Schwierigkeiten erwartet. Für die Rechengeschichten selbst sollten orthografische Fehler nicht bewertet werden.

Zu Seite 46

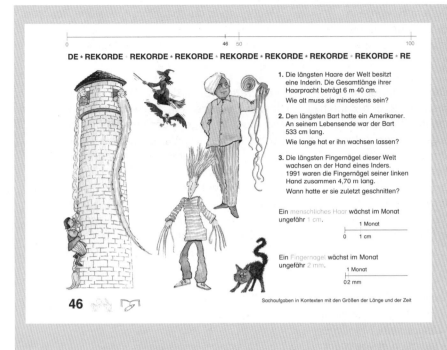

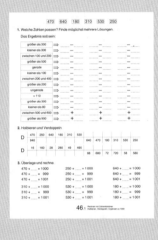

Sachaufgaben zu den Größenbereichen „Länge" und „Zeit" lösen; den doppelten Zahlenstrahl für proportionale Beziehungen verwenden.

Für die Übertragung der Aufgaben benötigen die Kinder das Heft; es wäre wünschenswert, wenn ein Kinderlexikon oder das Guiness-Buch der Rekorde im Klassenraum vorhanden ist, damit die Kinder weitere, sie interessierende Rekorde nachschlagen können.

Die Stunde sollte mit einer Einheit zur Multiplikation beginnen. Dies ist hilfreich, um anschließend die proportionalen Beziehungen zu berechnen.

Ausgangspunkt für die Fragestellung können die Texte der Schulbuchseite sein. Hierbei müssen Informationen aus den Angaben, die unten auf der rechten Spalte der Schulbuchseite sind, entnommen werden. Die Aufgaben sind zu lösen, wobei es den Kindern überlassen bleibt, ob sie eine Darstellung am doppelten leeren Zahlenstrahl verwenden, oder ob sie die Aufgabe direkt schriftlich im Heft lösen. Die drei Aufgaben sollten lediglich einen

Zu Seite 46

Anreiz dazu geben, weitere Rekorde in Informationsquellen aufzufinden, sie mit entsprechenden Fragen zu versehen und Rechnungen durchzuführen. Welche Rekorde von den Kindern gesucht werden, bleibt ihnen und ihrer Interessenlage überlassen.

46.1 ist eine Fortführung der Aufgaben mit Zahlenkärtchen. Sie dient dazu, den Zahlensinn, das Überschlagen und Schätzen der Kinder zu fördern. Die geeigneten Zahlen sind jeweils auf dem Arbeitsblatt zu notieren, wobei es zu jeder Angabe mehrere Lösungen geben sollte. Die Aufgabe 2 wiederholt das Halbieren und Verdoppeln bei schwierigeren Zahlen. Aufgabe 3 stellt die Tausenderergänzung dar, mit Variationen zu den Nachbarzahlen.

46.2 verlangt von den Kindern, Regelhaftigkeiten zu entdecken, diese zu benennen (in der Spalte „Regel") und die begonnenen Zahlenreihen fortzusetzen. Die Kinder sind hierbei frei, wie weit sie diese Zahlenreihen fortsetzen wollen.

Die Rechenketten verlangen von den Kindern, die entsprechenden Reihen fortzuführen. Wesentlich ist hierbei, dass die Kinder ihre Beobachtungen beschreiben.

Bei diesen Aufgaben werden keine Schwierigkeiten erwartet, sie sollten auch von leistungsschwächeren Kindern lösbar sein. Möglicherweise benötigen diese lediglich etwas mehr Zeit.

Zu Seite 47

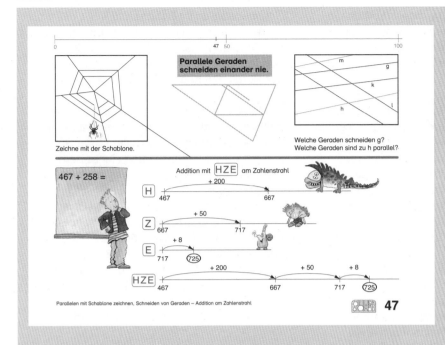

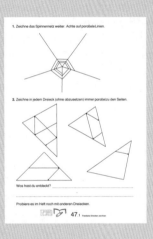

 Mit der Schablone Parallelen zeichnen, parallele und sich schneidende Geraden unterscheiden; Addition am Zahlenstrahl wiederholen.

 Für die Zeichnungen benötigen die Kinder die Schablone und das Heft; es ist auch möglich, dass die Kinder diese Zeichnungen auf unlinierten Papier durchführen. Die Rechnungen am Zahlenstrahl auf der unteren Schulbuchseite sollten ebenfalls im Heft durchgeführt werden.

 Es wird vorgeschlagen, die Stunde mit einer Kopfrecheneinheit zu beginnen, wobei zu dreistelligen Zahlen jeweils Einer, Zehner oder Hunderter addiert werden. Dies wiederholt das Bündeln und die Stellenwertdarstellung.

Die Darstellung auf der Schulbuchseite sollte in das Heft übertragen werden. Mit der Schablone sollten die parallelen Geraden sehr genau gezeichnet werden. Es ist darauf zu achten, dass die Kinder möglichst einen spitzen Bleistift verwenden (keine Buntstifte, Kugelschreiber oder Füller). Das sorgfältige Zeichnen mit einem sehr dünnen Strich sollte verlangt werden (Methodentraining!). Auf dem

Zu Seite 47

rechten Bild der Schulbuchseite sollten die Kinder vorab allerdings bestimmen, welche Geraden sich schneiden und welche zu der Geraden g parallel sind. Gibt es noch weitere parallele Geraden?

Gegebenenfalls muss der Terminus „Parallele" bzw. „parallele Geraden" wiederholt und ihre Eigenschaften bestimmt werden. Die Definition „Parallele Geraden schneiden einander nie", die auf der Schulbuchseite angegeben ist, betont dieses Wort „nie". D.h. es ist nicht nur hinreichend, dass sich die beiden Geraden innerhalb des Bildes nicht schneiden, sondern sie dürfen sich auch nicht schneiden, wenn man sie beliebig weit verlängert.

Die Kinder sollten aufgefordert werden, parallele Geraden aus ihrer Umgebung oder aus dem Alltag anzugeben (die Kanten an einem Gebäude oder in einem Zimmer, Straßenbahn- oder Eisenbahnschienen, Schlittenspuren im Schnee etc.).

Wesentlich ist weiterhin der Umgang mit der Schablone. Ist eine Schablone nicht vorhanden, so können die Kinder das Zeichnen der Parallelen auch mit dem Geodreieck versuchen.

Die Addition am Zahlenstrahl wird wiederholt, wobei sich die in den vorangehenden Stunden durchgeführte Addition bzw. Subtraktion mit Einern, Zehnern und Hundertern nun hier zu einem mehrschrittigen Verfahren zusammensetzt.

Die Strategie Hunderter-Zehner-Einer ist den Kindern zwar bekannt, wird aber als kraftvolle Denkstrategie zum Lösen von Additions- und Subtraktionsaufgaben in diesem Schulwerk wiederholt. Es ist nicht davon auszugehen, dass eine zeitlich begrenzte Behandlung einer Strategie schon dazu führt, dass sie von den Kindern flüssig angewendet werden kann.

47.1 verlangt von den Kindern, parallele Strecken zu zeichnen und Figuren dabei fortzusetzen. Die zweite Aufgabe verlangt von ihnen zudem, ihre Entdeckungen zu versprachlichen und aufzuschreiben. Es stellt sich das Problem, ob es immer zu einer geschlossenen Kurve führt, wenn parallel zu den Seiten eines Dreiecks vorgegangen wird. Die Kinder sollten angehalten sein, ihre Vermutungen an weiteren Beispielen zu überprüfen, ihren eigenen Ausgangspunkt für die Spirale selbst zu wählen.

Wir gehen nicht davon aus, dass bei dieser Schulbuchseite Schwierigkeiten auftreten. Es stellt sich aber häufig heraus, dass die Kinder ungenau und unpräzise arbeiten. Dieses sollte auf alle Fälle mit ihnen geübt werden. Das genaue Anlegen der Schablone (bzw. des Geodreiecks) und die Verwendung eines gespitzten Bleistiftes sollten zur Routine werden.

Zu Seite 48

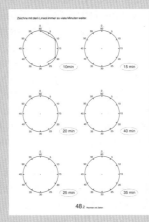

Zeitpunkte und Zeitdauern bestimmen; in Sachkontexten Probleme mit der Zeitdauer berechnen; Planungen der eigenen Zeit vornehmen.

Es ist wünschenswert, dass die Aufgaben in der Gruppe bearbeitet werden und die unterschiedlichen, individuellen Zeitplanungen wie auch die Aufgaben auf der Schulbuchseite in das Heft übertragen werden.

Zur Einstimmung auf das Thema empfiehlt es sich, am Anfang der Stunde Kopfrechenübungen mit Zeitpunkten zu verwenden, wobei die jeweils dazwischen liegende Zeitdauer zu bestimmen ist. Hierbei sollten Zeiten verwendet werden, die unterschiedliche Strategien ansprechen, z.B.

– von 10.47 Uhr bis 12.45 Uhr (hier ist die Sprung-Strategie naheliegend),
– von 9.56 Uhr bis 14.07 Uhr (hier ist die Autobahn-Strategie naheliegend),
– von 10.20 Uhr bis 15.46 Uhr (hier sind verschiedene Strategien möglich, am leichtesten ist es, zuerst volle Stunden und dann die

Zu Seite 48

restlichen Minuten zu addieren).

Der Hausaufgabenzeiten-Plan, der auf der Schulbuchseite abgebildet ist, sollte als Ausgangspunkt verwendet werden. Er ist relativ komplex gestaltet, als sehr unterschiedliche Rechnungen für die einzelnen Tage durchgeführt werden müssen. Das Ausfüllen des Planes sollte von den Kindern im Heft durchgeführt werden. Dies sollte in Einzelarbeit geschehen, die Lösungen sollten jeweils von dem Partner kontrolliert werden.

Die Textaufgaben in der rechten Spalte sollten von den Kindern mit dem Partner oder in der Gruppen bearbeitet werden. Hierbei geht es im Wesentlichen darum, welche Rechenstrategie von den Kindern als günstig empfunden wird.

Ein wesentlicher Punkt stellt die Zeitplanung dar. Dies sollte im Plenum besprochen werden. Die Kinder sollten über ihren eigenen Tagesablauf berichten und erzählen können, wie sie an den Nachmittagen beschäftigt sind. Welche Freizeitaktivitäten werden wöchentlich durchgeführt? Gibt es feste Zeiten, die verplant sind? Wann werden die Hausaufgaben jeweils gemacht, gibt es auch hierfür regelmäßige, in der Familie fest vorgegebene Zeiten? Es geht nicht darum, die einzelnen Zeitorganisationen der Kinder zu bewerten, sondern sie zu Vergleichen anzuregen und über ihre Zeitplanung nachzudenken.

48.1 ist ein Arbeitsblatt, das nicht am Stück bearbeitet werden kann. Es erfordert von den Kindern, über eine Woche die Zeiten einzutragen, die sie für die Hausaufgaben verwenden. Hierbei ist lediglich vorgesehen, dass die Hausaufgaben höchstens zweigeteilt sind. Es kann aber vorkommen, dass Kinder zu drei verschiedenen Zeitpunkten an einem Tag sich an die Hausaufgaben setzen. Dies müssten sie dann extra vermerken. Aufgabe 2 kann erst später vorgenommen werden, wenn über die eigene Hausaufgabenplanung nachgedacht wurde. Gegenstand ist die Planung (!), nicht die Kontrolle über eine Durchführung oder irgendeine Bewertung der Richtigkeit. Diese kann nicht erfolgen. Zudem sollten die Kinder in einer Tabelle, wie sie die Aufgabe 3 darstellt, über ihre festen Termine nachdenken. Diese beeinflussen als Randbedingung ihre sonstige Planung, insbesondere die der Hausaufgaben.

Wir sehen in der Organisation der eigenen zur Verfügung stehenden Zeit ein wesentliches Lernziel. Auch dies, so denken wir, hat mit Methodenkompetenz zu tun.

48.2 wiederholt das Rechnen mit Minuten, hier werden aber Muster deutlich, so wie sie in anderer Form bei den Multiplikationsreihen am Zehnerkreis aufgetreten sind. Die Kinder sollten durchaus animiert werden, mit einem andersfarbigen Stift andere Zeitdauern ebenfalls einzutragen.

Da es sich um die Darstellung eigener Tätigkeiten und eigener Planungen handelt, dürften hier keine Schwierigkeiten auftreten. Sollten Kinder noch Probleme mit der Zeit bzw. Uhr haben, dann sind diese Schwierigkeiten auf dem Arbeitsblatt **48.2** sichtbar. Hierbei ist allerdings zu unterscheiden, ob es sich um ein unzureichendes Verständnis der Größe „Zeit" handelt, oder ob Probleme in der Umsetzung von Zeitverläufen an der Uhr des Arbeitsblattes vorliegen. Möglicherweise ist einzelnen Kindern diese Darstellungsweise noch fremd oder wird nicht mit Zeitdauer assoziiert.

Zu Seite 49

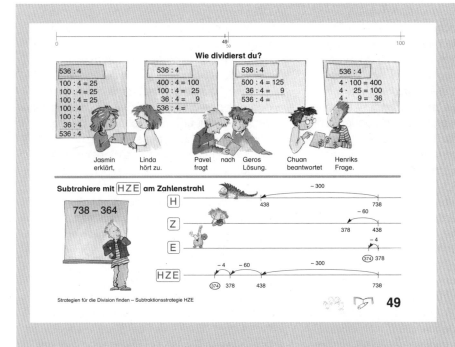

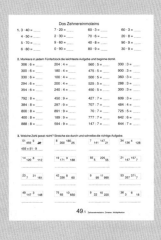

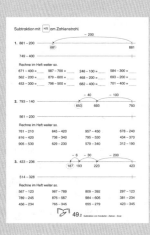

Strategien für die Division finden; die Subtraktionsstrategie HZE schrittweise entwickeln und wiederholen.

Für die Übertragung der Darstellung am leeren Zahlenstrahl und die halbschriftlichen Rechnungen benötigen die Schüler das Heft.

Die Stunde kann mit einer geometrischen Übung beginnen. Es muss nicht eine kopfgeometrische Übung sein (entsprechende Aufgaben sind der Literatur zu entnehmen), sondern es kann sich auch um ein „Geometrie-Diktat" handeln. Dies besteht darin, dass Linienführungen oder Figuren diktiert werden, die von den Kindern zu übertragen sind. Es handelt sich hierbei um eine Übersetzung von sprachlichen Repräsentationen in bildhafte, allerdings auf relativ einfachem Niveau.

Anschließend sollte die Aufgabe der Schulbuchseite, 536 : 4, mündlich gestellt und von den Kindern einzeln (!) bearbeitet werden. Die

Zu Seite 49

verschiedenen Lösungsversuche sollten in Partnerarbeit besprochen werden. Anschließend suchen sich die Kinder einen anderen Partner und versuchen diesem zu erklären, wie der erste Partner gerechnet hat.

Dieses Vorgehen dient dazu, sich in die Lösungsstrategie des ersten Partners hineinzuversetzen, sie zu verstehen versuchen, um sie anschließend mitzuteilen. Die Vorgehensweise hat sich bewährt, um über die eigenen Lösungsstrategien nachzudenken, d. h. einen metakognitiven Blick auf sie zu werfen.

Anschließend sollten unterschiedliche Lösungswege in der Klasse gesammelt werden. Eine Bewertung sollte unterbleiben oder nur zurückhaltend vorgenommen werden. Allerdings sollte es den einzelnen Schülern, die einen Lösungsweg beschritten haben, freigestellt sein, ihn zu begründen.

Auf der Schulbuchseite sind verschiedene Lösungswege angegeben, die anschließend eine Diskussionsgrundlage darstellen können. Möglicherweise sind es aber auch schon Lösungswege, die in der Klasse selbst gefunden wurden.

Wir halten die Kommunikation zwischen den Kindern über ihre Lösungswege für ausgesprochen wichtig. Dies fördert
– die eigene Argumentationsfähigkeit,
– die soziale Fähigkeit in dem Sinne, dass gesichert werden muss, dass der Partner den eigenen eingeschlagenen Lösungsweg versteht (weil er ihn anschließend jemand anderem erzählen muss),
– das Nachdenken über das eigene Denken (Metakognition).

Die Aufgabe 738-364 wird in ähnlicher Weise behandelt. Es ist anzunehmen, dass die meisten Kinder eine HZE-Strategie verfolgen werden. Die Darstellung am Zahlenstrahl sollte von ihnen vorgenommen werden. Für die leistungsschwächeren Schüler ist es sinnvoll, die einzelnen Schritte jeweils getrennt am Zahlenstrahl darzustellen, möglicherweise können aber alle Kinder der Klasse bereits zur letzten Darstellungsform übergehen, bei der die drei Sprünge miteinander verbunden werden.

49.1 wiederholt das Zehner-Einmaleins, die Division und die „Kuckucksnest"-Aufgaben. Die erste Aufgabe, das Zehner-Einmaleins, sollte sehr zügig und schnell von den Kindern gelöst werden.

Bei der zweiten Aufgabe ist jeweils von dem Kind vorab (!) zu entscheiden, welches eine leichte Aufgabe ist, mit der begonnen werden kann und von der aus sich möglicherweise die anderen Aufgaben entwickeln lassen. Die dritte Aufgabe ist durchaus schwierig, sie verlangt von den Kindern einen Zahlensinn. Diese Aufgaben sind nicht automatisiert lösbar, sie verlangen mehrere Schritte. Es handelt sich aber jeweils um multiplikative Zusammenhänge. Andere Begründungen sind zwar möglich (z.B. gerade versus ungerade), sind aber nicht intendiert. Andere Lösungen sollten akzeptiert werden, solange sie von den Kindern begründet werden können.

49.2 nimmt die Subtraktion mit der Strategie HZE auf und führt sie weiter. Die Aufgaben sollten an dem Zahlenstrahl durchgeführt werden, weshalb die Übertragungen in das Heft notwendig sind.

Wir erwarten keine Schwierigkeiten, da die Division nach eigenen Lösungswegen vorgenommen werden kann. Hierbei ist noch keine Bewertung vorgesehen, nicht optimale Lösungen sind zu diesem Zeitpunkt durchaus gleichwertig und stellen einen Gegenstand für die Diskussion im Plenum dar. Allerdings sollten die unterschiedlichen Lösungswege registriert werden. Ziel des Unterrichts ist es ja, langfristig die Strategien zu verbessern. Aus diesem Grunde ist es diagnostisch relevant, sich über die Rechenstrategien der einzelnen Kinder Klarheit verschafft zu haben. Dies gilt auch für die Subtraktionsstrategien, von denen aber anzunehmen ist, dass die Kinder zumindest die Sprungstrategie und die Strategie HZE bereits verwenden.

Zu Seite 50

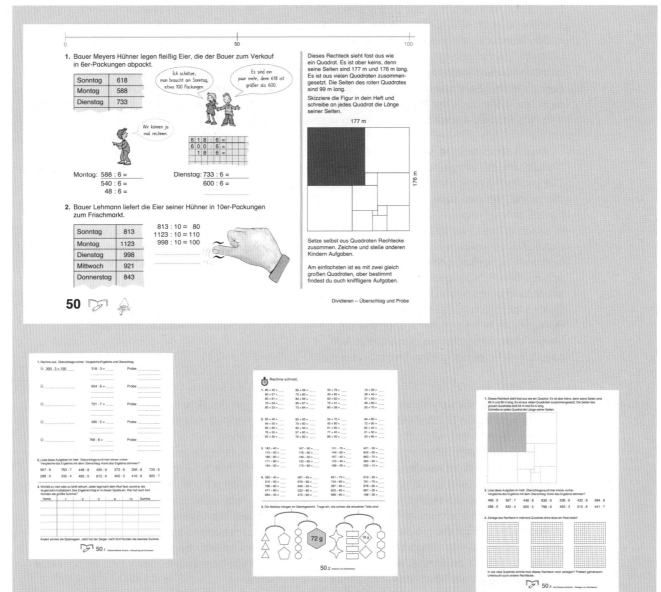

Überschläge bei der Division; Probe bei der Division durchführen; halbschriftlich dividieren; die Probe machen; eine geometrische Knobelaufgabe lösen.

Für die Rechnung und die Entwicklung eigener geometrischer Figuren nach vorgegebener Regel benötigen die Kinder das Heft.

Da auf dieser Schulbuchseite sowohl arithmetische als auch geometrische Inhalte behandelt werden, ist eine einführende Übung nicht notwendig.

Die erste Aufgabe der Schulbuchseite verlangt von den Kindern zu schätzen, wie viele 6er-Kartons von Bauer Meier benötigt werden. Diese Schätzung soll der genauen Rechnung vorausgehen.

In einem zweiten Schritt sollten die Kinder versuchen, durch vereinfachendes Verfahren zu einer genauen Lösung zu kommen. Es ist zu berücksichtigen, dass hierbei ohne Rest gerechnet wird, d.h. bleiben, wie am Dienstag,

Zu Seite 50

Eier übrig, dann benötigt der Bauer eben entsprechend noch eine weitere Verpackung. Die in den Illustrationen angegebenen Überschläge stellen Begründungen dar, wie sie auch von den Kindern gefordert werden sollten. Lediglich eine Zahl anzugeben reicht also nicht, es sollte auch der Weg angegeben werden, wie man zu dieser Schätzung gekommen ist.

Das halbschriftliche Verfahren ist auf der Schulbuchseite dargestellt (Wiederholungen). Die von den Kindern vorgenommenen Vereinfachungen können sehr unterschiedlich ausfallen, dürfen sie auch.

Auch bei der zweiten Aufgabe sind zuerst Schätzungen vorzunehmen. Überschläge können unterschiedlich genau sein, die hier vorgeschlagenen Rundungen stellen sowohl Überschätzungen als auch Unterschätzungen dar. Beides ist zulässig. Bei der genaueren Berechnung bedarf es dann aber wieder, da keine Reste übrig bleiben dürfen, des Aufrundens: Man benötigt eine Verpackung mehr.

Die rechte Spalte stellt ein sehr kompliziertes Problem dar. Die Größe der einzelnen Quadrate ist sukzessive bestimmbar, es ist aber keineswegs trivial. Die Längen lassen sich mittels wiederholter Subtraktion bestimmen. Hierbei ist jeweils zu berücksichtigen, dass die ganze Figur aus Quadraten zusammengesetzt ist.

Wir empfehlen, diese Aufgabe in Gruppenarbeit bearbeiten zu lassen. In der Regel dürften nur wenige Kinder alleine in der Lage sein, diese Aufgabe zu lösen.

Hingegen sollte der konstruktive Teil der Aufgabe, nämlich Rechtecke aus Quadraten unterschiedlicher Größe zusammenzusetzen, in Einzelarbeit von den Kindern gemacht werden. Die unterschiedlichen Quadrate können verschieden eingefärbt sein, so dass sich ansprechende Muster ergeben. Auch lässt sich ein solches „Rechtecksplakat" erstellen, das die Produkte der Kinder sammelt.

50.1 nimmt die halbschriftliche Division und das Überschlagen bei Divisionen auf. In der mittleren Spalte ist jeweils die Aufgabe vorgegeben, in der linken Spalte sollte zuerst der Überschlag gemacht werden, in der mittleren Spalte anschließend durch halbschriftliches Rechnen die Lösung bestimmt und in der rechten Spalte die Probe durchgeführt werden. Die Aufgabe 2 verlangt die gleiche Vorgehensweise, nun muss allerdings im Heft entsprechend Aufgabe 1 gerechnet werden.

Aufgabe 3 ist ein Spiel, das implizit die Fähigkeit der Kinder fordert, Wahrscheinlichkeiten abzuschätzen. Kleine Zahlen sollten dementsprechend mit kleinen Faktoren multipliziert werden, große hingegen mit großen Faktoren. Die Abänderung der Spielregel, bei der die kleinste Summe erzielt werden soll, hat dementsprechend die umgekehrte Strategie. Es ist aufschlussreich, die Kinder bei ihrem eigenen Vorgehen zu beobachten. Kinder können hierbei jenseits von Wahrscheinlichkeitsbetrachtungen auf das Würfeln einer bestimmten Zahl hoffen, Glückszahlen als wahrscheinlicher halten etc.

50.2 wiederholt die Addition und Subtraktion, wobei hier sehr schnell gerechnet werden sollte. Die Aufgaben 1 bis 4 können auch als kleiner Test verwendet werden.

Bei der Aufgabe 5 handelt es sich um eine Knobelaufgabe, wobei die Figuren in ihrem jeweiligen Gewicht bestimmt werden müssen. Hier handelt es sich um multiplikative Zusammenhänge.

50.3 stellt in der ersten Aufgabe eine Variation des Rechtecks-Problems der Schulbuchseite dar. Auch hier sollte wieder berücksichtigt werden, dass es sich um eine Problemaufgabe handelt, die keineswegs leicht zu lösen ist (man versuche es selbst einmal). Die jeweiligen arithmetischen und vor allen Dingen logischen Schlussfolgerungen sind keineswegs banal.

Aufgabe 2 verlangt die schrittweise Division (halbschriftliches Verfahren). Hierbei werden von einigen Schülern sicher mehrere Schritte beim halbschriftlichen Rechnen vorgenommen.

Die dritte Aufgabe verlangt von den Kindern, das Rechteck in Quadrate zu zerlegen. Es handelt sich um die Umkehrung des konstruktiven Vorgangs der Schulbuchseite. Eine Möglichkeit besteht darin, jeweils das größtmögliche Quadrat einzufärben, dann von dem Rest wieder das größtmögliche Quadrat etc. Es handelt sich zwar um ein geometrisches Vorgehen, in die Sprache der Arithmetik übersetzt handelt es sich hierbei aber um das Aufsuchen des größten gemeinsamen Teilers mittels des Euklidischen Verfahrens.

Zu Seite 50

Schwierigkeiten stellen sich lediglich bei der Bestimmung der Seitenlänge der Quadrate ein, die zu dem vorgegebenen Rechteck führen. Da diese Aufgabe aber in Gruppenarbeit gelöst wird, sollten sich zumindest für die Gesamtgruppe Lösungen ergeben.

Es sind jene Kinder zu beobachten, die Schwierigkeiten bei den Schätzungen haben. Insbesondere sollten bei der Division durch 10 kaum Schätzfehler auftreten, bei der Division durch 6 könnte dies noch der Fall sein. Es ist dann allerdings diagnostisch weiter zu klären, ob dies aufgrund mangelnder Kenntnisse des Kleinen Einmaleins auftritt, oder ob das vereinfachende, schrittweise Vorgehen bei der Division noch unverstanden ist. Entsprechende Richtungen muss dann die Förderung einschlagen.

Zu Seite 51

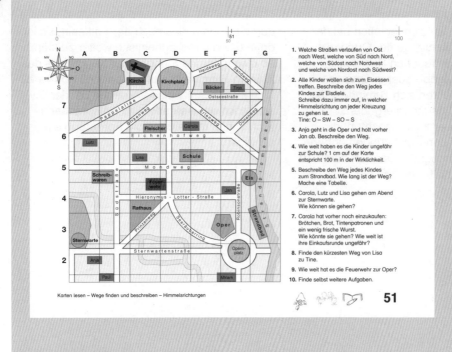

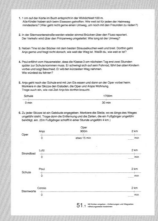

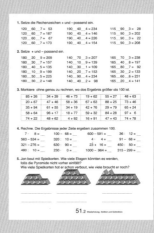

Karten lesen, Wege auf einem Stadtplan bzw. einer Landkarte finden, Wege beschreiben, Himmelsrichtungen benennen und sie bei einer Landkarte ausnutzen.

Für die Beantwortung der Fragen und das Lösen der Aufgaben benötigen die Kinder das Heft.

Die Schulbuchseite 51 sollte in Zusammenhang mit der Schulbuchseite 52 gesehen werden und insgesamt als Einheit behandelt werden. Allerdings wurden die beiden Seiten auf getrennte Doppelseiten gelegt, um ein vorschnelles Übergehen auf das Wimmelbild, das eine erfahrungsgemäß hohe Attraktivität für Schüler hat, zu vermeiden.

Wir schlagen vor, dass der auf der Schulbuchseite abgebildete Stadtplan als Ausgangspunkt der Unterrichtsstunde dienen sollte. Es ist empfehlenswert, diesen Stadtplan auf Folie zu haben, so dass auch im Plenum damit gearbeitet werden kann. Mögliche Wege

Zu Seite 51

sind dann von den Kindern mit einem wasserlöslichen Filzstift auf der Folie einzutragen. (Es empfiehlt sich, die Folie in einer glatten Klarsichthülle zu haben, die den Lichtdurchfluss auf dem Overheadprojektor nicht beeinträchtigt. Die Linien des Folienschreibers sind dann leichter abwischbar.)

Zuerst sollten die Kinder zu beschreiben versuchen, wo die einzelnen Objekte liegen bzw. die Kinder wohnen. Hierbei kann es sich durchaus um Bezeichnungen handeln, die der Alltagssprache entlehnt sind (links oben, rechts unten, in der Mitte rechts, nahe am Kirchplatz etc.). Sollten einige Kinder bereits die Bezeichnungsweise der Planquadrate verwenden (der Bäcker in E8, der Opernplatz in F2), dann sollte dies verstärkt werden. Falls die Lehrperson in die Diskussion mit einsteigt oder die gemachten Äußerungen zusammenfasst, dann sollte sie die Terminologie der Planquadrate verwenden. Es ist nicht unbedingt erforderlich, dass sämtliche Schüler sich diese Terminologie zu eigen machen, sie sollte allerdings langfristig angestrebt werden (im Sinne einer Methodenkompetenz).

Die Behandlung der Windrose stellt einen eigenen Unterrichtsgegenstand dar. Die Bezeichnungen Nord-Ost-Süd-West sind bereits in der 2. Klasse behandelt worden, hier kommen nun die Zwischen-Windrichtungen hinzu: Nordost, Südost, Südwest, Nordwest.

Aus diesem Grunde wäre es angemessen, zuerst Wegbeschreibungen vorzunehmen, die nur in horizontaler oder vertikaler Richtung verlaufen. Dies verlangt dann lediglich die Bezeichnung mit den bekannten Himmelsrichtungen. Erst langsam sollten die weiteren Himmelsrichtungen hinzukommen als Charakterisierung der Straßen, die „schräg" auf dem Stadtplan verlaufen. Die Aufgaben in der rechten Spalte der Schulbuchseite sollten von den Kindern mit Partnern, gegebenenfalls auch in Gruppen, bearbeitet werden. Die Lösungen bzw. Wegbeschreibungen sind jeweils im Heft zu notieren. Die Schülerlösungen können hierbei von ausführlichen Texten bis zu sehr verkürzten Himmelsrichtungsfolgen ausfallen. Es ist von den Kinder selbst zu bewerten, welche Darstellungsform sie bevorzugen.

51.1 verlangt von den Kindern, anhand der Illustration auf der Schulbuchseite Vermessungen vorzunehmen. Hier wird die Maßstabsproblematik von Seite 43 wieder aufgenommen.

Die Aufgaben 5 und 6 verlangen von den Kindern, Beziehungen an dem doppelten Zahlenstrahl darzustelllen. Dies kann auf dem Arbeitsblatt geschehen, sie können dies allerdings auch in ihrem Heft vornehmen.

Bei der Aufgabe 4 können die Kinder erst verschiedene Wege erproben, bevor sie sich für den kürzesten entscheiden. Es ist durchaus wünschenswert, dass auch mit längeren Wegen experimentiert und diese ausgemessen werden.

51.2 wiederholt Aufgaben zu den vier Grundrechenarten. Hierbei sind in den ersten Aufgaben passende Rechenzeichen einzusetzen (Förderung des Zahlensinns, Flexibilität im Umgang mit Zahlen), die dritte Aufgabe verlangt lediglich eine Schätzung, wobei bei vielen Aufgaben nicht ausgerechnet werden muss, wie das Ergebnis ausfällt, da ein Überschauen bereits hinreichend ist, um zu entscheiden, ob die Lösung größer oder kleiner als 100 ausfällt.

Die Aufgabe 5 stellt eine Knobelaufgabe dar, wobei auch hier die Größe des jeweiligen Zahlenhauses weitergeführt werden kann. Insbesondere leistungsstärkere Kinder sollten sich Gedanken machen, wie diese Zahlenfolge der Kartenhäuser weitergeht.

Schwierigkeiten werden auf dieser Schulbuchseite nicht erwartet.

Zu Seite 52

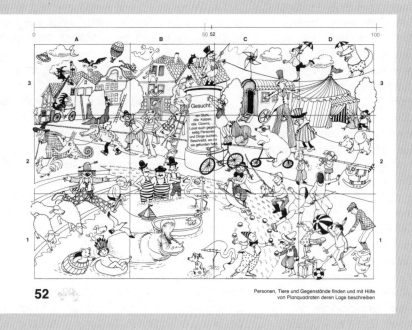

Planquadrate verwenden, um Personen, Tiere oder Gegenstände auf einem Wimmelbild zu entdecken bzw. zu verorten; Planquadrate als Hilfsmittel für Ortsbeschreibungen erkennen.

Gegebenenfalls benötigen die Kinder für die Notation ihrer Entdeckungen das Heft.

Diese Schulbuchseite stellt eine Fortsetzung bzw. Variation der vorangehenden Schulbuchseite dar. Das Problem der Planquadrate wurde dort bereits angesprochen und wird hier nun in umgekehrter Weise aufgenommen. In Partnerarbeit oder in Gruppenarbeit sollten verschiedene Objekte gefunden werden. Dies kann einmal dadurch geschehen, dass
– ein Schüler ein Tier, eine Person oder einen Gegenstand nennt, der von den anderen auf dem Bild gefunden werden muss und dessen Ortsangabe über die Planquadratbezeichnungen erfolgen sollte;
– Objekte oder Tiere benannt sind, die in ver-

Zu Seite 52

schiedenen Planquadraten vorkommen; hierfür ist es dann notwendig, die unterschiedlichen Benennungen anzugeben und diese auch vollständig;

– Nennungen von Planquadraten vorzunehmen, die ein gleiches Tier/Person/Objekt enthalten; dieses Objekt muss dann benannt werden.

Die Kinder sollten sehr frei in ihren Beschreibungen, der Auswahl der Objekte etc. sein.

Hierfür sind keine Arbeitsblätter vorgesehen.

Kinder mit einer gestörten Figur-Grund-Diskriminationsfähigkeit können hier Schwierigkeiten aufweisen. Es gelingt ihnen dann nicht, aus dem Wimmelbild einzelne Figuren in den Vordergrund treten zu lassen. Möglicherweise fällt es ihnen schon schwer, einzelne Figuren in diesem Strich-Wirrwarr zu erkennen.

Dies hebt sie deutlich ab von den anderen Kindern, die sich sehr gerne und intensiv mit solchen Wimmelbildern befassen. Üblicherweise sind dann allerdings auch Auffälligkeiten im Kunstunterricht zu bemerken. Zur Förderung können standardisierte Verfahren angewendet werden, beispielsweise Teile aus dem Frostig-Programm zur visuellen Wahrnehmung, es können allerdings auch ähnliche Bilder wie dieses verwendet werden, dann allerdings in vereinfachter Form.

Anders charakterisieren sich Störungen der Raumorientierung. Diese Kinder fallen dann dadurch auf, dass sie die Objekte zwar erkennen, aber eine falsche Raum-Lage-Bezeichnung wählen oder die Wegbeschreibung auf dem Stadtplan fehlerhaft vornehmen. Eine genauere und detaillierte Beobachtung der Fehllösungen führt dann aber zu den richtigen Fördermaßnahmen.

Zu Seite 53

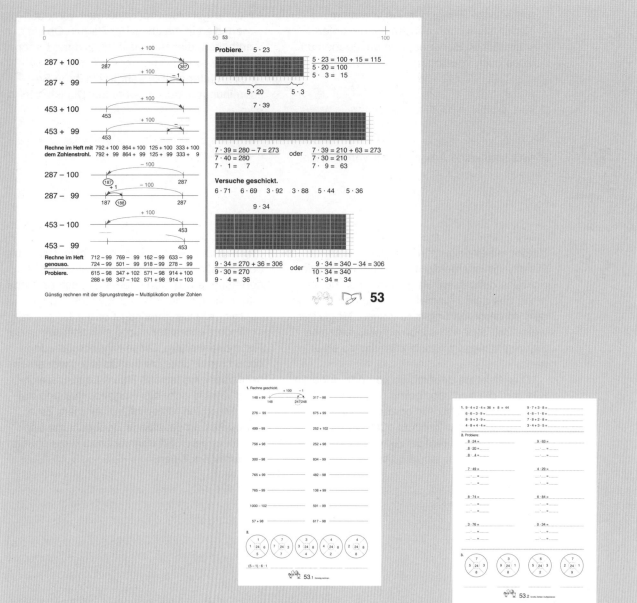

Additions- und Subtraktionsaufgaben günstig mit der Sprungstrategie lösen; verschiedene Strategien zur Lösung von Multiplikationsaufgaben mit großen Zahlen finden.

Die Aufgaben der Schulbuchseite müssen im Heft gelöst werden.

Zur Einführung sollte eine kurze Übungsphase mit Additions- und Subtraktionsaufgaben stehen, die stellengerechtes Rechnen zum Inhalt hat. Hierbei eignen sich wiederum Aufgaben, bei denen zu oder von einer dreistelligen Zahl Einer, Zehner oder Hunderter addiert bzw. subtrahiert werden müssen.

Die zweite Aufgabe der Schulbuchseite kann als Ausgangspunkt für eine Plenumsdiskussion dienen. 287 + 99: wie kann man das berechnen? Es wird erwartet, dass von den Kindern lediglich die beiden Strategien 287 + 100 − 1 oder 287 + 90 + 9 verwendet werden. Das stellenweise Rechnen dürfte für

ZU SEITE 53

diese Kopfrechenaufgabe zu schwierig sein. Es wird empfohlen, verschiedene leere Zahlenstrahle an der Tafel zu haben, an denen die Kinder ihre jeweilige Lösungsstrategie darstellen und erklären können.

Die Aufgaben der Schulbuchseite (linke Spalte) sollten von den Kindern im Heft gelöst werden. Es ist hierbei zu beachten, dass die Kinder tatsächlich die Sprungstrategie durchführen, da sie sich bei Zahlen, die nah am Hunderter liegen, als günstig erweist. Hierbei ist auch darauf Wert zu legen, dass die entsprechenden Darstellungen am Zahlenstrahl im Heft durchgeführt werden.

Die Aufgabe der zweiten Spalte sollte ebenfalls zuerst als Problem gestellt werden. Wie löst man die Aufgabe 5 · 23? Das schrittweise Vorgehen ist hierbei naheliegend: 5 · 20 + 5 · 3, wobei das Distributivgesetz der Multiplikation über die Addition verwendet wird.

Ebenfalls im Plenum sollte die Aufgabe 7 · 39 gestellt werden, bevor sie auf der Schulbuchseite bearbeitet wird. Hier gibt es zwei unterschiedliche Lösungswege, die im Schulbuch angegeben sind. Der erste Weg, 7 · 39 = 7 · 40 -7 · 1, hängt eng mit der Sprungstrategie für Addition und Subtraktion zusammen. Durch die vorangehende Unterrichtsphase wird diese Strategie auch nahegelegt. Die zweite Strategie 7 · 39 = 7 · 30 + 7 · 9 ist ebenfalls möglich und für andere Zahlenkombinationen auch günstig. Beide Strategien sollten zu diesem Zeitpunkt noch als gleichwertig angesehen werden. Eine Ausdifferenzierung für verschiedene Zahlenkombinationen wird sich erst im Laufe der Lernbiografie der Kinder einstellen. Es handelt sich dann um eine Flexibilisierung der Rechenstrategien in Abhängigkeit von den vorgegebenen Zahlen.

Auch das dritte Beispiel lässt zwei verschiedene Lösungswege zu: 9 · 34 = 9 · 30 + 9 · 4 oder 9 · 34 = 10 · 34 − 1 · 34. Die letzte Strategie entspricht wieder der Sprungstrategie bei Addition/Subtraktion.

Die Erfahrung zeigt, dass es sich sehr günstig auswirkt, wenn die Kinder sehr frühzeitig mit diesen Rechenstrategien in Kontakt kommen und sie erproben. Sie müssen hierzu vielfältige Erfahrung sammeln, bevor sie selbst eine Bewertung vornehmen, eine eigene Entscheidung über den eigenen Lösungsweg treffen können.

53.1 verlangt von den Kindern, geschickt zu rechnen. Die vorgegebenen Zahlenkombinationen legen es nahe, die Sprungstrategie vorzunehmen. Sie erleichtert in hohem Maße das Kopfrechnen.

Die Aufgabe 2 ist eine Variation der Zahlenscheiben, wobei jetzt immer die Zielzahl 24 erzielt werden muss. Es ist hierbei zu beachten, dass sämtliche vier Grundrechenarten und geschickte Klammersetzung von Nöten sind. Die Aufgaben sind nicht einfach, durch Experimentieren mit den Zahlen sollten die Kinder aber auf die richtige Lösung kommen.
53.2 nimmt die Multiplikation mit großen Zahlen auf. Zur Einführung werden allerdings gemischte Aufgaben aus dem Kleinen Einmaleins mit Addition und Subtraktion verwendet. Die Aufgabe 2 lässt den Kindern verschiedene Lösungsstrategien zu, es ist von der Lehrperson zu registrieren, für welche Lösungsstrategie sich die Kinder entscheiden.

Aufgabe 3 ist eine Fortsetzung der Zielscheibenprobleme.

Untersuchungen haben gezeigt, dass eine wiederholte und über einen längeren Zeitraum sich hinziehende Beschäftigung mit diesem Format, das dem „Spiel 24" entspricht, für die Entwicklung flexiblen Denkens und flexiblen Umgangs mit Zahlen förderlich ist.

Schwierigkeiten bei der Multiplikation mit großen Zahlen sind nur bei jenen Kindern zu beobachten, die noch Schwierigkeiten im Kleinen Einmaleins bzw. in der Multiplikation mit Zehnerzahlen besitzen (was sich aber meist als Schwierigkeiten mit dem Kleinen Einmaleins herausstellt). Es ist zu überlegen, ob in solchen Fällen nicht elterliche Hilfe hinzutreten muss. Es erweist sich in der Regel als wenig förderlich, wenn einmal in der Woche für eine Stunde (Förderstunde) das Einmaleins geübt wird, da dies nur eine punktuelle Maßnahme darstellt. Automatisierungen werden am besten durch ständiges Wiederholen erreicht. Üben die Eltern jeden Tag in sehr kurzen Phasen mit dem Kind, dann ist der Erfolg wesentlich größer, als er in einer Förderstunde erreicht werden kann.

Zu Seite 54

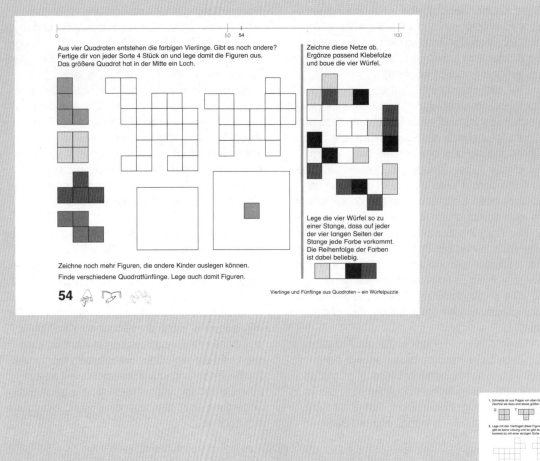

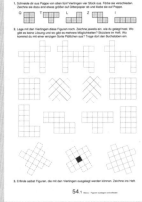

Quadratvierlinge und -fünflinge erstellen und damit Formen auslegen, Würfelnetze untersuchen, Würfel bauen.

Die Kinder benötigen ein kleines Notizzettel-Quadrat, aus dem sie die Vierlinge ausschneiden können; hierfür ist eine Schere notwendig; einige Kinder werden statt der ausgeschnittenen Quadrate direkt zum Ausmalen übergehen wollen, sie benötigen hierfür Buntstifte; es ist auch möglich, die Figuren direkt in das Heft zu übertragen.

Es ist empfehlenswert, wenn die Kinder aus Papier die Quadratvierlinge ausschneiden und durchaus zur besseren Unterscheidung auch einfärben. Die vorgegebenen Figuren sollten entweder in das Heft übertragen (Vorsicht: sehr genaues Arbeiten ist erforderlich!) oder die Aufgaben auf der Schulbuchseite gelegt werden. Günstiger ist allerdings die Darstellung im Heft, da sie dokumentarischen Charakter hat und verschiedene Lösungsmöglichkeiten offen lässt, die miteinander verglichen werden können.

Für die unteren beiden Quadrate, bei denen das größere ein inneres Loch besitzt,

Zu Seite 54

müssen sich die Kinder zuerst das Raster überlegen und in das Heft übertragen.

Es ist wünschenswert, wenn mit eigenen Figuren, die sich mit Hilfe der Quadratvierlinge auslegen lassen, ein Klassenplakat erstellt wird. Die verschiedene Farbgebung führt zu sehr interessanten Figuren.

Die Netze für die Quadratsechslinge, aus denen Würfel gebaut werden, sind abzuzeichnen. Hierbei sollte eher härteres Papier (dünne Pappe) verwendet werden. Außerdem müssen sich die Kinder vorab überlegen, an welchen Stellen der Würfel zusammengeklebt werden muss, um entsprechende Klebefalze zu ergänzen. Dies verlangt von ihnen vorab, den Quadratsechsling in der Vorstellung zu einem Würfel zu falten.

Der zweite Teil der Aufgabe ist kombinatorischer Art, der durch Experimentieren gelöst werden kann. Hierbei können sich die Kinder auch andere Regeln überlegen (z.B. dürfen nur zwei Farben alternierend vorkommen).

54.1 setzt dies fort. Hierbei müssen aus Pappe jeweils 4 der 5 Vierlinge ausgeschnitten und verschieden eingefärbt werden. Die nachstehenden Figuren sollten dann auf dem Arbeitsblatt ausgelegt werden. Hierbei sind durchaus unterschiedliche Lösungen möglich, die in einer eigen gewählten Notationsform im Heft zu skizzieren sind. Es sind auch Entscheidungen darüber zu treffen, welche Figur mit nur einem einzigen Plättchentyp ausgelegt werden kann. Auch hier wieder sollten eigene Figuren erfunden werden, die sich mit Hilfe der Quadratvierlinge auslegen lassen.

Schwierigkeiten sind bei diesen sehr selbstständig gesteuerten Aktivitäten nicht zu erwarten. Bei einigen Kindern können allerdings Schwierigkeiten beobachtbar sein, in der Vorstellung aus dem Quadratsechsling einen Würfel zu falten.

Es könnte bei diesen Kindern förderlich sein, mit sämtlichen Quadratsechslingen zu arbeiten (diese finden sich in dem „Handbuch für den Geometrieunterricht" von Radatz & Rickmeyer). Die Kinder sollten hierbei vorab entscheiden, welcher Quadratsechsling sich zu einem Würfel falten lässt. Als weitere, gesteigerte Schwierigkeit käme dann hinzu zu entscheiden, wo die Oberfläche liegt, wenn ein bestimmtes Quadrat als Unterfläche angegeben ist.

Zu Seite 55

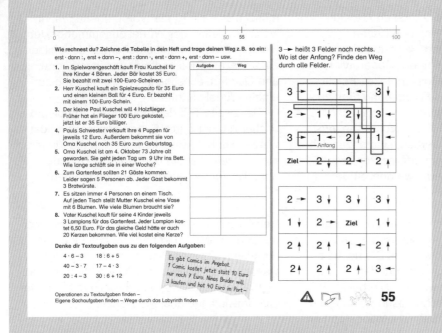

Textaufgaben lösen, indem die notwendigen Operationen bestimmt werden; zu vorgegebenen Rechnungen eigene Sachaufgaben finden; rückwärtiges Vorgehen bei einem Weg durch das Labyrinth; Fehler bei Textaufgaben finden, d.h. unlösbare Textaufgaben aufspüren.

Die Tabellen für die Textaufgabe müssen in das Heft übertragen werden, die selbst gefundenen Sachaufgaben sollten ebenfalls als Textform übertragen werden. Diese können auch auf Notizzettel geschrieben werden, die dann hinterher zu den jeweiligen Aufgaben gesammelt werden.

Die Tabelle mit Aufgabe und Weg sollte in das Heft übertragen werden; eine Übertragung der Textaufgaben erscheint uns nicht notwendig.

Für jede Aufgabe müssen die Kinder bestimmen, welchen Rechenweg sie beschreiten wollen, d. h. insbesondere, dass zuerst die rechte Spalte der Tabelle ausgefüllt wird, dann anschließend die linke. Die rechte Spalte erscheint uns als bedeutsamer, wohingegen eine genaue Notationsform manchen Kindern noch nicht fehlerfrei gelingen wird. Dies gilt insbesondere für Aufgaben, die eine Klammerrechnung verlangen.

Darüber hinaus müssen die Kinder eine

Zu Seite 55

Entscheidung treffen, ob eine Textaufgabe überhaupt lösbar ist, ob eine Rechnung durchgeführt werden kann. So ist z.B. die Aufgabe 7 nicht lösbar.

In einem zweiten Schritt sollten zu den vorgegebenen Rechnungen Textaufgaben konstruiert werden. Es handelt sich um komplexe Aufgaben, die die Kreativität der Kinder in hohem Maße fordert, aber ebenso das Verbinden von schlichten Rechnungen, die in symbolischer Form vorliegen, mit Handlungsvorstellungen. Die Rechnungen selbst sind sehr einfacher Art, da dies nicht der Gegenstand der Unterrichtseinheit ist. Vielmehr geht es darum, unterschiedliche Repräsentationsformen für einen Sachverhalt zu finden. Der Übergang von Texten zu arithmetischen Gleichungen stellt schon eine hohe Schwierigkeit, der umgekehrte Vorgang erscheint uns noch schwieriger. Aus diesem Grunde sollte er mit steigendem Schwierigkeitsgrad auch immer wieder geübt werden. Es erscheint nicht sinnvoll, lediglich auf der arithmetischen, symbolischen Ebene Rechnungen durchführen zu können, wenn sie nicht mit Alltagsvorstellungen verbunden werden. Der ausgeschnittene „Notizzettel" bezieht sich auf die Aufgabe 40 – 3 · 7. Er dient als Beispiel dafür, wie das Vorgehen gemeint ist.

In diagnostischer Hinsicht ist diese Aufgabenstellung höchst bedeutsam, zeigt sie doch, welche Vorstellungen Kinder mit den Rechenoperationen verbinden.

Die dritte Aufgabe (rechte Spalte) verlangt von den Kindern, rückwärts vorzugehen. Ein Vorgehen vorwärts wird nicht immer zum Ziele führen, da es den Kindern wohl nur per Zufall gelingen kann, auf Anhieb das richtige Startfeld zu treffen.

Hierbei sind unterschiedliche Vorgehensweisen der Kinder zu beobachten:
– bei einem beliebigen Feld beginnend den Pfeilen zu folgen, bis man am Ziel angelangt ist,
– zu versuchen, die verbleibenden Felder in gleicher Weise, miteinander zu verbinden,
– rückwärts von dem Zielfeld aus zu gehen und sich zu überlegen, wie dieses hat erreicht werden können. Von jenem Feld dann in gleicher Weise Schritt für Schritt rückwärts sich vorzuarbeiten bis zum Startfeld.

55.1 nimmt die Verbindung Textaufgaben-Rechenweg erneut auf. Es ist jeweils nur zu entscheiden, wie gerechnet werden soll, die Rechnung selbst ist nicht auszuführen. Das tatsächliche Ausführen der Rechnung kann leistungsstarken, schnellen Kindern überlassen bleiben.

Die zweite Aufgabe nimmt das Rückwärtsvorgehen bei Labyrinthaufgaben auf; Aufgabe 3 verlangt von den Kindern wiederum, passende Sachkontexte zu vorgegebenen arithmetischen Ausdrücken zu finden. Auch dies kann wieder gesammelt und zu einem Klassenplakat gefügt werden.

Wir erwarten durchaus Schwierigkeiten bei der Umsetzung arithmetischer Terme in Textaufgaben. Dieses stellt keinen Grund dar, diesen Aufgabentyp zu vermeiden, im Gegenteil. Haben Kinder hierbei gravierende Schwierigkeiten, so sollten ähnliche Aufgaben mit sehr viel einfacheren arithmetischen Termen verwendet werden. Was fällt als Textaufgabe ein zu der Aufgabe 4 · 6 oder 21 – 5 oder 44 : 4?

In Förderstunden kann auch versucht werden, ob Kinder zu Textaufgaben, die sie nicht lösen können, Bilder malen, um so einen Zwischenschritt zwischen Text und arithmetischem Term einzufügen.

Prinzipiell stellt die Übersetzungsleistung zwischen den vier verschiedenen, im Mathematikunterricht verwendeten Repräsentationsebenen „arithmetisches Symbol" – „bildhafte Darstellung" – „Text" – „Handlung" einen eigenen Unterrichtsgegenstand dar. Die jeweiligen Übersetzungen sind notwendig, um im Kopf des Kindes geeignete Prototypen für arithmetische Operationen zu entwickeln.

Zu Seite 56

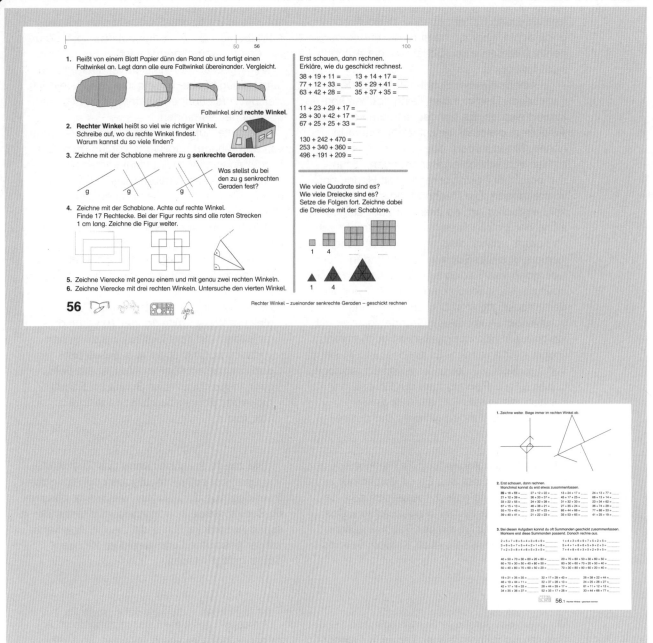

Mit dem rechten Winkel umgehen; zueinander senkrechte Geraden konstruieren; geschickt rechnen.

Für die Fortsetzung der Aufgaben und der geometrisch-arithmetischen Folgen sowie die Übertragung der Parallelen/Senkrechten benötigen die Kinder das Heft sowie die Schablone.

Da wiederum arithmetische wie geometrische Inhalte Gegenstand des Unterrichts sind, kann auf eine einführende Übungsphase verzichtet werden.

Wir regen an, dass die Kinder von einem Blatt Papier den Rand in sehr ungeordnete Weise abreißen. Anschließend sollte dieses Reststück einmal gefaltet werden, anschließend noch einmal, so dass der erste Falz auf sich selbst zu liegen kommt. Hierbei entsteht ein rechter Winkel.

Die Kinder sollten mit diesem Faltwinkel möglichst viele verschiedene Winkel ihrer Umgebung messen. Welche Winkel sind genau

Zu Seite 56

so groß wie dieser von uns gefaltete Winkel?

Rechte Winkel lassen sich an Heften, Büchern, Tischen, Schränken, Wänden, Fußboden etc. finden.

Ebenso interessant ist die Frage, wo es keine rechte Winkel gibt (dies ist im Alltag schon schwieriger zu finden). Darüber hinaus gibt es abgerundete Winkel, die, würden sie verlängert, rechte Winkel wären (Beispiel Schultornister, Mäppchen etc.).

Insbesondere sind rechte Winkel an der Schablone (bzw. Geodreieck) zu finden. Mit Hilfe dieser Arbeitsmittel, die einen praktischen Vorzug gegenüber dem Faltwinkel haben, sollten Kinder senkrechte Gerade zu einer gegebenen Gerade zeichnen. Sie werden hierbei feststellen, dass diese zu einer geraden senkrechten Geraden zueinander parallel sind.

Die Illustration des Hauses im Schulbuch wirkt auch für Kinder überraschend oder belustigend, da sie keine rechten Winkel an den Stellen enthält, wo eigentlich welche sein müssten. Die Kinder können in ihr Heft ein „ordentliches Haus" übertragen, sie können aber auch Objekte zeichnen, die statt der rechten Winkel schiefe Winkel haben und deshalb märchenhaft oder belustigend aussehen. Allerdings sollten sie auch diese Zeichnungen mit der Schablone bzw. dem Geodreieck durchführen. Bei der Aufgabe 4 müssen die Kinder darauf achten, dass die rechten Winkel richtig gezeichnet werden. Die Figuren müssen sie in ihr Heft übertragen. Die von ihnen gefundenen Rechtecke sollten sie mit Bleistift markieren.

Die Figur der aneinandergereihten rechtwinkligen Dreiecke ergibt die „Wurzelspirale". Fangen die Kinder mit einem Dreieck an, dessen senkrecht aufeinander stehende Seiten 1 cm lang sind, dann ist die lange Seite (Hypothenuse) Wurzel aus 2 cm lang, bei dem nächsten Dreieck aufgrund des Satzes von Pythagoras Wurzel aus 3, dann Wurzel aus 4, Wurzel aus 5 etc.

Die Aufgaben 5 und 6 der Schulbuchseite sind offene Aufgaben. Es wird sicherlich sehr unterschiedliche Vierecke geben, die genau einen rechten Winkel haben, schwieriger wird es möglicherweise, wenn die Kinder versuchen, Vierecke zu konstruieren, bei denen die gegenüberliegenden Winkel rechte Winkel sind. Es ergeben sich dann Drachen. Üblicherweise werden die Kinder aber Trapeze finden. Es sollte hierbei durchaus eine Diskussion über die Verschiedenartigkeit der Vierecke entstehen.

Vierecke mit drei rechten Winkeln zu zeichnen führt natürlich auf Rechtecke, da der vierte Winkel dann auch ein rechter Winkel sein muss. Dies sollten die Kinder aber mit ihrer Schablone überprüfen, eine Beweisidee hierzu werden sie wohl kaum entwickeln können.

Die arithmetischen Aufgaben auf der rechten Spalte der Schulbuchseite sind in das Heft zu übertragen. Hierbei sollten die Kinder angehalten sein zu versuchen, geschickt zu rechnen. Jeweils zwei Summanden lassen sich immer geschickt zusammenfassen, was dazu führt, dass die Aufgaben im Kopf leicht und schnell gelöst werden können.

Die Folge der Quadrate bzw. Dreiecke kam schon mehrfach vor, wird hier aber in einem engeren geometrischen Zusammenhang gestellt. Es ergibt sich wiederum die Folge der Quadratzahlen. Die Kinder sollten sowohl den zeichnerisch-geometrischen Aspekt wie den arithmetischen Aspekt im Heft verfolgen.

56.1 nimmt die Konstruktion der rechten Winkel mit Hilfe der Schablone auf. In welcher Form die Kinder die rechten Winkel weiter zeichnen, d. h. wo sie abknicken wollen, bleibt ihnen überlassen. Die nächsten beiden Aufgaben verlangen wiederum von den Kindern, zuerst jene Summanden aufzusuchen, die sich für eine Rechnung geschickt zusammenfassen lassen. Sie sollten dies mit Farbstiften markieren, bevor sie an die Ausrechnung gehen. Möglicherweise kommt es hierbei zu sehr unterschiedlichen Lösungen der Kinder, aus diesem Grunde sollten die Ergebnisse mit den Partnern verglichen werden.

Wir erwarten weder Schwierigkeiten bei dem Umgang mit der Schablone, dem Zeichnen rechter Winkel noch dem Zusammenfassen von Summanden zum geschickten Rechnen.

Allerdings werden die Kinder sehr unterschiedlich weit bei der Konstruktion der Wurzelspirale als auch der geometrischen Quadratzahlfolgen vordringen. Dies muss nicht unbedingt als Hinweis für die Leistungsfähigkeit gewertet werden, hier treten häufig emotionale, motivationale Aspekte stärker in den Vordergrund.

Zu Seite 57

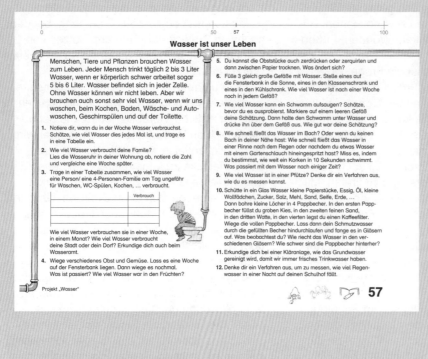

Das Projekt „Wasser ist unser Leben"; Erfahrungen mit dem Stoff „Wasser" sammeln, Informationen zum Thema einholen, auswerten und Rechnungen damit durchführen, um Fragen zu beantworten.

Die Schüler benötigen für das Projekt das Heft.

Bei dieser Unterrichtseinheit sollte kein Übungsteil vorangestellt werden, sondern es sollte direkt mit dem Projekt begonnen werden.

Allerdings schlagen wir vor, dass dieses Thema mit eingebettet wird in den muttersprachlichen Unterricht und den Sachunterricht.

Die verschiedenen Aufgaben, die auf der Schulbuchseite angegeben sind, stellen lediglich Hinweise dar, in welcher Weise dieses Projekt von verschiedenen Gruppen bearbeitet werden kann.

Ziel ist es in jedem Fall, dass ein gemeinschaftliches Produkt entsteht. Wie dieses aus-

Zu Seite 57

zusehen hat, sollte die Klasse vorab entscheiden. Es könnte ein Buch über „Wasser in unserem Leben" entstehen, das verschiedene Kapitel erhält, die von den einzelnen Gruppen bearbeitet werden. Es kann eine informative Aufstellung entstehen, zu der auch andere Klassen oder Eltern eingeladen werden. Es kann auch lediglich ein großes Plakat entstehen, in der die verschiedenen Informationen, die von den Kindern gesammelt wurden, aufgehängt sind.

Wir legen sehr viel Wert darauf, dass die Kinder experimentell vorgehen und (dieses ist dann der mathematische Aspekt dieses Projektes) ihre Versuchsergebnisse in Form von Daten sammeln und in Tabellen bzw. Diagrammen darstellen.

Darüber hinaus sollten die Kinder sich Gedanken machen, wie man überhaupt zu bestimmten Daten kommt. Das Ausdenken einer Versuchsanordnung, z. B. bei Aufgabe 12, ist ein eigener Lerngegenstand. Hier könnte, wie es auch tatsächlich bei der Messung von Niederschlag geschieht, das Wasser in einem bestimmten, leicht messbaren Bereich gesammelt werden (etwa durch einen großen Trichter oder einen verlängerten Trichter).

Einige der Versuche ziehen sich über einen längeren Zeitraum hin, hier können tägliche Messungen veranstaltet werden, etwa bei dem Austrocknen von Obst oder Gemüse.

Wesentlich ist es, dass die Kinder ein Gespür dafür erhalten, in welch vielfältiger Weise Wasser von uns im täglichen Leben benutzt wird. Aus dem gleichen Grunde sollten sie solche Handlungen in einer langen Liste benennen, die Wasser verbrauchen.

Die Kinder sollten animiert werden, sich zusätzliche Informationsquellen zu erschließen wie Bücher, statistische Handbücher, Lexika, Internet. Dies wird dazu führen, dass die Kinder mit Zahlen operieren wollen (und meist auch werden), die den Zahlenraum bis 1000 überschreiten. Wir halten dies durchaus für erwünscht, ohne dass es natürlich forciert werden muss. Es erscheint uns allerdings eine sehr künstliche Grenze, den Zahlenraum in der 3. Klasse auf 1000 niedrig zu halten. Zumindest werden Kinder versuchen, auch mit größeren Zahlen zu operieren.

Hierfür sind keine Arbeitsblätter vorgesehen.

Es werden keine Schwierigkeiten erwartet, da die Gruppenarbeit im Vordergrund steht. Allerdings sollte der Tatsache Rechnung getragen werden, dass nicht alle Schüler gleich leistungsstark sind und daher möglicherweise in der Gruppenarbeit unterschiedliche Arbeitstempi und -kompetenzen beobachtet werden. Wie hiermit umgegangen wird, muss die Lehrperson für sich entscheiden.

Zu Seite 58

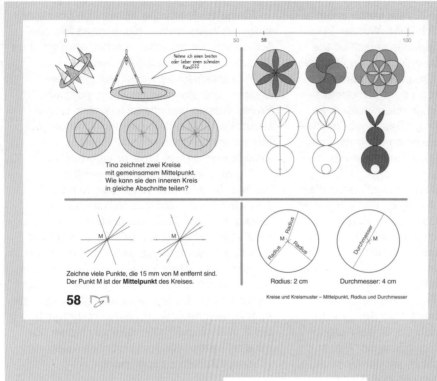

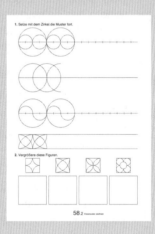

Kreise und Kreismuster mit dem Zirkel malen, die Begriffe Radius und Durchmesser sowie Mittelpunkt kennen lernen und bei Zeichnungen benutzen.

Für die Darstellung der geometrischen Figuren benötigen die Kinder das Heft, besser allerdings unlinierte Papierblätter. Darüber hinaus benötigen sie den Zirkel und die Schablone; für das Erstellen ästhetisch ansprechender Muster sind Buntstifte günstig.

Um den Kinder möglichst viel Raum zum geometrischen Experimentieren zu lassen, sollte keine Übungseinheit vorangestellt werden. Wird dies dennoch gewünscht, dann schlagen wir vor, Übungen zum Verdoppeln und Halbieren zu machen, da diese in engem Zusammenhang mit den geometrischen Begriffen Radius – Durchmesser stehen.
In einer ersten Vorübung sollten die Kinder versuchen, konzentrische Kreise zu malen, d. h. Kreise mit gemeinsamem Mittelpunkt aber unterschiedlichem Radius. Dies dient der sicheren Handhabung des Zirkels. Es ist keineswegs gesichert, dass alle Kinder der

Zu Seite 58

Klasse über die feinmotorischen Fähigkeiten verfügen, einen Zirkel mit der Spitze immer an der gleichen Stelle stecken zu lassen, wenn der Kreis gezogen wird. Hier sollte das unterschiedliche Halten des Zirkel beim Kreisschlagen besprochen werden. Einige Kinder werden den Zirkel schräg halten, so dass er alleine seinen Kreis zieht, andere werden versuchen, die Bleistiftspitze des Zirkel aufzudrücken, was dann häufig zu unnötigen Verschiebungen des Mittelpunktes führt.

Wir schlagen aus diesem Grunde dieses Zeichnen konzentrischer Kreise vor, wobei jeder Einzelkreis ohne zusätzliches Aufdrücken, lediglich Halten und Drehen an der Zirkelgabel mehrmals geschlagen wird. Hierbei müssen die Einzelkreise aufeinander liegen (auch dies verstehen wir als Methodentraining).

In einem nächsten Schritt sollte dieses Malen konzentrischer Kreise für die Konstruktion von Objekten verwendet werden. Malt man die Kreise auf Pappe, dann lässt sich der innere Kreis ausschneiden und man erhält eine Kreisscheibe.

Die auf der Schulbuchseite vorgeschlagene Methode beinhaltet aber, den inneren Kreis zu halbieren, zu vierteln, dann zu achteln. Hier können sich die Kinder darüber Gedanken machen, wie diese Unterteilungen vonstatten gehen können, damit sie möglichst genau sind, und wie weit sie die Einteilung reichen lassen wollen.

In einem zweiten Schritt sollte eine Sechsteilung des Kreises vorgenommen werden. Die erreicht das Kind leicht, indem es, den Radius des mittleren Kreises abgreifend, an dessen Rand entlang geht. Die Kinder kennen dieses Vorgehen vom Malen der sechsblättrigen Blumen am Kreis. Auch hier können wieder Verfeinerungen vorgenommen werden, d.h. der Kreis kann gezwölftet oder gevierundzwanzigstelt werden. Das Flugobjekt mit den aufgestellten Zacken sollte von den Kindern ausprobiert werden.

Die Objekte in der rechten Spalte oben sollten von den Kindern auf das Heft übertragen werden. Sie dienen als Ausgangspunkt für weitere, eigenständig kreativ entwickelte Figuren. Diese Konstruktionen werden im Laufe der folgenden Schuljahre immer weiter verfeinert, bis weit in die Sekundarstufe hinein. Sie führen auf gotisches Maßwerk oder auf Darstellungen in der Physik zurück.

Während bislang ein Kreis prototypisch für die Kinder dadurch definiert war, dass er mit dem Zirkel gemalt wird, wird im unteren Teil der Schulbuchseite eine andere „Definition" nahegelegt. Von einem Mittelpunkt aus sind Geraden gezeichnet und die Kinder sollten mit Hilfe des Lineals bzw. der Schablone von diesem Mittelpunkt jeweils 15 mm abmessen. Die Punkte, die dann auf den Geraden entstehen, bilden, verbindet man sie geeignet, einen Kreis.

Wir schlagen vor, dass die Bilder und die sprachliche Definition von Radius bzw. Durchmesser in der Klasse hängen. Es handelt sich um notwendige sprachliche Begriffe, die für die Verständigung untereinander notwendig sind.

Das Arbeitsblatt **58.1** setzt die Zeichnungen mit der Schablone und die Herstellung von geeigneten Objekten fort.

Dies tut ebenso, in nun allerdings schwieriger Form, das Arbeitsblatt **58.2**. Die Kreismuster, die hierbei gezeichnet werden müssen, sind nun keineswegs trivial. Insbesondere muss bei einigen Darstellungen zuerst der Mittelpunkt des Kreises oder Kreisausschnittes gefunden werden.

Wir erwarten bestenfalls feinmotorische Schwierigkeiten bei einigen Kindern im Umgang mit dem Zirkel. Dies kann aber durch gezielte Übungen (Methodentraining!) ausgeglichen werden.

Zu Seite 59

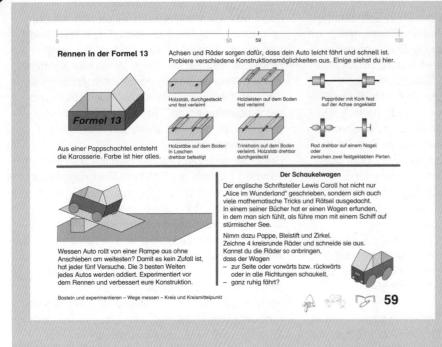

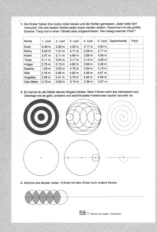

Basteln und experimentieren, geometrische Formen ausprobieren; Wege messen; Kreis und Mittelpunkt für Alltagsprobleme nutzen.

Die Kinder benötigen das Zentimetermaß, Pappe, Zirkel, Schablone und das Heft, um die mit ihren Wagen zurückgelegte Wegstrecke zu notieren.

Da es sich wieder um ein kleineres Projekt handelt, sollte auf eine einführende Kopfgeometrie- oder Kopfrechenübung verzichtet werden.

Thema der Stunde ist das Experimentieren mit verschiedenen Bauformen für „Rennwagen", Achsentypen und Räderkonstruktionen.

Es wird vorgeschlagen, dass die Gruppen sich auf unterschiedliche Konstruktionen für die Achsen einigen. Anschließend sollten sie verschiedene Radtypen ausprobieren.

Ein „Renn-Parcours" sollte von den Kindern konstruiert werden. Es liegt in der Natur der Sache, dass insbesondere Jungen meist zu

Zu Seite 59

sehr steilen, gefährlichen Bahnen neigen, quasi zu Abschussrampen. Dies sollte ihnen durchaus gestattet werden im Sinne eines Experimentierens.

Wesentlich scheint es aber, dass die Kinder die verschiedenen Wagen ausprobieren und messen, wie weit die Wagen fahren. Hierbei müssen sie mit dem Zentimetermaß bzw. dem Meterbandmaß die Länge abmessen. Dies macht gegebenenfalls Millimeter-Einheiten notwendig. Darüber hinaus müssen die Kinder sich darüber einigen, welcher Punkt des Fahrzeugs als Messpunkt dient:
– die vorderste Stelle des Wagens,
– die Vorderachse,
– die Hinterachse,
– der hinterste Punkt des Wagens.

Die Idee des Schaukelwagens, die auf Lewis Caroll zurückreicht, führt dazu, dass die Kinder die Räder nicht an ihrem Mittelpunkt, sondern an einer anderen Kreisstelle an der Achse befestigen. Geschieht dies symmetrisch an einer Achse, dann entsteht eine Schaukelbewegung von vorne nach hinten. Geschieht dies symmetrisch an einer Seite, dann entsteht eine Schaukelbewegung von rechts nach links des Gefährtes.

Geschieht die Räderaufhängung nicht am Mittelpunkt, allerdings in gleicher Weise an allen vier Rädern, dann führt dies zu einer Auf- und Abbewegung des Wagens. Nur wenn der Mittelpunkt für die Radaufhängung gewählt wird, führt es zu einer ganz ruhigen Fahrt.

Hier muss sehr viel von den Kindern experimentierte werden. Wir schlagen vor, dass die Kinder angehalten sind, sehr genau ihre jeweilige Konstruktion zu beschreiben, diese schriftlich zu fixieren und mit entsprechenden Beobachtungen über die Bewegung des Fahrzeugs zu ergänzen.

59.1 nimmt das Rechnen mit Längen wieder auf. Hierbei handelt es sich um Summen mehrerer Zahlen. Dies stellt möglicherweise für die Kinder erst einmal ein Problem dar, das schrittweise abgearbeitet werden muss. Sie sollten allerdings mit diesem Problem bereits hier konfrontiert werden, um eigenen Lösungswege auszuprobieren und zu entwickeln. Das Thema der Summation mehrerer Zahlen wird auf Seite 69 wieder aufgenommen.

Der zweite Teil des Arbeitsblattes behandelt die Konstruktion von Figuren mit Hilfe des Zirkels. Hierbei sind durchaus komplizierte Figuren, wie die letzte in der oberen Zeile, vorgegeben. Es handelt sich um Muster, die auch für die Gestaltung der Räder für die Rennwagen benutzt werden können.

Wir erwarten keinerlei Schwierigkeiten in diesem Unterrichtsabschnitt.

Zu Seite 60

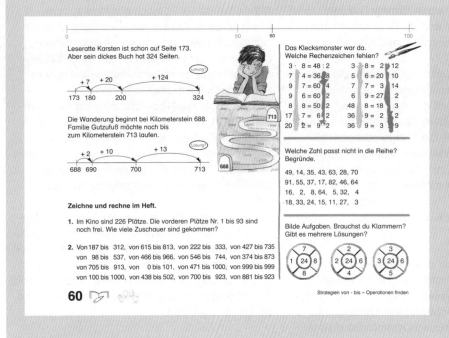

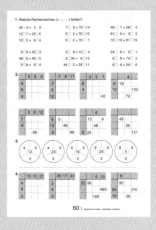

Die Strategie „von – bis"; die Subtraktion als Abstandsbestimmung; in Gleichungen fehlende Operationen finden; Zahlenfolgen untersuchen.

Für die Darstellung der Subtraktion als Entfernungsbestimmung am leeren Zahlenstrahl sowie um die arithmetischen Gleichungen zu lösen, benötigen die Kinder das Heft.

Wir stellen uns vor, dass die Stunde mit einer Kopfgeometrieübung beginnt. Um in das Thema der Abstandsbestimmung (Subtraktion) überzuleiten, empfiehlt es sich, entsprechende Übungen für Längenbestimmungen vorzunehmen. Die Kinder können die Augen geschlossen haben, sich vorstellen, sie stehen vor der Tafel, gehen zwei Schritte nach vorne, drehen sich nach rechts, gehen drei Schritte, drehen sich nach links, gehen fünf Schritte etc. Auf diese Weise wird ein Weg durch die Klasse im Kopf bei geschlossenen Augen vollzogen. Die Kinder müssen am Schluss angeben, wo sie bei diesem Weg enden.

Zu Seite 60

Treten hierbei Schwierigkeiten auf, dann sollten die Kinder diesen Weg tatsächlich einmal gehen, um durch die ausgeführten Handlungen eine entsprechende Vorstellung in der Anschauung ausbilden zu können.

Anschließend kann die Aufgabe der Schulbuchseite dafür dienen, die Strategie „von – bis" erneut zu entwickeln. Sie ist zwar den Kindern bekannt, wird hier aber auf den Tausenderraum erweitert, wiederholt und neu gefestigt.

Hierbei sollten die Schülerinnen und Schüler in Partner- oder Gruppenarbeit versuchen, eine Darstellung am Zahlenstrahl zu finden. Es sind durchaus verschiedene Lösungen denkbar, die allerdings von den jeweiligen Zahlenkombinationen abhängen. Die auf der Schulbuchseite angegebenen Zahlen legen bestimmte Strategien nahe, nämlich von der 173 bis zur 180 zu gehen, dann bis zur 200, dann in einem Sprung bis zur 324. Hier können auch Zwischenschritte, etwa bis zur 300 und dann noch 24, von den Kindern vorgenommen werden. Bei anderen Zahlenkombinationen werden durchaus neue Strategien von den Kindern entwickelt. So ist die Aufgabe „von der 524 bis zur 836" auch dadurch lösbar, dass in einem Sprung von der 524 bis zur 824 gesprungen wird, um anschließend den kleinen, übrig bleibenden Schritt zu tun.

Die Aufgaben 1 und 2 sind von den Kindern zusammen mit dem Partner zu bearbeiten. Insbesondere die Teile der Aufgabe 2, die zu unterschiedlichen Strategien führen, sollten in Partnerarbeit gelöst werden, um anschließend den Lösungsweg im Plenum darzustellen und die unterschiedlichen Lösungswege zu vergleichen.

Die Aufgabe auf der rechten Spalte oben dient dazu, den Zahlensinn, das flexible Umgehen mit Zahlenkombinationen und das Erkennen von beziehungsstiftenden Strukturen zu fördern. Hierbei müssen die Operationen gefunden werden, so dass auf beiden Seiten des Gleichheitszeichens sich die gleiche Zahl ergibt. Die Aufgaben sind in das Heft zu übertragen. Dies gilt auch für die Zahlenfolgen, bei denen Strukturen zu erkennen sind. Es handelt sich allerdings nicht nur darum, eine Regelhaftigkeit innerhalb einer Zahlenfolge zu finden, sondern auch eine Zahl, die nicht zu den anderen passt. Dies ist in der ersten Reihe die 43, weil sie, im Gegensatz zu den anderen Zahlen, nicht zur Siebenerreihe gehört. In der zweiten Reihe gehört die Zahl 17 nicht dazu, da sie nicht die Quersumme 10 hat (Begründung 1) bzw. die anderen Zahlen jeweils durch Neuner-Addition auseinander hervorgehen, beginnend bei der Zahl 37 (Begründung 2); statt der 17 hätte hier die 19 auftreten müssen.

Bei der dritten Folge gehört die 5 nicht dazu, da sie keine Zweierpotenz darstellt (2, 4, 8, 16, 32, 64).

Bei der vierten Zeile gehört die Zahl 11 nicht dazu, die anderen Zahlen gehören zur Dreierreihe.

Das Spiel 24 ist hier in einer schwierigeren Variante gestellt, allerdings werden im Laufe der Grundschulzeit noch schwierigere, den Zahlensinn weiter fordernde Aufgaben gestellt werden. Es handelt sich um eine fortschreitende Schwierigkeitsstufung über die Schuljahre hinweg.

60.1 nimmt in der ersten Aufgabe das Problem der Operationsfindung und der Zahlenbeziehungen wieder auf. Die Aufgaben 2 und 4 behandeln Multiplikationsaufgaben, wobei hier auch die Umkehraufgaben gestellt und zur Lösung des Malkreuzes notwendig sind. Aufgabe 3 ist eine Variation des „Spiel 24".
60.2 übt in der ersten Aufgabe die Subtraktionsstrategie „von – bis". Die Aufgaben 2 und 3 sind offene Aufgaben, hier können die Kinder je nach ihren Fähigkeiten unterschiedlich komplexe Zahlenpyramiden bauen. Bei der Aufgabe 3 ist auch die Zielzahl nicht vorgegeben, so dass die Kinder hier entweder in kleinere Zahlenräume, beispielsweise bis 100, zurückgehen können, sie können aber auch den Zahlenraum bis 1000 übersteigen.

Da in Gruppen gearbeitet wird, erwarten wir hierbei keine Schwierigkeiten, die einzigen Probleme könnten bei der Aufgabe der Schulbuchseite auftreten, in der nicht passende Zahlen aus einer Reihe gestrichen werden müssen. Dies verlangt von den Kindern komplexe Vergleiche zwischen den Zahlen, divergentes Denken in verschiedener Richtung hin, bis sich eine mögliche Lösung einstellt. Da aber auch diese Aufgabe in Partner- bzw. Gruppenarbeit gelöst werden sollte, müssten die Schwierigkeiten sich in kleinem Rahmen halten.

Es ist zu registrieren, welche Kinder welche Strategien bei den Abstandsaufgaben vornehmen. Nicht-optimale Strategien sollten aber nicht unbedingt gleich zu einer Fördermaßnahme führen. Die Strategieentwicklung ist ein langfristiger Prozess, er ist lediglich diagnostisch zu begleiten.

Zu Seite 61

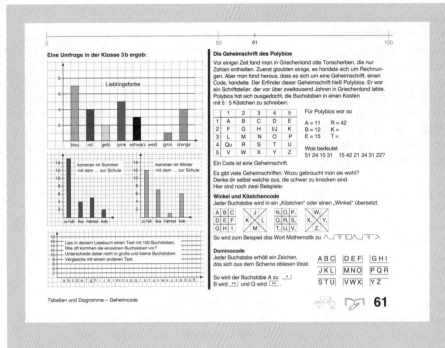

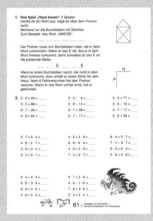

Tabellen und Diagramme lesen, Tabellen und Diagramme erstellen; weitere Erfahrungen mit Geheimcodes machen, Geheimcodes, die in der Kulturgeschichte verwendet wurden, kennen lernen, selbst Codes erfinden.

Für die Darstellung der Tabellen und Diagramme benötigen die Kinder das Heft, ebenso für das Schreiben von Texten in Geheimschrift bzw. des Entwickelns von eigenen Geheimschriften.

Die auf der Schulbuchseite angegebene Umfrage in der Klasse sollte tatsächlich durchgeführt werden. Es sollte auch hier als offenes Problem bleiben, wie die Kinder die erhobenen Daten über die Lieblingsfarben oder den Schulweg darstellen wollen.

Aufgrund der Erfahrungen mit dem Schulwerk in den vorangehenden Lernprozessen kommen die Kinder auf verschiedene Darstellungsformen: Tabellen unterschiedlichster Art, schlichte Auszählungen, Übertragung in Zahlen, Diagramme verschiedenster Art.

Die unterschiedlichen Darstellungsformen sind der eigentliche Unterrichtsgegenstand.

Zu Seite 61

Sie sollten anschließend bewertet werden bezüglich der Klarheit, die sie dem Betrachter geben. Bei welcher Darstellungsform kann man am besten ablesen, was die häufigste Lieblingsfarbe ist oder der bevorzugte Transport zur Schule?

Eine günstige Darstellungsform für die Zusammenfassung von Daten zu finden gehört mit zum Methodenrepertoire, das sich die Kinder in der Grundschulzeit aneignen sollten.

Die Aufgabe, aus dem Lesebuch einen Text mit hundert Buchstaben zu wählen und das Vorkommen der Buchstaben auszuzählen, führt zu durchaus überraschenden Ergebnissen. Die Kenntnis, welche Buchstaben innerhalb der deutschen Sprache häufig oder selten vorkommen, wird dann auf dem Arbeitsblatt wieder aufgenommen.

Die Geheimschriften sollten den Kindern gezeigt werden, sie lassen sich nicht entdecken. Allerdings sollten sie versuchen, durchaus auch längere Texte mit den verschiedenen Geheimschriften zu schreiben. Nach Einführung in diese Geheimcodes können sich die Kinder eigene Codierungen überlegen. Sie müssen lediglich darauf achten, dass jeder Buchstabe einen von den anderen getrennten Code bekommt.

Das Problem der Geheimschriften wurde bereits in den vergangenen Schuljahren auf einer einfacheren Form behandelt. Es wird hier wieder aufgenommen, um spiralförmig über die Schuljahre hinweg angereichert zu werden. Auch in der Sekundarstufe I spielen dann Geheimschriften, aber auch der Strichcode im Einzelhandel oder die Geheimzahlen bei Kredit- und Eurokarten eine Rolle. In dieser Form wird das Thema fortwährend weiterentwickelt.

Die Kenntnisse über die Wahrscheinlichkeit von Buchstaben und ihr Auftreten in der deutschen Sprache nimmt die Aufgabe 1 des Arbeitsblattes **61.1** auf. Es ist eine Variante des "Galgenmännchens", das wir aber aufgrund seiner Darstellungsform hier nicht verwenden wollen. Die Aufgabe 2 wiederholt das Kleine Einmaleins in Verbindung mit der Addition. Aufgabe 2 kann auch als Test verwendet werden.

61.2 verlangt von den Kindern, die Aufgaben in Form von Tabellen oder Diagrammen zu übertragen. Nicht immer wird eine Tabelle gebraucht, aber auch eine Entscheidung hierüber gehört mit zu den Lernzielen dieser Unterrichtseinheit.

Wir erwarten keine Schwierigkeiten bei diesen Aufgaben, da die Kinder sehr unterschiedlich tief eindringen dürfen. Ihr Vorgehen ist lediglich zu registrieren.

61.2 enthält Knobelaufgaben, die günstigerweise in Partnerarbeit gelöst werden. Eine Diskussion über die Lösungswege erleichtert die Lösungsfindung.

Zu Seite 62

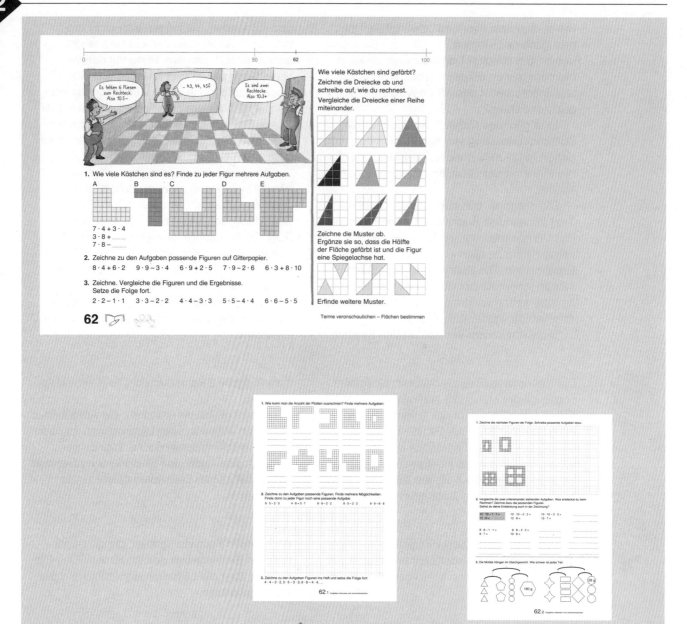

Veranschaulichung arithmetischer Terme, Flächenbestimmung; Vorbereitung zur

Flächenbestimmung von Dreiecken, spiegelsymmetrische Figuren ergänzen.

Für die Übertragung der arithmetischen Terme in Flächen und umgedreht benötigen die Kinder das Heft. Möglich ist auch, die gefundenen Terme auf kleine Notizzettel zu schreiben und sie auf einem Plakat zu sammeln.

Die Stunde kann mit einer Kopfrecheneinheit beginnen, die das Kleine Einmaleins zum Gegenstand hat. Dies führt dann auf die Thematik der Stunde über.

Wir schlagen vor, das eine der in Aufgabe 1 abgebildeten Figuren als Tafelbild vorliegt. Das Problem für die Kinder besteht dann darin, auf möglichst verschiedene Weise zu bestimmen, wie groß die Fläche (Anzahl der Kästchen) der Figur ist. Wesentlich ist hierbei also nicht das Herausfinden der Lösung, sondern wie sich die Figur auf unterschiedliche Weise zerlegen bzw. ergänzen lässt. Bei der Figur A sind im Schulbuch bereits drei ver-

Zu Seite 62

schiedene Möglichkeiten vorgegeben. In ähnlicher Weise sollten die Kinder auch an der Figur ihre eigenen Zerlegungen farblich darstellen.

Anschließend sollten die Figuren der Aufgabe 1 in Partnerarbeit arithmetisch, d. h. durch Terme, beschrieben werden. Auch hier wieder liegt die Betonung auf dem Herausfinden möglichst vieler verschiedener Zerlegungen. Gegebenenfalls sollten diese dann anschließend im Plenum noch einmal gesammelt werden.

Aufgabe 2 und 3 stellt die umgedrehte Vorgehensweise dar. Hier sind Terme vorgegeben, die nun als Flächen (bildhafte Darstellung) repräsentiert werden sollen. Auch hier kann überlegt werden, ob die unterschiedlichen Lösungen der Kinder auf einem Plakat gesammelt werden.

Die rechte Spalte der Schulbuchseite sollten die Schüler ebenfalls zusammen mit ihrem Partner bearbeiten. Während die ersten drei Dreiecke noch relativ einfach sind, werden die folgenden durchaus schwieriger. Hier gibt es unterschiedliche Zerlegungs- bzw. Ergänzungsstrategien.

Eine Erkenntnis, die zwar nicht weiter betont werden sollte, aber von den Kindern entdeckt werden kann, ist, dass die Fläche eines Dreieckes sich durch Scherung nicht ändert, d.h. dass Dreiecke mit gleicher Grundseite und Höhe die gleiche Fläche besitzen. Die Beispiele der Schulbuchseite liefern zwar keinen Beweis hierfür, lassen aber die Vermutung entstehen. Die Kinder sollten im Falle einer Vermutung durchaus animiert werden, sie bei weiteren Dreiecken zu überprüfen (Testen von Hypothesen). Die letzte Aufgabe der Schulbuchseite verlangt von den Kindern, die vorangehenden Kenntnisse nun in einen neuen Kontext zu übertragen. Die Figuren sollen so schraffiert werden, dass das Quadrat zur Hälfte eingefärbt ist, gleichzeitig sich (mindestens) eine Spiegelachse ergibt.

Die Übungen des Arbeitsblattes **62.2** nehmen die Thematik der Schulbuchseite auf. Die dritte Aufgabe verlangt von den Kindern wieder multiplikatives Vorgehen sowie Umkehraufgaben, sie stellen eine Wiederholung eines bekannten Schemas dar.

Wir erwarten hier keine Schwierigkeiten, da jedes Kindes zumindest eine Lösung beisteuern kann. Kritischer sind die Aufgaben vom Typ Aufgabe 2 der Schulbuchseite, hier geht es wieder um die Transformation eines Sachverhaltes in eine neue Repräsentationsebene. Von der symbolischen Ebene muss hier wiederum in eine andere, nun bildhafte Darstellungsform transformiert werden. Solche Transformationsleistungen sind durchaus anspruchsvoll. Wie bereits an anderer Stelle erwähnt, ist gerade das Üben der Übersetzungen zwischen den vier möglichen Repräsentationsebenen (Symbol, Handlung, Text, Bild) wesentlicher Bestandteil des Mathematikunterrichtes, nicht nur in der Grundschule, sondern auch in den weiterführenden Schulen.

Zu Seite 63

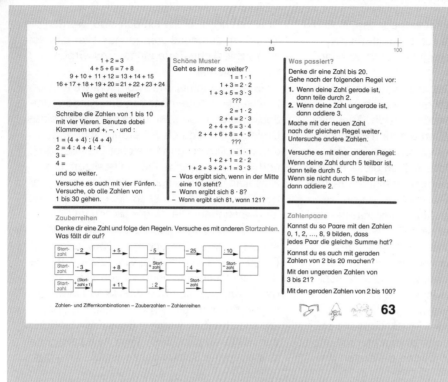

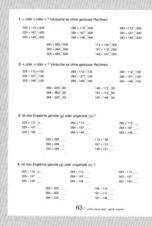

Zauberzahlen; Zahlen- und Ziffernkombinationen; Zahlenreihen fortsetzen.

Die Aufgaben sollten in Gruppen durchgeführt werden, es handelt sich um Entdeckungsaufgaben, die in das Heft übertragen werden müssen.

Eine Kopfrecheneinheit mit der Addition, Subtraktion, Multiplikation und Division in gemischten Aufgaben kann den Ausgangspunkt der Unterrichtseinheit darstellen.

Die ersten drei Aufgaben, die sich mit Zahlenfolgen, Mustern und der Darstellung von Zahlen durch einzelne Ziffern befassen, sollten zuerst in Einzelarbeit versucht werden. Anschließend sollten die Schüler in Partner- und schließlich in Gruppenarbeit die Ergebnisse miteinander vergleichen. Die jeweiligen Ergebnisse sind in das Heft zu übertragen, die Folgen sollten noch um einige Schritte fortgesetzt werden. Insbesondere bei den Zahlen-

Zu Seite 63

mustern müssen die Fragen in Spiegelstrichen beantwortet werden, ein argumentativer Austausch zwischen den Kindern sollte angeregt werden. Schließlich empfiehlt es sich, die Lösungen im Plenum zu sammeln. Ob sie an der Tafel dargestellt werden müssen, entscheidet der Einzelfall. Haben die Kinder in den Gruppen die Lösungen alle erzielt, dann erübrigt sich eine Plenumsdiskussion.

Die Aufgabe der Zauberreihen sollte in Partnerarbeit durchgeführt werden. Hierbei sind verschiedene Startzahlen zu wählen und im Heft zu notieren. Die Kinder können in der Partnerarbeit mit unterschiedlichen Zahlen experimentieren, die sie dann zusammenfügen. Ihre Beobachtung sollten sie als Text formulieren.

Die Aufgabe auf der rechten Spalte sollte ebenfalls in Partnerarbeit erfolgen.

Die letzte Aufgabe, „Zahlenpaare", kann auch in Einzelarbeit durchgeführt werden. Hier spielt die Idee der „Mitte" wieder eine Rolle, die in neuem Gewand auftritt. Diese Aufgabe dient dazu, eine zentrale Idee der Arithmetik in verschiedenen Darstellungsformen kennen zu lernen und miteinander zu vernetzen.

63.1 ist ein Übungsblatt, das von den Schülerinnen und Schülern unterschiedliche Beurteilungen von Zahlen und ihren Beziehungen verlangt. In den ersten beiden Aufgaben geht es um das Verhältnis von arithmetischen Termen, die nach einer Größer-Kleiner-Beziehung beurteilt werden, die Aufgaben 3 und 4 wiederholen die Eigenschaft von Zahlen, ungerade oder gerade zu sein. Dies wird nun im Tausenderraum auf Summen und Differenzen übertragen. Es handelt sich um die Wiederaufnahme eines Themas, das in ähnlicher Form bereits in der 2. Klasse für den Hunderterraum behandelt wurde. Die Erkenntnis besteht nun darin, dass lediglich die Einerzahlen für eine solche Beurteilung relevant sind.

Wir erwarten keine Schwierigkeiten bei der Bearbeitung des Arbeitsblattes, bei den Aufgaben der Schulbuchseite kann es zu einer unterschiedlichen Tiefe der Bearbeitung kommen. Auch hier gilt allerdings wieder, dass beobachtet werden muss, ob hier motivationale Faktoren eine Rolle spielen oder ob mangelnde arithmetische Fähigkeiten eine tiefere Bearbeitung verhindern.

Zu Seite 64

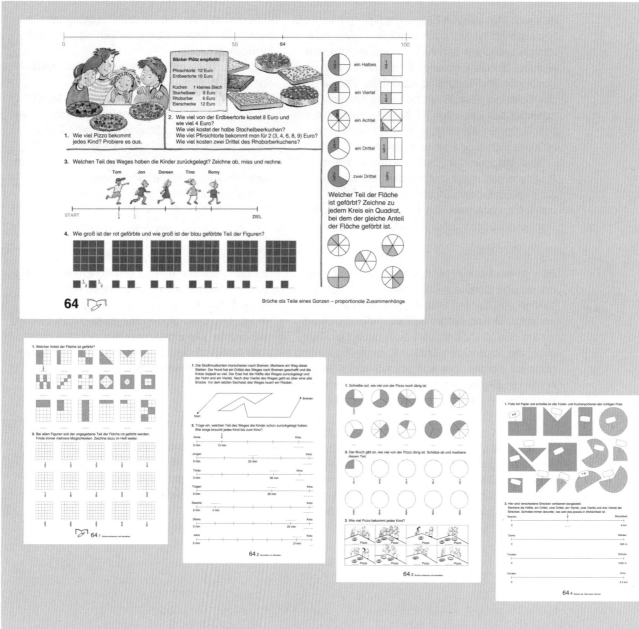

Brüche als Teile eines Ganzen erkennen; neue Bruchzahlen kennen lernen; proportionale Zusammenhänge ausprobieren.

Für die Übertragung der gefärbten Flächen und der Bruchzahlen benötigen die Kinder das Heft. Die Darstellung von Brüchen am Kreis erfordert von den Kindern, den Zirkel zu benutzen.

Als Ausgangspunkt der Unterrichtsstunde kann die Illustration dienen. Die Aufgabe ist vorgegeben, die verschiedenen Torten und Kuchen bzw. das „Pizza-Problem" sollte von den Kindern in Einzelarbeit versucht werden. Die Resultate sind dann, entsprechend unserem methodischen Vorgehen, in Partner- bzw. Gruppenarbeit zu vergleichen.

Insbesondere ist darauf zu achten, dass die Darstellung der Menge der Pfirsichtorte, die man für die unterschiedlichen Geldwerte erhält, tatsächlich auch grafisch erfolgt. Dies geschieht (und auch dies ist ein Lernziel) in schematisierter Form.

Zu Seite 64

Für diese Aufgabenstellung, die ja verlangt, dass die kreisförmige Pfirsichtorte in unterschiedliche Teile zerlegt wird, benötigen die Kinder den Zirkel. Zudem müssen sie wieder die Verbindung zu der Geometrie-Seite 58 herstellen, um einen Kreis zu dritteln bzw. zu sechsteln.

Die Aufgabe 3 kann als Tafelbild vorgelegt werden. Diese Aufgabe eignet sich auch dazu, eine Diskussion im Plenum zu initiieren. Die jeweiligen Abschnitte sind gegebenenfalls von den Kindern auszumessen.

Die Aufgabe 4 verlangt von den Kindern, nicht die Anzahl der blau- bzw. rotgefärbten Quadrate anzugeben, sondern den Bruchteil, den sie von der gesamten Fläche einnehmen. Hierbei ist zu beobachten, ob die Kinder mit den Bruchzahlen bzw. ihrer Schreibweise Schwierigkeiten haben. Es ist zu unterscheiden, ob ein Problem bei dem Begriff des Bruches (bzw. eines bestimmten Bruches) oder ob eine Unsicherheit in der Notationsform (Bruchstrich bzw. Zähler und Nenner) vorliegt.

Die rechte Spalte der Schulbuchseite dient als Illustration. Dieser Teil kann nachträglich von den Kindern im Heft bearbeitet werden, möglicherweise ist es aber auch für eine Klasse günstiger, ihn vor der Aufgabe 4 zu platzieren. Hier sind die einzelnen Schreib- und Sprechweisen sowie ihre zugehörige Darstellungsform am Kreis und auch am Quadrat vorgegeben. Beide Formen werden dann in den weiterführenden Schulen verwendet, wobei sich die Darstellung am Quadrat bzw. Rechteck langfristig als die kraftvollere erweisen wird.

64.1 nimmt das Thema der Schulbuchseite auf, Brüche müssen an Figuren erkannt werden, sie werden aber auch als Flächenteile in eine Figur übertragen. Es ist wichtig, dass nicht nur das Arbeitsblatt bearbeitet wird, sondern dass weitere Möglichkeiten, Figuren und Teilflächen einzufärben, im Heft fortgesetzt werden.

64.2 variiert das Thema der Bruchzahlen auf Wegstrecken. Hier müssen die Kinder unterschiedliche Teile (Brüche) miteinander vergleichen. Bei der ersten Aufgabe ist außerdem ein Ausmessen der jeweiligen Streckenzüge notwendig.

64.3 stellt eine leichtere Wiederholung dar, indem Bruchteile am Kreis erkannt bzw. ausgemalt werden müssen. Die dritte Aufgabe ist eine neue Darstellungsform. Hier werden, wie dies bei der allerersten Illustration auf der Schulbuchseite auch schon ist, Personen und Objekte in Beziehung gesetzt. Die Frage ist, wie viel Anteil an einer Pizza jedes Kind bekommt.

Bei der letzten Aufgabe können Schwierigkeiten auftreten, da nun ein Bruch größer als 1 auftritt. Es bleibt den Kindern überlassen, wie sie dies notieren wollen. Da sie mit der Darstellungsform $1\frac{1}{2}$ noch nicht in Berührung kamen, kann von ihnen nicht erwartet werden, dass sie hier die Erwachsenen-Notation vornehmen.

64.4 verlangt von den Kindern, Wertigkeiten und geometrische Formen miteinander in Verbindung zu bringen. Für einfachere Brüche wurde dies bereits in den vergangenen Schuljahren behandelt. Hier sind nun kompliziertere Zusammenhänge vorgegeben. Insbesondere bei dem Kreis ergeben sich nicht nur glatte Euro-Zahlen, sondern auch Umrechnungen in Cent.

Die Aufgabe 2 verbindet nun Brüche mit Längen, wobei die Kinder Umrechnungen von Kilometer in Meter vornehmen müssen. Diese Aufgabe ist möglicherweise für einige Kinder in der dargestellten Form eine Schwierigkeit und sollte gegebenenfalls in Partnerarbeit durchgeführt werden. Die letzten beiden Aufgaben sind schwierig, wenn nicht eine Umrechnung stattfindet oder die Überschreitung des Zahlenraumes bis 1000 als hinderlich angesehen wird.

Wir erwarten keine weiteren Schwierigkeiten bei dieser Seite, lediglich die Schreibweise und Sprechweise von Brüchen muss mit den Kindern erarbeitet werden. Hier handelt es sich nicht um einen Inhalt, der von den Kindern selbst entdeckt werden kann.

ZU SEITE 65

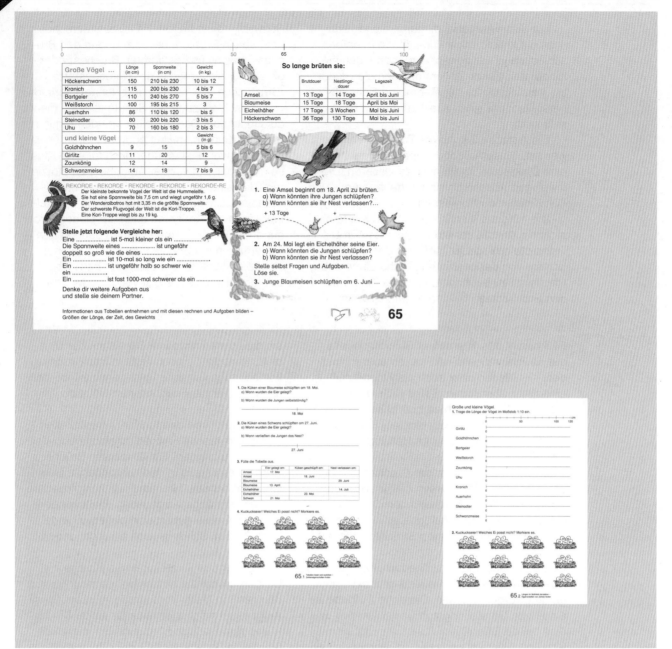

Informationen aus Tabellen entnehmen, mit entnommenen Daten rechnen und dazu Aufgaben bilden, mit den Größen Länge, Zeit und Gewicht umgehen, Größenvergleiche anstellen.

Die Kinder müssen die unterschiedlichen Daten aus den Tabellen oder anderen Informationsquellen entnehmen, hierzu Aufgaben im Heft berechnen und günstigerweise weitere Aufgaben zu den gegebenen Daten finden.

Die von den Kindern entwickelten Aufgaben (für den Partner oder die Gruppe) können gesammelt werden. Dies erfordert, dass die Kinder die Aufgaben auf Notizzettel schreiben.

Eine vorangehende Übungseinheit kann für diese Unterrichtseinheit entfallen.
  Wir schlagen vor, dass direkt mit der Schulbuchseite begonnen wird. In der ersten Tabelle ist vorab zu sammeln, welche Vögel den Kindern bekannt sind, ob sie ihre Größe in ungefährer Weise einschätzen können („Welcher Vogel ist größer, welcher ist kleiner?" etc.) und was sie unter „Spannweite" verstehen. Diese Begriffe sind vorab zu klären. Anschließend sollten die Kinder selbst Aussagen zu der Tabelle machen. Stellen sie fest, welcher

Zu Seite 65

der größte Vogel und welcher der kleinste Vogel ist?

Hier ist zu beachten, dass für die großen Vögel das Gewicht in Kilogramm, für die kleinen Vögel in Gramm angegeben ist. Für einen Vergleich müssen entsprechend Umrechnungen vorgenommen werden. Dies ist allerdings etwas, was die Kinder von sich aus entdecken müssen. Vergleichen sie lediglich die Zahlen, dann ist der Girlitz der schwerste Vogel und selbst der Zaunkönig wäre dreimal so schwer wie der Uhu.

Auch die Tabelle über die Brutdauer muss erst auf unbekannte Begriffe hin geprüft werden. Anderenfalls können die Kinder die Aufgaben nicht lösen.

Es wird vorgeschlagen, dass alle Kinder sämtliche Aufgaben in Partnerarbeit lösen. Allerdings ist es ihnen offen gelassen, welche Reihenfolge sie bevorzugen. Die Kinder können sowohl mit den Gewichten und der Gewichtstabelle als auch mit der Brutzeit und den entsprechenden Fragen auf der rechten Spalte beginnen.

Die Kinder sollten angehalten sein,
– sich eigene Aufgaben für die Partner- bzw. Gruppenarbeit auszudenken, die mit Hilfe der Tabelle lösbar sind,
– sich zusätzliche Informationen aus anderen Informationsquellen wie dem Kinderlexikon (oder dem Internet) zu holen. Auch hierüber lassen sich dann neue Aufgabenstellungen finden.

Die Seite **65.1** führt die Aufgabenstellungen von der Schulbuchseite weiter. Die jeweiligen Aufgaben sind in Einzelarbeit zu lösen. Die Aufgabe 4 stellt das bekannte Format der „Kuckuckseier" dar, bei denen Beziehungen zwischen den fünf Zahlen gefunden werden müssen. Eine Zahl passt nicht hinzu. Die Begründung für das Nichthinzupassen kann durchaus zwischen den Kindern variieren. Aus diesem Grunde kann es vorkommen, dass unterschiedliche Zahlen aus dem Nest gestrichen werden. Solange die Begründung in sich stimmig ist, sollte dies akzeptiert werden.
65.2 variiert das Thema der Schulbuchseite. Hier müssen nun Längen im Maßstab dargestellt werden. Die „Kuckuckseier-Aufgabe" wird fortgesetzt.

Da es sich um ein Projekt handelt, bei dem die Arbeitsteilung zwischen den Partnern bzw. innerhalb der Gruppen dazu führt, dass jedes Kind entsprechend seinen eigenen vorhandenen Fähigkeiten arbeiten kann, erwarten wir hier keine Schwierigkeiten.

Lediglich bei den „Kuckuckseier-Aufgaben" können einige Kinder keine Zahl als unpassend aussondern bzw. erkennen, dass zwischen den anderen Zahlen eine Beziehung besteht. Eine jeweilige Erklärung sollte von den Klassenkameraden bzw. den Partnern gegeben werden. Ein Eingreifen bzw. Erklären durch die Lehrperson erscheint für Lernprozesse (prinzipiell) ungeeignet.

ZU SEITE 66

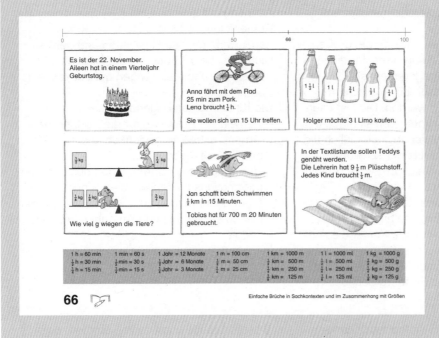

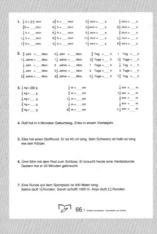

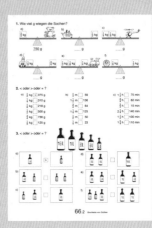

Einfache Brüche in Sachkontexten erkennen und anwenden, Brüche im Zusammenhang mit Größen berechnen.

Für die Lösung der Aufgaben im Schulbuch und auf den Übungsseiten benötigen die Kinder das Heft.

Zu Beginn kann eine Übungseinheit mit der Division stehen. Hierbei sollten durchaus dreistellige Zahlen durch einstellige im Kopf dividiert werden, soweit lediglich zwei Divisionsschritte notwendig sind (zweischrittig im Sinne des halbschriftlichen Rechnens).

Die sechs Aufgaben der Schulbuchseite sollten von den Kindern zuerst in Einzelarbeit versucht werden. Erst wenn sie sich intensiv hiermit befasst haben, werden Vergleiche mit den Partnern vorgenommen. Die Fragen sind unterschiedlich schwierig und unterschiedlich offen. Die erste und zweite Aufgabe lassen sich direkt lösen, für die dritte gibt es unter-

Zu Seite 66

schiedliche Lösungen, die zueinander äquivalent sind. Bei der vierten Aufgabe handelt es sich um Umrechnungen von Gewichten, für die allerdings Brüche miteinander verglichen werden müssen. Die fünfte Aufgabe stellt sicherlich insofern die schwierigste dar, als sie auf „krumme Zahlen" führt, hier ist ein Schätzen und Überschlagen oder auch die Bereitschaft, ungenau zu rechnen, notwendig. Die sechste Aufgabe stellt eine Vorform zur Division mit Brüchen dar. Eigentlich heißt auf einer formalen Ebene die Aufgabe $9\frac{1}{2}$ geteilt durch $\frac{1}{2}$. Hier wird die Division wieder in ihrer stärkeren Begrifflichkeit verwendet, nämlich als Frage „wie oft geht ... in ... hinein?". Die auf der Schulbuchseite unten angegebene Tabelle der Umrechnungen von Zeiten, Längen und Gewichten in Brüche kann als Merkblatt in der Klasse aufgehängt werden. Allerdings sollten die Kinder vorab versuchen, selbst herauszufinden, wie viel $\frac{1}{8}$ Kilometer oder $\frac{1}{4}$ Jahr ist.

Die Umrechnung von Bruchteilen von Größen wird von **66.1** aufgenommen. Hierbei sind die ersten drei Aufgaben jeweils schlichte Umrechnungsaufgaben, 4 bis 7 stellen Sachkontexte dar, die Brüche von Größen zum Gegenstand haben.

66.2 variiert das Thema der Brüche, wobei Aufgabe 1 eine genaue Bestimmung der Gewichte verlangt, die Aufgaben 2 und 3 im Schwierigkeitsgrad insofern gesteigert sind, als hier Vergleiche zwischen Größen vorgenommen werden müssen, bei denen wie in Aufgabe 2 auf der einen Seite eine Bruchzahl steht, auf der anderen Seite die dezimale Schreibweise. Dies stellt ebenfalls eine Vorform von Aufgaben dar, die in der Sekundarstufe weitergeführt werden: Umrechung von Bruchzahlen in Dezimalbrüche.

Aufgabe 3 kann Schwierigkeiten bei den Kindern bereiten, die mit den Brüchen nicht adäquat Größen bzw. Teile von Ganzen assoziieren. Ein Vergleich der jeweiligen Nenner führt hier zu sehr typischen Fehlern. Gerade dieses Auftreten typischer Fehler in der Sekundarstufe soll durch eine frühzeitige Behandlung bzw. Versuche der Schüler verhindert werden.

Der Bruchbegriff ist in der Sekundarstufe durchaus schwierig und führt häufig zu lediglich schematischem Rechnen. Es kommt dort zu sehr typischen Fehlern. Die Kinder versuchen dem dadurch zu begegnen, dass sie Regeln auswendig lernen, z.B. „Zähler mal Zähler, Nenner mal Nenner", „Zähler mal Nenner, Nenner mal Zähler", oder war es umgekehrt? Solche Regeln und ihre Anwendungen scheitern meist deshalb, weil mit ihnen keine Vorstellung, kein prototypisches Bild in der Anschauung verbunden wird. Die sehr frühzeitige Behandlung in Sachsituationen, die den Kindern durchaus geläufig sind, versucht dies zu unterbinden. Das bedeutet allerdings nicht, dass diese langfristige Begriffsbildung einfach sei. Fehler sind aus diesem Grunde auch hier zu erwarten. Sie sollten aber gerade deshalb nicht überbewertet werden. Wichtig erscheint uns eine frühzeitige und immer wieder vorgenommene Beschäftigung mit Brüchen, es handelt sich hier nicht um eine umfassende Einführung und abschließende Behandlung.

Zu Seite 67

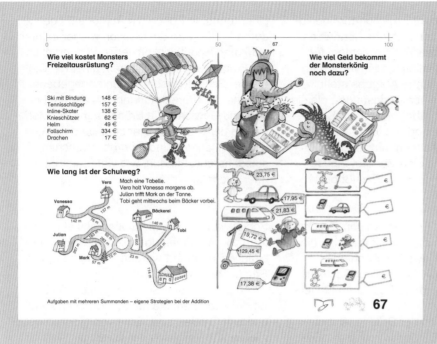

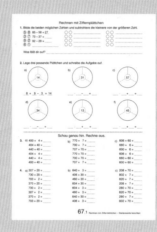

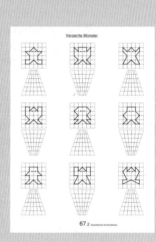

Eigene Strategien entwickeln, um Summen mit mehreren Summanden zu berechnen, diese Strategien in verschiedenen Sachsituationen anwenden.

Die Kinder benötigen für die Berechnungen und die eigenen Lösungswege das Heft.

Wir schlagen vor, dass die Schulbuchseite als Ausgangspunkt genommen wird. Es wäre vorteilhaft, wenn in einem ersten Schritt über einen längeren Zeitraum diese Aufgaben in Einzelarbeit versucht werden. Es erscheint uns wichtig, dass die Kinder sehr intensiv sich selbst mit dem Problem der Addition mehrerer Summanden auseinandersetzen. Die Beispiele auf der Schulbuchseite sind sehr umfangreich, so dass die Kinder durchaus einen längeren Zeitraum dafür zur Verfügung haben sollten. Insbesondere erfordert die Aufgabe 3 (Länge der Schulwege) einen hohen Zeitbedarf. Das Erstellen der Tabelle ist keineswegs

Zu Seite 67

einfach, hier sind vielschrittige Additionen notwendig.

Diese Seite dient als Problemseite zur Hinführung auf die schriftliche Addition, sie setzt diese nicht voraus, im Gegenteil! Die Kinder sollten versuchen, unterschiedliche Darstellungsformen für die Addition zu finden. Bislang ist ihnen die Addition lediglich in der „Nebeneinanderschreibweise" entgegen getreten. Ein stellengerechtes Untereinanderschreiben wäre jetzt für diese Problemstellung vorteilhafter. Ob sie allerdings tatsächlich von den Kindern entwickelt wird, muss gesehen werden. Auf jeden Fall sollte verhindert werden, dass umblätternd auf die folgende Schulbuchseite vorgegriffen wird, die ja dann das schriftliche Verfahren und damit die Lösung des Problems erst zum Gegenstand hat.

In einer Gruppenarbeitsphase sollten anschließend die verschiedenen Lösungen aber insbesondere auch die Lösungswege bzw. ihre Darstellungsform verglichen werden. Eine Bewertung kann bereits in der Gruppe erfolgen, bevor günstige Darstellungen im Plenum vorgestellt werden.

Das Aufgabenblatt **67.1** greift nicht auf die schriftliche Division vor. Es behandelt wieder das Rechnen mit Zahlenplättchen, wobei das zu entdeckende Moment bereits vor einiger Zeit schon einmal behandelt wurde. Hier geht es eher darum, dass die Kinder versuchen, sich an die damals gefundene Entdeckung zu erinnern oder sie hier erneut zu machen. Die Aufgabe 2 verlangt hingegen, drei Ziffern auszuwählen, so dass durch die vorgegebenen Operationen (!) die Zielzahl erreicht wird.

Die Aufgaben 3 und 4 verlangen von den Kindern, sich sehr genau die Zahlen- bzw. Ziffernfolgen anzuschauen, um die Lösung zu ermitteln. Hier sollte eine Kontrolle durch die Partner eingesetzt werden. Diese Aufgaben können auch als Test verwendet werden, dies wird aber von uns nicht unbedingt empfohlen. Hier können Kinder mit visueller Gliederungsschwäche Schwierigkeiten haben, dies wird dann möglicherweise mit arithmetischen Problemen verwechselt.

67.2 nimmt das den Kindern bekannte Verfahren der verzerrten Monster auf. Hier geht es um Verzerrungen, die den Kindern bereits sind.

Das Übungsblatt **67.2** kann auch als Blatt in der Förderung eingesetzt werden für Kinder, bei denen Schwierigkeiten im Längenvergleich und in den Längenbeziehungen beobachtet wurden.

Haben sich bei Arbeitsblatt **67.1** in den Aufgaben 3 und 4 Schwierigkeiten bei einem einzelnen Kind gezeigt, so ist zu überprüfen, ob hier nicht Wahrnehmungsstörungen in einem bestimmten Sinne vorliegen. Die jeweiligen Rechnungen sind eigentlich recht einfach.

Eine Fördermöglichkeit könnte darin bestehen, die Aufgaben sehr langsam vorzulesen. Zeigen sich hierbei Schwierigkeiten, dann ist im differential-diagnostischen Sinne zu prüfen, ob das Kind noch Schwierigkeiten mit dem Lesen von Zahlen hat (Stellenwertproblematik) oder ob ähnliche Schwierigkeiten auch bei anderen Inhalten, nicht nur bei Ziffern, auftreten. Die Förderung muss dementsprechende Wege einschlagen.

Zu Seite 68

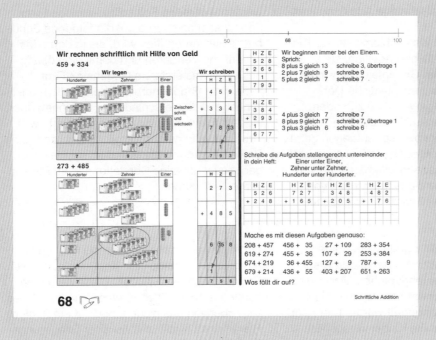

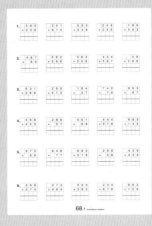

Einführung der schriftlichen Addition.

Die auf der Schulbuchseite angegebenen Aufgaben sind im Heft zu rechnen; für die Durchführung der Handlung sollte Spielgeld in geeigneter Weise vorhanden sein. Sämtliche Kinder sollten die Möglichkeit haben, auf das Spielgeld zurückgreifen zu können.

Die beiden Aufgaben, 459 + 334 sowie 273 + 485, sollten als Sachproblem in die Klasse gegeben werden. Die Aufgabe besteht nicht nur darin, diese Lösungszahl zu finden, sondern die Handlung mit dem Geld durchzuführen und sie dabei zu beschreiben.

Bei der Handlungsdurchführung selbst kommt es häufig vor, dass Kinder eine Bündelung nicht vornehmen, obwohl sie vorgenommen werden müsste. Hier sind dann für die (künstliche) Situation im Klassenzimmer Vereinbarungen zu treffen:
– es dürfen nicht mehr als neun 1-Euro-Stücke zusammenliegen,

Zu Seite 68

– es dürfen nicht mehr als neun 10-Euro-Scheine zusammenliegen, anderenfalls muss umgewechselt werden.

Solche Umwandlungen, Bündelungen sollten noch mit einer Reihe von Aufgaben durchgeführt werden, die an der Tafel stehen. Dies sollte darüber hinaus in Partnerarbeit geschehen, wobei ein Kind handelt, das andere versucht, die Handlungen zu protokollieren.

Es wäre wünschenswert, wenn eine ähnliche Darstellungsform, wie sie das Schulbuch vorgibt, an der Tafel (oder auf einer Overhead-Folie) vorhanden wäre. Es erweist sich nicht als günstig, die Kinder diese Darstellungsform und die entsprechende Schreib- bzw. Sprechweise bei der schriftlichen Addition lediglich aus dem Buch entnehmen zu lassen. Dies ist zwar möglich, eine Vorgehensweise im Klassenplenum halten wir allerdings in diesem Falle für günstiger.

Didaktisch-methodisch halten wir zweierlei für wesentlich:

– die Sprechweise sollte festgelegt werden, insbesondere muss der Übertrag betont werden;
– es ist notwendig, dass unterhalb des letzten Summanden eine ganze Kästchenzeile frei bleibt, nicht nur eine halbe oder gar keine.

Es erweist sich als Quelle von Fehlern, wenn die Übertragszahlen zwischen andere Ziffern gequetscht werden. Häufig ist dann eine Zuordnung zu der entsprechenden Spalte von den Kindern nicht mehr vorzunehmen. Dazu gehört auch, dass die Übertrags-Eins nicht kleiner geschrieben wird als die anderen Ziffern, es ist keine „kleine Zahl".

Die Aufgaben auf dem unteren Teil der rechten Spalte sollten nun in eine Form übertragen werden, die dem schriftlichen Rechnen entspricht. Dies soll unter anderem auch das stellengerechte Untereinanderschreiben der Zahlen üben.

68.1 stellt Übungsaufgaben zur schriftlichen Addition dar.

Es mag eingewendet werden, dass diese Aufgaben auch im Heft von den Schülern hätten gelöst werden können. Wir halten es aber noch für notwendig, dass das stellengerechte Untereinanderschreiben sowie das zusätzliche Freilassen einer ganzen Kästchenzeile für die Überträge deutlich sichtbar gemacht wird. Unsere Erfahrungen zeigen, dass bei einem zu frühen Überlassen der Form die Kinder zu Fehlern neigen.

Das Einüben in diese Formalia zählen wir ebenfalls zum Methodentraining.

Bei dieser Seite wurden bislang keine Schwierigkeiten beobachtet.

Zu Seite 69

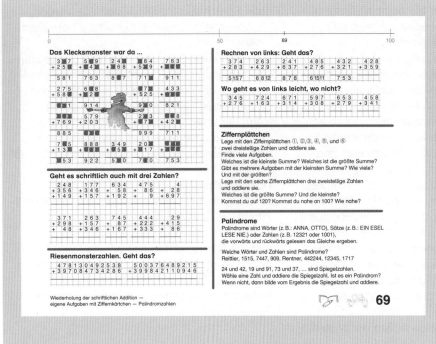

Wiederholung der schriftlichen Addition; schriftliche Addition mit mehreren Summanden; schriftliche Addition mit sehr großen Zahlen, Addition mit Ziffernkärtchen; erproben alternativer Additionsstrategien; Palindrome und Spiegelzahlen.

Die Kinder benötigen für das Übertragen der Aufgaben das Heft; es wäre günstig, wenn sie Ziffernkärtchen zur Verfügung hätten, mit denen sie die Aufgaben legen können.

Die Kinder sollten versuchen, die Aufgaben des Klecksmonsters im Heft zu lösen. Hierbei handelt es sich um die schriftliche Addition, wobei allerdings auch die Umkehroperation (Subtraktion) angewendet werden muss. Die letzte der zwanzig Aufgaben ist eine offene Aufgabe, hier können die Kinder verschiedene Lösungen finden. Es kann eine Vorgabe gegeben werden, beispielsweise Lösungen ohne Übertrag zu finden, mit einem Übertrag oder mit zwei Überträgen. Diese Aufgaben sollten in Einzelarbeit gelöst werden, eine Kontrolle sollte durch den Partner erfolgen.

In gleicher Weise sollte auch bei der zwei-

Zu Seite 69

ten Aufgabe vorgegangen werden, bei der es sich um die Addition von drei Zahlen handelt. Die Übertragung in das Heft erfordert von den Kindern ein stellengenaues Schreiben, anderenfalls stellen sich Fehllösungen ein. Die Kontrolle kann durch den Partner oder im Plenum erfolgen.

Das Verfahren der schriftlichen Addition lässt sich leicht von zwei- bzw. dreistelligen Zahlen auf größere Zahlen verallgemeinern, ohne dass diese gelesen werden müssen. Dies ist erst Gegenstand in der 4. Klasse. Trotzdem können die Kinder mit diesen Zahlen experimentieren. Nach unseren Erfahrungen macht es den Kindern mehr Spaß, zwölfstellige Zahlen zu addieren als viermal dreistellige Zahlen. Es gibt ihnen das Gefühl einer großen Kompetenz, ein Hineinwachsen in das Erwachsenenalter.

Die Aufgabe auf der rechten Spalte oben sollte im Plenum diskutiert werden, mit der Betonung auf dem Vorgehen.
– Lässt sich ein stellengerechtes Addieren auch von links vornehmen?
– Wozu führt das?
– Welche Korrekturen müssen anschließend vorgenommen werden?

Im Prinzip ist gegen eine solche Rechnung von links nichts einzuwenden, allerdings verlangt sie dann in einem weiteren Schritt den jeweiligen Ausgleich des Übertrages. Dies sollte dann als ungünstiges weil aufwendiges Verfahren erkannt werden.

In der zweiten Reihe sind Aufgaben dabei, die keinen Übertrag verlangen und aus diesem Grunde auch leicht von links gerechnet werden können. Sie dienen dazu, die Kinder gegenüber der Übertragsschreibweise zu sensibilisieren.

Die Aufgaben mit den Ziffernplättchen sollten tatsächlich mit Ziffernplättchen durchgeführt werden. Dies erleichtert den Kindern die Vorgehensweise. Sehr leistungsstarke Kinder benötigen gegebenenfalls diese Hilfe nicht, sondern können sich einfach die entsprechenden Ziffern notieren, bevor sie sie dann weiter verwenden.

Palindrome können auch im Deutschunterricht behandelt werden. Es sollte hier eine strukturelle Ähnlichkeit zwischen Zahlen und Worten, die man vorwärts und rückwärts gleichermaßen lesen kann, hergestellt werden. Da Mathematik die Wissenschaft der Strukturen ist (und nicht nur der Zahlen), sollten strukturelle Ähnlichkeiten in sehr unterschiedlichen Kontexten und Lebensbereichen erkannt werden. Die Aufgaben müssen im Heft gelöst werden, insbesondere sollten die Reihenbildungen, die zu Palindromen führen, im Heft erfolgen.

69.1 nimmt das Format der Klecksaufgaben für die Addition auf. Des Weiteren werden Additionen mit mehrstelligen Summanden vorgegeben. Auch dies dient wieder dazu, die Notwendigkeit stellengerechten Schreibens von Zahlen untereinander zu festigen.

Die vierte Aufgabe ist eine Wiederholung des Lösens eines Problems durch rückwärts gehen. Es steht hier im Zusammenhang mit den Klecksaufgaben, die nicht additiv sondern subtraktiv gelöst werden müssen.

Bei diesen Aufgaben werden dann Schwierigkeiten erwartet, wenn die Kinder bei der Übertragung der Aufgaben in das Heft nicht stellengerecht schreiben. Hierbei muss geprüft werden, ob das dezimale Stellenwertsystem von den Kindern verstanden wurde oder ob anderen Faktoren dies bedingen. Haben Kinder noch motorische Schwierigkeiten, Ziffern in ein einzelnes Kästchen zu schreiben, dann kommt es gehäuft bei diesen Aufgaben zu Fehlern. Gegebenenfalls müssen dann entsprechende Schreibübungen mit ihnen durchgeführt werden.

Zu Seite 70

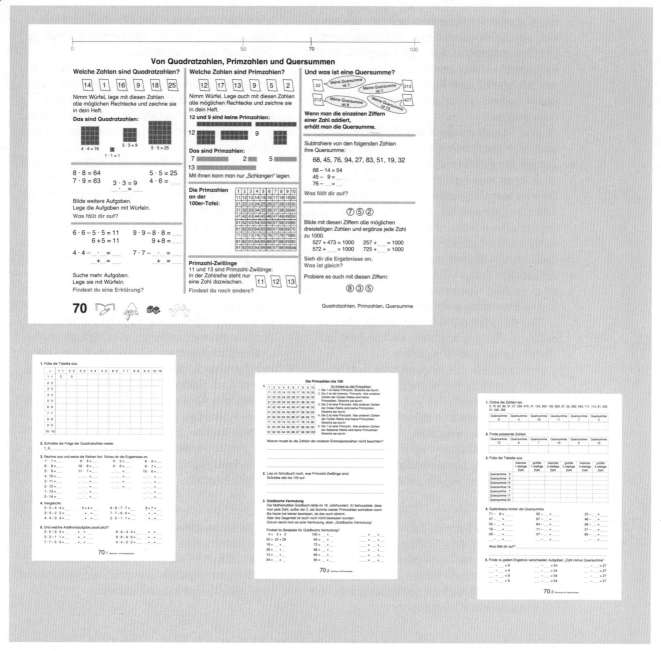

Quadratzahlen; Primzahlen; Primzahlzwillinge; Quersummen.

Den Kindern sollten für die Darstellung der Quadratzahlen für die Gruppenarbeit möglichst viele Würfel zur Verfügung stehen. Diese sind auch für die Behandlung von Primzahlen in einem ersten Schritt notwendig. Darüber hinaus brauchen sie das Heft zur Übertragung ihrer Entdeckungen.

Wir schlagen vor, dass die Aufgaben der Schulbuchseite als Ausgangspunkt genommen werden. Zu beginnen ist mit der linken Spalte, wobei die Kinder versuchen, mit den Würfeln entsprechende Quadrate zu legen. Sie sollten versuchen herauszufinden, welche von den angegebenen Zahlen Quadratzahlen sind.

Auch andere Zahlen sind zu untersuchen.
Quadratzahlen sind den Kindern bereits in vielfältiger Weise begegnet, sie kennen sie durch das Kleine Einmaleins. Nicht immer wird aber von den Kindern die Aufgabe 7 · 7 mit einer entsprechenden geometrischen Darstellung verknüpft.

Zu Seite 70

Die zweite Aufgabe wurde bereits einmal auf einer Übungsseite behandelt. Hier sollte von den Kindern wieder eine geometrische Darstellung versucht werden, die einen Einblick in das allgemeine Gesetz ermöglicht.

Algebraisch liegt diesem Zusammenhang ein binomischer Satz zugrunde:
$(a-1) \cdot (a+1) = a^2 - 1$. Dieser ist auch Grundlage für die letzte Aufgabe dieser Spalte, nun in abgewandelter Form: $(a+b) \cdot (a-b) = a^2 - b^2$. Dies wird hier in einer Spezialform benutzt, bei der benachbarte Zahlen verwendet werden, so dass $a - b = 1$ gilt und somit auf der linken Seite der binomischen Formel entfällt. Die Kinder sollten mit sehr vielen Zahlen im Heft operieren.

Für die Primzahlen wird eine ähnliche Darstellungsform entdeckt. Primzahlen sind solche Zahlen, die genau zwei Teiler besitzen (aus diesem Grunde ist die 1 keine Primzahl). Legen die Kinder Rechtecke mit einer vorgegebenen Anzahl von Würfeln, so stellt sich bei einigen Anzahlen heraus, dass nur lange Schlangen gebildet werden können. Diese sind die Primzahlen, eine Rechtecksdarstellung, die ja den Teilern der Anzahl entspricht, ist nur über die 1 und die Zahl selbst möglich.

Es wäre günstig, wenn die Kinder eine eigene Hundertertafel hätten, um daran die Primzahlen zu markieren. Im Schulbuch sind sie angegeben, es wäre allerdings hilfreicher, wenn die Kinder unter Zuhilfenahme des Einmaleins versuchen würden, jene Zahlen zu finden, die in keiner Einmaleins-Reihe auftreten. In einigen Fällen muss über das Kleine Einmaleins hinaus gegangen werden.

Auch das Problem der Primzahlzwillinge wird auf der Schulbuchseite angesprochen. Es wäre für einen ersten Schritt hinreichend, wenn die Schüler versuchen, anhand der Hundertertafel Primzahlzwillinge zu entdecken.

Die Quersumme wird für dreistellige Zahlen erweitert. Die Kinder sollten versuchen, von den Zahlen die Quersumme zu subtrahieren und nun Entdeckungen dabei zu machen. Dann fällt ihnen auf, dass sämtliche Ergebnisse zur Neunerreihe gehören. Das Erkennen von Quersummen hilft auch bei der Neunerprobe, die aber zu diesem Zeitpunkt noch nicht eingeführt wird.

70.1 nimmt das Rechnen mit Quadratzahlen auf. In der Aufgabe 1 müssen Summen von Quadratzahlen gebildet werden. Diese können von den Kindern weiter untersucht werden. Die weiteren Aufgaben stellen Multiplikationsaufgaben dar, die verglichen werden sollen. Hierbei sind Strukturen zu entdecken. So fallen bei der Aufgabe die Folgen in zunehmender Weise arithmetisch ab. Die jeweiligen Differenzen zwischen den Ergebnissen sollten zu einer Vermutung führen.

70.2 behandelt die Primzahlen. Die Kinder müssen nun mit Buntstiften bei der Aufgabe 1 jeweils die Vielfachen einer Zahl durchstreichen. Bereits durchgestrichene Zahlen sind im Weiteren nicht mehr zu berücksichtigen. Dieses Durchstreichverfahren oder das „Sieb des Eratosthenes" ist ein bekanntes mathematisches Verfahren zur Bestimmung von Primzahlen. Die Kinder sollten sich auch überlegen, warum die Zahlen der Einmaleins-Reihen nicht zu beachten sind, deren erste Zahl bereits durchgestrichen ist. Die Aufgabe 3 stellt einen sehr schönen, aber bislang unbewiesenen Satz der Mathematik dar. Die Kinder sollten Beispiele für die Goldbach'sche Vermutung finden. Hierbei sind sehr unterschiedliche Lösungsmöglichkeiten gegeben, es gibt also nicht eine richtige Lösung, sondern es sind verschiedene Zerlegungen in Primzahlen für gerade Zahlen möglich. So ist beispielsweise bei der zweiten Aufgabe die 52 nicht nur zerlegbar in 23 + 29, sondern auch in 5 + 47.

70.3 thematisiert die Quersummen, wobei die Kinder die Zahlen einzelnen Quersummen zuordnen müssen, Zahlen finden müssen oder unter einer gegebenen Quersumme die kleinste oder größte zu finden haben. Einige Aufgaben dieser Tabelle sind nicht lösbar, dies ergibt sich aber auch für die Kinder. Es gibt keine einstellige Zahl, deren Quersumme 17 ist. Die Aufgaben 4 und 5 variieren die Schulbuchprobleme, indem der Zusammenhang zwischen Zahl und Quersumme hergestellt wird. Dies kann dann für Aufgabe 5 in umgedrehter Weise genutzt werden. Diese Vorgehensweise erscheint uns wichtig, Erkenntnisse nicht nur immer in einer Richtung einzusetzen, sondern auch die umgedrehte Denkrichtung zu stärken.

Wir erwarten nur Schwierigkeiten bei den Kindern, die das Kleine Einmaleins noch nicht automatisiert haben. Die zu entdeckenden Zusammenhänge müssen nicht immer formalisiert werden. Die Aufgaben bieten einen Anreiz zu Entdeckungen, Entdeckungen lassen sich aber nicht planen. Unterschiede zwischen den Kindern sind gerade in solchen Bereichen notwendigerweise vorhanden. Schwierigkeiten sollten registriert werden, gefördert werden kann nur durch einen verstärkten Umgang mit Zahlen und dem Nachdenken über Strukturen und Beziehungen.

Es kann angedacht werden, in Förderstunden die Kinder solche Beziehungen herstellen zu lassen, um das „Denken über das Denken" anzuregen.

Zu Seite 71

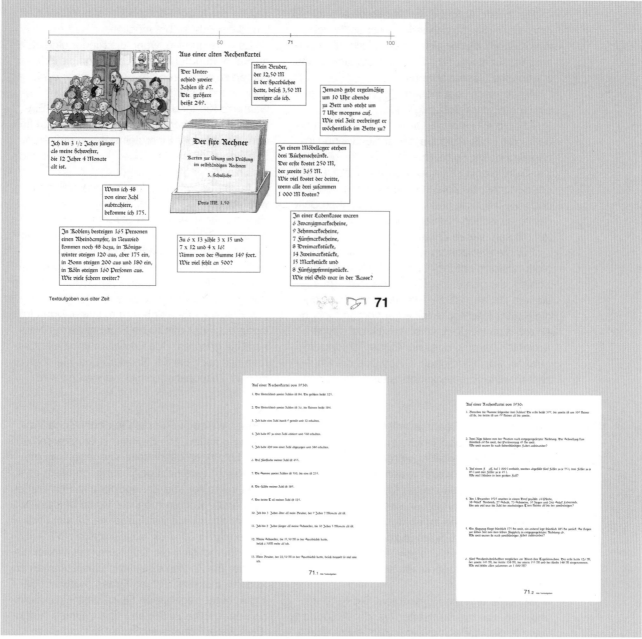

Textaufgaben aus alten Rechenbüchern lösen; alte Schreibweisen und alte Größenbezeichnungen kennen lernen.

Die Aufgaben, die im Wesentlichen in Einzelarbeit gelöst werden sollten, müssen in das Heft übertragen werden.

Wir stellen uns vor, dass am Anfang der Stunde eine kurze Übungseinheit zum Kopfrechnen gemacht werden sollte, die Größen beinhaltet. Hierbei können Längen, Geldwerte und Zeitdauern berechnet werden, gegebenenfalls auch Volumina und Flächen.

In der anschließenden Einzelarbeitsphase sollten die Kinder versuchen, die Aufgaben der Schulbuchseite zu lösen und darüber hinaus weitere Aufgaben ähnlichen Typus selbst zu entwickeln.

Die Aufgaben dieser Seite sind, wie sie tatsächlich in älteren Schulbüchern vorkamen, eher schlicht. Die Verwendung von Größen

Zu Seite 71

ändert an den sehr einfachen arithmetischen Zusammenhängen wenig. Es handelt es sich um eingekleidete Aufgaben.

Auch wenn dies unter übergeordneten didaktischen Zielsetzungen nicht gerade anspruchsvolle Aufgaben sind und nur in geringem Maße geeignet, die Kompetenz der Kinder für lebenspraktische Probleme zu erhöhen, so stellen sie doch für insbesondere leistungsschwächere Schüler eine Ebene dar, in der sie arithmetische Fähigkeiten weiter entwickeln und Größen als durchaus handhabbar erleben können.

Im Rahmen eines Lehrgangs zum Sachrechnen stellt dies die allerunterste Stufe dar. In diesem Falle wird sie auch mit einer geschichtlich frühen Stufe des Mathematikunterrichts verbunden. Andere, höhere Stufen haben die Kinder in den Projekten kennen gelernt, aber auch in den Textaufgaben, in denen lediglich Operationen gefunden werden mussten oder eine Entscheidung zu treffen war, ob es sich tatsächlich um eine Aufgabe handelte, die mit arithmetischen Mitteln lösbar ist.

Wir gehen nicht davon aus, dass gestuftes Lernen der prinzipiell einzige Weg zur Zielerreichung ist. Auch bei Textaufgaben empfiehlt sich ein spiralförmiges Vorgehen, das immer wieder auf leichte Aufgabenstellungen zurückgreift, die hier mit zusätzlichen Aspekten angereichert werden.

Es wird vorgeschlagen, die Lösungen der einzelnen Aufgaben in Partnerarbeit kontrollieren zu lassen. Bei Unstimmigkeiten haben sich die Partner selbst zu einigen, sie können gegebenenfalls andere Klassenkameraden zu Rate ziehen.

Die von den Kindern weiter entwickelten Aufgaben können gesammelt werden. Es ist möglich, sie in ein Schulbuch für die nächsten dritten Klassen aufzunehmen, das von den Kindern selbst geschrieben wird.

Die Arbeitsblätter **71.1** und **71.2** nehmen die Form der eingekleideten Aufgaben auf. Hierbei handelt es sich um zunehmend komplexere Aufgaben. Die Lösungen können jeweils auf dem Arbeitsblatt notiert werden, sie müssen nicht in das Heft übertragen werden.

Die Aufgaben sollten auch für leistungsschwächere Schüler keine Schwierigkeiten darstellen. Möglicherweise irritiert die ungewohnte Schrift. Sollten hierbei Buchstaben nicht lesbar sein, dann müssen sie gegebenenfalls erklärt werden.

Allerdings wurde nicht eine Sütterlin-Schrift verwendet, wir haben beispielsweise darauf verzichtet, unterschiedliche Zeichen für die verschiedenen „s" zu verwenden.

Zu Seite 72

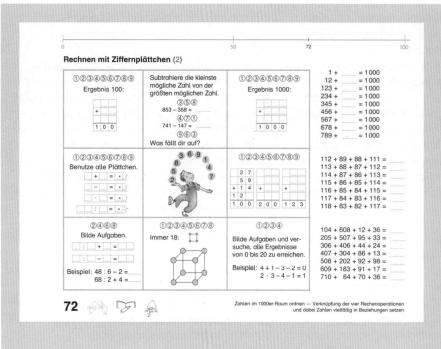

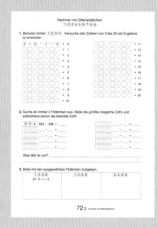

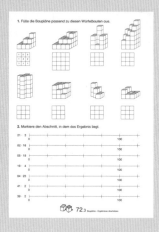

Zahlen im 1000er-Raum ordnen; Verknüpfungen der vier Rechenoperationen anstellen und Zahlbeziehungen nutzen, geschickt rechnen.

Die vielfältigen Aufgaben, die von den Kindern zu entwickeln sind, sollten im Heft notiert werden. Außerdem dürfte es für einige Kinder vorteilhaft sein, Ziffernplättchen zu verwenden.

Wir schlagen vor, direkt mit der Schulbuchseite zu beginnen. Die Aufgaben sollten in Partnerarbeit durchgeführt werden, wobei der eine Partner mit den Ziffernplättchen die Aufgaben legt, der andere Partner sie kontrolliert und in das Heft überträgt.

Bei der ersten Aufgabe sind Ziffernplättchen so zu wählen, dass sich ein Ergebnis von 100 einstellt. Jede Ziffer, d.h. jedes Kärtchen, ist nur einmal zu verwenden. Die Kinder sollten hierbei möglichst viele verschiedene Kombinationen finden, die in der Addition die Summe 100 haben.

Bei der zweiten Aufgabe sind drei Ziffern-

Zu Seite 72

kärtchen zu wählen, die möglichen Kombinationen zu notieren und die kleinste von der größten Kombination abzuziehen. Die Beobachtungen, die die Kinder hierbei machen (oder möglicherweise auch nicht machen), sind schriftlich abzufassen.

Die Aufgabe 3 ist eine Erweiterung von Aufgabe 1, hier müssen ebenfalls geeignet einzelne Ziffernkärtchen gewählt werden.

Aufgabe 4 dürfte lediglich durch Ausprobieren zu finden sein. Es müssen alle neun Ziffernkärtchen gewählt werden, wobei sich auf der rechten Seite der vier Gleichungen jeweils das gleiche Ergebnis einstellen sollte. Welches Ergebnis ist möglich? Vielleicht sollten die Kinder mit der Überlegung beginnen, welche Zahl sich eigentlich günstigerweise als Ergebnis einstellt, die durch das Sternchen markiert ist. Durch solche Überlegungen können bestimmte Zahlen bereits ausgeschlossen werden, etwa die 1, die 9 aber auch die 5 oder 7 sind möglicherweise ungünstig, aber das wird sich herausstellen.

Bei der fünften Aufgabe sind sechs Ziffernkärtchen zu wählen, so dass sich die jeweils unten angegebene Summe ergibt. Die Überträge zählen hierbei nicht.

Bei der sechsten Aufgabe sind mit Hilfe von vier Ziffernkärtchen möglichst viele verschiedene Aufgaben zu bilden. Diese sind in das Heft zu übertragen. Es reicht keinesfalls, dass lediglich zwei Aufgaben gefunden werden.

Die siebte Aufgabe stellt eine kombinatorische Überlegung dar. Mit Hilfe der Ziffernkärtchen sollen die acht Ecken eines Würfels belegt werden in der Art, dass die „Seitensumme", d.h. die Summe der jeweiligen vier Eckpunkte immer zusammen 18 ergibt. Hierbei handelt es sich um eine Fortsetzung eines Aufgabentypus, der bereits in der 1. und 2. Klasse den Zahlensinn der Kinder schärfen sollte. Für das Lösen der Aufgabe genügt es nicht, schlichte Additionen auszuführen, es müssen vielmehr Ausgleichsüberlegungen durchgeführt und Zahlbeziehungen genutzt werden.

Die letzte Aufgabe verlangt von den Kindern, sämtliche Zahlen von 0 bis 20 mit Hilfe der Ziffernkärtchen 1 bis 4 zu legen, wobei sämtliche Rechenoperationen verwendet werden dürfen. Klammersetzung wird hierbei empfohlen oder ist manchmal notwendig. Für Kinder, die sehr schnell arbeiten, kann diese Aufgabe über die Zahl 20 hinaus erweitert werden, etwa bis zur Zahl 30 (hierbei ist eine Zahl aber nicht mehr darstellbar).

Die rechte Spalte der Schulbuchseite verlangt von den Kindern, Tausenderergänzungen vorzunehmen bzw. geschickt zu rechnen. Hierbei wird durch die Abfolge der Zahlen eine gewisse Systematik, eine Struktur nahegelegt. Dies sollten die Kinder versuchen, auszunutzen.

Die Arbeitsblätter **72.1** und **72.2** variieren das Rechnen mit Zahlenplättchen, so wie es im Schulbuch dargestellt wurde. Zum Teil wiederholen sie die Aufgaben der Schulbuchseite, allerdings sollte hier versucht werden, andere Ergebnisse als vorher zu erzielen.

Die Arbeitsblätter können, wenn es die Zeitökonomie nicht zulässt, auch entfallen, da sie Wiederholungen darstellen oder sehr einfache Variationen.

Dies gilt nicht für das Arbeitsblatt **72.3**, bei dem Kinder das Format der Baupläne wiederholen und Zahlverortungen am Zahlenstrahl durchführen müssen. Die Kinder sollen abschätzen, in welchem Bereich das Ergebnis liegt.

Wir halten diese Übungen, die das Überschlagen und Schätzen fordern, für wesentliche Elemente künftiger mathematischer Kompetenz.

Eine Reihe der Aufgaben der Schulbuchseite sind Knobelaufgaben. Aus diesem Grunde wurde auch vorgeschlagen, diese Aufgaben in Partnerarbeit zu lösen (Gruppenarbeit erweist sich bei diesem Aufgabentyp nicht als sonderlich hilfreich, da die Aktivität des einzelnen Kindes hierbei häufig unterdrückt wird, ein Probieren entfällt dann meistens für viele Kinder).

Die Beobachtung der verschiedenen Lösungsversuche gibt allerdings der Lehrperson Aufschluss über das flexible Umgehen mit Zahlen und Rechenoperationen.

Natürlich kann es vorkommen, dass sich ein Schülerpaar in einen ungeeigneten Lösungsweg verrennt und stecken bleibt. Dies ist dann natürlich nicht als Auffälligkeit in irgendeiner Weise zu werten.

Zu Seite 73

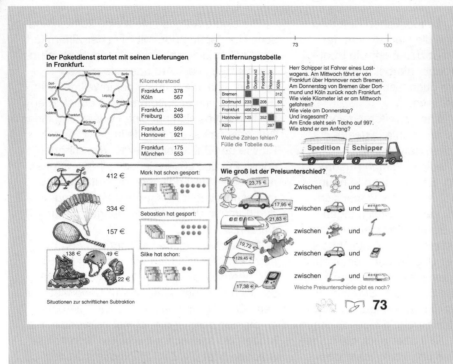

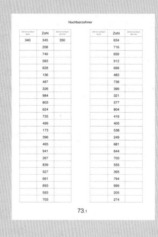

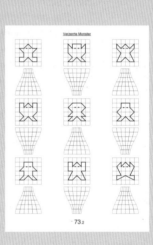

Problemstellung für die Entwicklung der schriftlichen Subtraktion; mit Größen unterschiedliche Differenzen berechnen.

Die Aufgaben sollten von Schülerpaaren bearbeitet, gegebenenfalls auch in Gruppen besprochen werden, bevor eine Notation im Heft erfolgt.

Hierbei sollten alle Kinder einer Gruppe die vereinbarte, für gut empfundene Notationsform im eigenen Heft aufschreiben.

Wir schlagen vor, dass die Kinder zuerst in Einzelarbeit, anschließend in Partnerarbeit versuchen, eine einzelne Aufgabe der Schulbuchseite zu lösen.

Bei der ersten Aufgabe handelt es sich um Differenzen zwischen Kilometerständen eines Autos, die Darstellungsform animiert nicht dazu, direkt das schriftliche Verfahren zu verwenden, da die Zahlen in der verkehrten Weise untereinander geschrieben sind, so wie es naturgemäß bei einer Notation der jeweiligen Kilometerstände auch tatsächlich vorkäme. Es wird erwartet, dass die Kinder aufgrund der bisherigen Erfahrungen unterschiedliche halb-

Zu Seite 73

schriftliche Strategien verwenden oder Darstellungen an dem Zahlenstrahl versuchen bzw. bereits solche Differenzen im Kopf berechnen. Allerdings sind die Aufgaben so gewählt, dass immer Überträge stattfinden und das Ergebnis sich nicht auf sehr einfache, schlichte Weise bestimmen lässt.

Dies ist auch das Ziel dieser Seite: Die Kinder müssen erkennen, dass ihr Verfahren möglicherweise aufwendig ist und längere Zeit in Anspruch nimmt. Allerdings können bereits hier einige Kinder zu dem schriftlichen Verfahren vorstoßen. Häufig handelt es sich allerdings um Kinder, denen dieses Verfahren im Elternhaus oder von größeren Geschwistern bereits gezeigt wurde (gerade Kindern mit Rechenschwäche wird zu Hause das „schriftliche Rechnen" als Vereinfachung antrainiert; damit ist aber in der Regel kein Verständnis verbunden, auch wenn das schlichte Durchführen als solches gewertet wird). Ähnliches gilt für die zweite Tabelle, die von den Kindern auszufüllen ist. Die dazugehörige Textaufgabe verlangt von den Kindern, die Tabelle zu nutzen und Abstände zu berechnen.

Gleiches ist es bei den beiden anderen Aufgaben gefordert, bei denen Differenzen berechnet werden müssen, die keineswegs trivial sind.

Wesentlich ist, dass die Kinder versuchen, Abkürzungen ihres Lösungsverfahrens zu finden. Sie werden feststellen, dass die von ihnen eingeschlagenen Wege vielleicht umständlich sind. Insbesondere bei den Geldwerten bietet sich ein einfacheres Verfahren an, das sie gegebenenfalls auch von der Addition her übertragen können. Hier haben sie ja bereits das schriftliche Verfahren kennen gelernt.

Es sollte nicht als dramatisch angesehen werden oder zum Eingreifen verleiten, wenn bei den von den Kinder entwickelten Verfahren Fehler auftreten. Diese können in der Partnerarbeit oder in den Gruppen selbst bemerkt und korrigiert werden. Wenn nicht: Auch dies ist kein Anlass zum Eingreifen. Lernprozesse werden über die Einsicht in eigene Fehler initiiert, nicht durch äußere Korrektur.

Die Arbeitsblätter **73.1** und **73.2** wiederholen bekannte Formate.
73.1 ist für das schriftliche Rechnen ein wesentlicher Bestandteil. Hier muss der jeweilige Nachbarzehner gefunden werden.

73.2 stellt eine weitere Stufe der „Verzerrung" dar. Hier sind die Linien nun geschwungen, während sie bei der letzten Darstellung noch zentrisch verliefen.

Wir vermuten, dass innerhalb der vorgegebenen Zeit nicht alle Kinder sämtliche Aufgaben lösen können, dies ist auch nicht unbedingt notwendig. Es ist sinnvoller, die Kinder machen sich über ihre Lösungswege Gedanken und besprechen sie untereinander. Es geht um die Entwicklung eines Schemas, das erst in den weiteren Stunden bis zum Schuljahresende hinreichend ausgebaut wird: die schriftliche Subtraktion.

Zu Seite 74

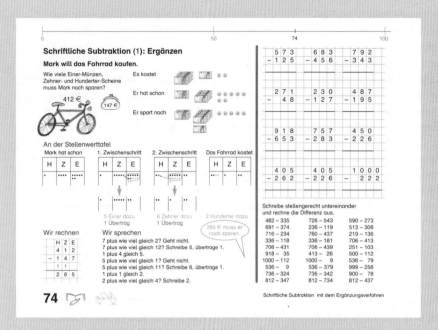

WICHTIG!

! Diese Seite ist nur dann zu verwenden, wenn die schriftliche Subtraktion nach dem Ergänzungsverfahren durchgeführt wird !

! Wird die schriftliche Subtraktion mit dem Abziehverfahren eingeführt, dann ist die Seite 75 zu verwenden !

Es sollte unter keinen Umständen sowohl die Seite 74 als auch die Seite 75 verwendet werden. Hierauf sind die Kinder auch hinzuweisen. Ansonsten entstehen Verwirrungen !

Die Lehrpläne in verschiedenen Bundesländern haben die Einführung der schriftlichen Subtraktion freigegeben, es ist der Lehrperson überlassen, welches Verfahren sie wählt. Wir versuchen dies zu unterstützen, indem wir beide Verfahren in dem Schulbuch anbieten. Es ist aber daran zu denken, dass in jeder Klasse nur ein einziges Verfahren behandelt wird. Anderenfalls kommt es insbesondere bei leistungsschwächeren Kindern zu großen Verwirrungen und typischen Fehlern. Für allgemeine Hinweise siehe 3.7!

Schriftliche Subtraktion mit Hilfe des Ergänzungsverfahrens und der Auffülltechnik.

Für die Durchführung der schriftlichen Subtraktion benötigen die Kinder das Heft, um die Rechnungen mitprotokollieren zu können, es ist allerdings sehr vorteilhaft, wenn die Kinder jeweils für sich eine Stellenwerttafel besitzen, an der sie die Handlungen selbst durchführen können. Diese ließen sich dann beispielsweise mit den Würfeln des „Mathematikus" gestalten. Ebenfalls günstig ist es, wenn die Kinder über Spielgeld verfügen, mit dem sie problemlos das Umtauschen von Hundertern in Zehner und von Zehner in Einer vollziehen können.

Die Aufgabe der Schulbuchseite sollte im Plenum durchgeführt und von den Kindern an der Stellenwerttafel nachgelegt werden. Die Handlungen sind sowohl mit dem Spielgeld als auch an der Hundertertafel durchzuführen.

Es ist darauf zu achten, dass eine exakte Sprechweise eingeübt wird. Insbesondere ist das Einhalten der Richtung von der mittleren

Zu Seite 74

Zahl (Subtrahend) zur oberen Zahl (Minuend) zu beachten.

Wir sind uns darüber im Klaren, dass das Ergänzungsverfahren durchaus auf begriffliche Schwierigkeiten bei den Kindern führen kann. Dies liegt in der Natur des Verfahrens. Die Addition bei einer schriftlichen Subtraktion widerspricht dem intuitiven Vorgehen der Kinder. Wieso hier addiert werden muss, bleibt ihnen häufig unklar, wenn der additive Kontext entfällt. Bei der vorliegenden Aufgabe wurde aus diesem Grunde gerade eine Ergänzungssituation gewählt. Wie viel Geld muss noch angespart werden, bis der Preis des Fahrrades erreicht wird? Die Aufgabe besteht also darin, den Geldwert, der erzielt werden soll, mit den Spielgeldscheinen und -münzen zu legen. Zudem ist das Geld zu legen, das als Ausgangsmenge bereits vorhanden ist, in diesem Fall also 147 Euro. Nun muss hinzugelegt werden, bis man in einem ersten Schritt, die entsprechenden Einer erzielt hat. Dies gelingt lediglich dadurch, dass über den Zehner hinweg zugelegt wird. Die zehn Ein-Euro-Münzen werden in einen zusätzlichen Zehner umgewandelt, dies ergibt den zusätzlichen Zehner. Dieses schrittweise Vorgehen muss an der Stellenwerttafel gleichzeitig veranschaulicht werden.

Die Kinder sollen versuchen, in Partnerarbeit die Aufgaben der rechten Spalte zu lösen. Hierbei sollte immer ein Kind sowohl schreibend als auch sprechend vorgehen, das andere Kind sollte kontrollieren. Nach der Hälfte der Aufgaben sollte ein Wechsel zwischen den Partnern stattfinden.

Wir halten es für sehr wichtig, dass dieses sehr formalistische Vorgehen eingehalten wird. Das Einüben der schriftlichen Verfahren verlangt von den Kindern einen Automatismus, der sich einzuschleifen hat. Aus diesem Grunde sind in der Anfangsphase die einzelnen Schritte und die Sprechweise zu betonen und strengstens einzuhalten.

Das Arbeitsblatt **74.1** übt weiterhin die schriftliche Subtraktion. Hierbei kann die Aufgabe 1 auf dem Arbeitsblatt durchgeführt werden.

Die Aufgabe 2 muss in das Heft übertragen werden, da es sich hier um die Form von Minus-Häusern handelt. Mit Hilfe von drei Ziffernplättchen oder einer beliebigen Auswahl von drei Ziffern ist die jeweils größtmögliche und kleinstmögliche Zahl zu bilden und deren Differenz ist zu berechnen. Mit den drei Ziffern des Ergebnisses ist in gleicher Weise fortzufahren. Die Kinder sollen ihre Beobachtungen hierbei notieren.

Üblicherweise führt dieses Differenzenverfahren in eine Schleife.

Wir erwarten durchaus Schwierigkeiten bei dieser Form des Subtraktionsverfahrens in begrifflicher Hinsicht. Dass eine Subtraktion dadurch gelöst wird, dass addiert wird, ist für die Kinder relativ schwierig zu verstehen. Aus diesem Grunde ist es üblich, sehr starken Wert darauf zu legen, dass dieses Verfahren „sich einschleift", was einen erhöhten Übungsbedarf bedeutet.

Ein typischer Fehler besteht bei dieser Vorgehensweise darin, dass die beiden Zahlen eben nicht subtrahiert, sondern addiert werden, es also zu einer Operationsvertauschung Subtraktion-Addition kommt.

Ein weiterer, langfristig zu beobachtender Fehler besteht darin, dass auch Additionsaufgaben nun subtraktiv gelöst werden. Die additive Vorgehensweise bei der Subtraktion führt zu einer Interferenz mit der Addition, die nun genauso gelöst wird („ist ja beides plus-Rechnen").

ZU SEITE 75

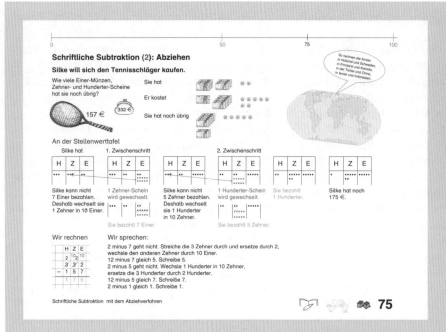

WICHTIG!

! Diese Seite kann nur alternativ zu Seite 74 verwendet werden !
Die beiden Verfahren der schriftlichen Subtraktion dürfen unter keinen Umständen parallel oder nacheinander behandelt werden. Die Lehrperson hat zu entscheiden, ob die schriftliche Subtraktion über das Ergänzungsverfahren oder über das Abziehverfahren eingeführt werden soll.
! Auf dieser Seite wird lediglich das Abziehverfahren mit Hilfe der Borge-Technik behandelt !

Schriftliche Subtraktion mit dem Abziehverfahren unter Verwendung der Borge-Technik für den Zehnerübergang.

Es ist empfehlenswert, wenn die Schülerinnen und Schüler Spielgeld für den handlungsmäßigen Umgang der Differenzbildung zur Verfügung haben sowie jeweils in Partnerarbeit eine Stellenwerttafel, an der Borge-Handlungen durchgeführt werden können.

Diese Aufgabenstellung unterscheidet sich von der Aufgabenstellung von Seite 74, hier wird das Abziehen durch die Problemstellung nahegelegt!
Die Kinder müssen bestimmen, wie viel Geld Silke noch übrig hat, wenn sie von ihren 332 Euro den Tennisschläger für 157 Euro gekauft hat. Es empfiehlt sich, dass die Kinder den Geldbetrag legen und nun versuchen, die 157 Euro abzuziehen, „wegzunehmen". Das übliche Vorgehen der Kinder ist hierbei, mit den Hundertern anzufangen, dann mit den Zehnern und schließlich mit den Einern. Auch hierbei müssen allerdings Tauschhandlungen

Zu Seite 75

vorgenommen werden, Hunderter sind in Zehner zu entbündeln, Zehner in Einer.

Es sollte als Regel eingeführt werden, dass wir zuerst mit den kleineren Dezimalwerten beginnen, d.h. zuerst die Einer, dann die Zehner und schließlich die Hunderter (und später, in der 4. Klasse, die höheren Zehnerpotenzen).

Die Abfolge ergibt sich dann relativ einfach, die 7 Euro können nicht von den 2 Euro an der Stellenwerttafel abgezogen werden, es muss also eine Entbündelung durch einen Zehner erfolgen. Dies wird dann gleichzeitig in Form einer Stellenwerttafel, in der die Ziffern eingetragen sind, notiert. Das bedeutet, dass wir von den 3 Zehner-Scheinen einen umwechseln, anschließend also nur noch 2 besitzen. Dies erfolgt durch Durchstreichen der 3 und Darüberschreiben der 2 sowie gleichzeitiger Notierung der dadurch gewonnenen 10 Einer in der Einerspalte. So lassen sich dann von den zwölf 7 Euro wegnehmen, so dass 5 verbleiben.

Auch hier ist in höchstem Maße auf genaue Schreib- und Sprechweise zu achten. Gleichzeitig sollte natürlich diese Handlung betont werden, die das Verständnis für die schriftliche Subtraktion unterstützt.

Es handelt sich immer um ein paralleles Vorgehen:
– Handlungen mit den Geldscheinen,
– halbabstrakte Handlung an den Stellenwerttafeln mit den Würfeln des Mathematikus (oder Plättchen),
– Protokollierung an einer Zahlen-Stellenwerttafel.

Diese Form der schriftlichen Subtraktion, die vor der KMK-Reform von 1958 auch in der Bundesrepublik Deutschland üblich war und von praktisch allen Ländern dieser Welt praktiziert wird, kommt dem intuitiven Verständnis der Kinder entgegen und führt zu deutlich weniger Fehlern als alternative Verfahren.

Das Arbeitsblatt **75.1** entspricht dem AB **74.1**, allerdings ist die Notationsform aufgrund des veränderten Subtraktionsverfahrens unterschiedlich, so dass sich eine andere graphische Gestaltung anbietet.

Das Arbeitsblatt **75.1** übt weiterhin die schriftliche Subtraktion. Hierbei kann die Aufgabe 1 auf dem Arbeitsblatt durchgeführt werden.

Die Aufgabe 2 muss in das Heft übertragen werden, da es sich hier um die Form von Minus-Häusern handelt. Mit Hilfe von drei Ziffernplättchen oder einer beliebigen Auswahl von drei Ziffern ist die jeweils größtmögliche und kleinstmögliche Zahl zu bilden und deren Differenz ist zu berechnen. Mit den drei Ziffern des Ergebnisses ist in gleicher Weise fortzufahren. Die Kinder sollen ihre Beobachtungen hierbei notieren.

Üblicherweise führt dieses Differenzenverfahren auf eine Schleife.

Die Einführung schriftlicher Verfahren stellt immer eine Schwierigkeit für einzelne Kinder dar, da hier die Abfolge eines Algorithmus in sehr strenger Form eingehalten werden muss. Jedes Abweichen von diesem vorgeschriebenen, formalisierten Lösungsweg führt zu Fehlern. Aus diesem Grunde ist darauf zu achten, dass die Schreib- und Sprechweise penibel eingehalten wird. Abweichungen sind auch „genialen" Schülern nicht zuzugestehen.

Werden diese Hinweise beachtet, dann kommt es zu relativ wenigen Fehlern bei den Kinder.

Möglicherweise lässt sich aber auch in dieser Phase beobachten, ob einige Kinder mit dem Begriff der Subtraktion, was sie bedeutet und welche prototypischen Handlungen ihr zugrunde liegen, noch Schwierigkeiten haben. In einem solchen Falle sind erneut subtraktive Handlungen auf einfacherer Stufe und in niedrigeren Zahlenräumen durchzuführen.

ZU SEITE 76

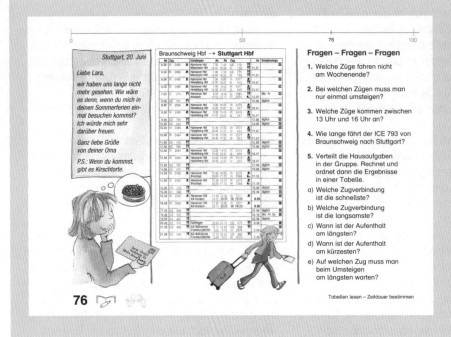

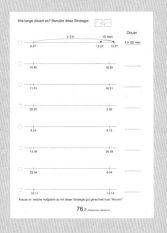

Tabellen lesen, Zeitdauern berechnen und vergleichen.

Zur Notierung der Zeitpunkte und zum Vergleich der Zeitdauern benötigen die Kinder das Heft. Hierbei ist es hinreichend, wenn die Partner ein gemeinsames Blatt verwenden.

Die Stunde kann mit einer Kopfrechenübung zur Subtraktion beginnen, wobei durchaus eine Beschränkung auf den Zahlenraum bis Hundert erfolgen kann. Allerdings sollte immer ein Zehner-Übertrag das Problem der Aufgabe darstellen.

Ausgangspunkt für die folgende Tätigkeit ist die Illustration auf der linken Spalte der Schulbuchseite. Die Tabelle ist von den Kindern in Partnerarbeit zu analysieren. Es wäre günstig, wenn diese Tabelle als Folie für eine Diskussion im Plenum vorhanden wäre (hierfür ist eine Vergrößerung notwendig). Sie dient dazu, um innerhalb der Klasse die jeweiligen

Zu Seite 76

Züge bzw. Zeichen anzugeben und so den am Tisch arbeitenden Paaren zu ermöglichen, sie auf ihrem Plan der Schulbuchseite wiederzufinden.

Die Aufgaben 1 bis 4 sollten in Partnerarbeit gelöst werden, die Aufgabe 5 anschließend in einer Gruppe (alternativ auch wieder in Partnerarbeit).

Ein Hauptgegenstand des Unterrichts dürfte das Lesen eines Fahrplanes ausmachen. Nicht alle Kinder werden mit der Struktur eines Fahrplanes, seinen Zeichen und den ungewohnten tabellarischen Angaben vertraut sein. Dies muss in einer längeren Eingangsphase geklärt werden. Stellt sich hierbei heraus, dass einzelne Kinder einen solchen Fahrplan nicht lesen können, dann dürften sie vermeidbare Schwierigkeiten bei der Bearbeitung der Aufgabe haben. Die Arbeit mit einem Partner oder in einer Gruppe erleichtert dann durch wechselweises Erklären das Verständnis.

Zur Berechnung der Zeitdauer bzw. der Abstände zwischen zwei Zeitpunkten sind die Arbeitsblätter **76.1**, **76.2** und **76.3** bestimmt. Sie verwenden unterschiedliche Strategien (**76.1**: Sprungstrategie und Autobahn, **76.2**: Sprungstrategie, **76.3**: gemischte, frei wählbare Strategien).

Aufgrund ihrer Kenntnisse im Umgang mit dem Zahlenstrahl und der bereits durchgeführten Übungen sollten hierbei keine Schwierigkeiten auftreten. Lediglich die Handhabung eines Fahrplanes kann einzelnen Kindern Schwierigkeiten bereiten, dies war aber Hauptgegenstand der Unterrichtseinheit.

Zu Seite 77

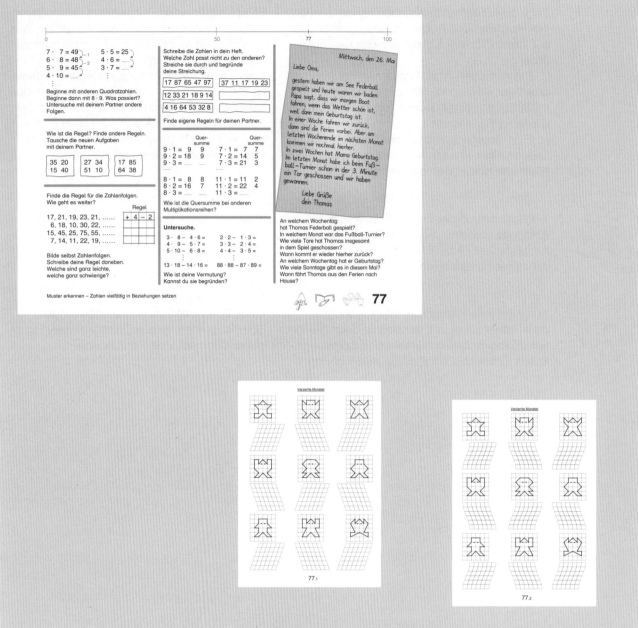

Muster erkennen; Zahlen in mannigfaltigen Beziehungen erleben und Zahlbeziehungen herstellen.

Für ihre Entdeckungen, die sie in der Partner- oder Gruppenarbeit erzielen, benötigen die Kinder das Heft.

Auch hier ist denkbar, dass die Gruppen jeweils kleine Notizzettel mit ihren Entdeckungen beschriften, die hinterher auf einem Plakat gesammelt werden.

Ohne eine einführende Übungseinheit kann diese Schulbuchseite begonnen werden.

Jedes Schülerpaar bzw. jede Gruppe sollte sämtliche Aufgaben zu lösen versuchen. Hierbei handelt es sich durchaus um Aufgaben, die in veränderter Form schon einmal im Unterricht behandelt wurden.

So stellt die erste Aufgabe eine Multiplikationsfolge dar, bei der der erste Faktor immer kleiner, der zweite immer um 1 größer wird. Wie verhält es sich dann mit den Ergebnissen, wie verändern sie sich, lässt sich eine Regelhaftigkeit, eine Struktur erkennen? Hier sollte Wert darauf gelegt werden, dass die Paare

Zu Seite 77

bzw. Gruppen auch andere Startzahlen wählen. Es ist dem Interesse aber auch den Fähigkeiten der Kinder überlassen, wie weit sie sich vortrauen.

Die Aufgabe darunter erfordert zuerst von den Kindern, die Regelhaftigkeiten dieser vier Zahlen zu finden. Sie besteht darin, dass die Summe der beiden Zahlen in einer Zeile jeweils gleich ist. Die Kinder sollten versuchen, auch andere Zahlenpaare und Zahlenkombinationen zu finden, wobei sie auch die Regeln ändern dürfen!

Die dritte Aufgabe dieser Spalte verlangt von den Kindern das Auffinden einer Regel. Das vorgegebene Format ist ihnen von anderen Übungen her bekannt. Wichtig erscheint es uns bei dieser Aufgabe, nicht nur die Regeln zu finden und die Folgen fortzusetzen, sondern auch andere, neue, selbst ausgedachte Zahlenfolgen und Regelhaftigkeiten zu konstruieren. Diese sollten dann in der Gruppe ausgetauscht oder dem jeweiligen Partner vorgelegt werden. Dies kann in Form eines kleinen Detektivspiels verpackt sein.

Bei der ersten Aufgabe der mittleren Spalte ist das Wesentliche die Begründung, die für das Streichen einer Zahl angegeben wird. Diese sollte auf alle Fälle schriftlich im Heft fixiert werden. Es kann durchaus vorkommen, dass die Kinder unterschiedliche Begründungen für unterschiedliche Streichungen geben. Solange diese Begründungen konsistent sind und sich aus der Zahlenreihe ableiten lassen, ist dies nicht nur zulässig sondern auch erwünscht. Darüber hinaus sollten auch hier wieder eigene Zahlenfolgen und unpassende Zahlen gefunden werden.

Die darunter liegende Aufgabe verlangt von den Kindern, aus den Multiplikationsreihen jeweils die Quersummen bzw. zweiten Quersummen zu finden. Hierbei stellen sich Muster ein, die typisch für die jeweilige Startzahl sind.

Die Kinder sollten animiert werden, sämtliche Zahlen bis zehn bezüglich der Quersumme ihrer Multiplikationsreihen zu untersuchen. Die Kinder dürfen durchaus auch Zahlen über zehn hinaus untersuchen, sie sollten bezüglich ihres Erkundungsdranges keinen Einschränkungen unterliegen.

Auch die letzte Aufgabe dieser Spalte führt zu Zahlzusammenhängen, die die Kinder auf dieser Stufe lediglich registrieren können. Eine algebraische Begründung können sie hierfür nicht liefern. Sie sollten aber mit diesen Phänomenen fortwährend in Kontakt kommen, sich Gedanken machen, Hypothesen bilden. Ein formaler Beweis wird erst in der Sekundarstufe I gelingen. Die zweite Zahlenfolge ist den Kindern wohl vertraut, auch wenn es hier jetzt weit über den ihnen zugänglichen Zahlbereich hinaus geht. Dass sich aber eine Struktur in weitere Zahlenräume fortpflanzt, gehört mit zu den Erkenntnissen, die die Kinder hier machen können.

Die Aufgabe der dritten Spalte sollte ebenfalls von allen Kindern bearbeitet werden. Hier spielt das Thema Zeit eine große Rolle, die Kinder sollten gegebenenfalls, wenn sie sich seiner Struktur nicht mehr sicher sind, des Kalenders bedienen. Es ist auch eine Frage dabei, die nicht aus dem Text heraus beantwortet werden kann, nämlich wie viele Tore Thomas insgesamt in dem Fußballspiel geschossen hat. Üblicherweise fangen Kinder aber hierbei an zu rechnen in der Vorstellung, er müsste in jeder dritten Minute ein Tor geschossen haben und erhalten somit die Anzahl 20. Es erscheint uns im Sinne des Umgangs mit Sachproblemen und Textaufgaben wichtig, Fragen (Kapitänsaufgaben) einzustreuen, die von den Kindern nicht beantwortet werden können.

Die Arbeitsblätter enthalten geometrische Probleme, Verzerrungen, die die Kindern bereits kennen und als Wiederholung dienen.

Da die Kinder auch hier wieder in Paaren oder Gruppen arbeiten, sollten keine Schwierigkeiten auftreten. Die arithmetischen Kenntnisse, die verlangt werden, sind relativ einfacher Art, Strukturen zu entdecken gelingt leichter in der Interaktion mit anderen Kindern. Uns geht es wesentlich darum, dass Argumente ausgetauscht und verschriftlicht werden. Aber dieses sollte, auf ihrem jeweiligen Niveau, auch leistungsschwächeren Kindern gelingen.

Zu Seite 78

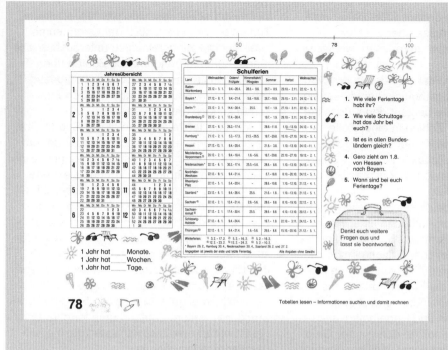

Tabelle lesen; Informationen aus Tabellen suchen und damit rechnen.

Eventuell weitere Tabellen zum Vergleich heranziehen, aktuelle Tabellen erstellen.

Zur Beantwortung der Fragen und zur Konstruktion eigener Fragen für den Partner bzw. die Gruppe benötigen die Kinder das Heft.

Die Kinder sollten auch hier wieder paarweise vorgehen, die Fragen gemeinsam beantworten. Hierbei kann jeweils ein Kind die eine Tabelle nehmen, während das andere in der anderen Tabelle (Kalender) die zugehörigen Daten auffindet. Die Kinder müssen hierbei dann die Rechnung gemeinsam ausführen.

Hierfür gibt es unterschiedliche Lösungsstrategien, sie können beispielsweise am leeren Zahlenstrahl die Lösung bestimmen. Gehen die Kinder rein arithmetisch vor, indem sie beispielsweise die Zahlen subtrahieren, wenn sich Ferienabschnitte in einem Monat befinden, dann treten leicht Fehler um 1 auf. Es

Zu Seite 78

wird bei der Subtraktion nicht berücksichtigt, dass der erste Ferientag angegeben ist. So ist beispielsweise der Zeitraum der Osterferien vom 9.4. – 21.4. nicht schlicht durch 21 – 9 lösbar, dies ergäbe 12 Tage. Tatsächlich sind es aber 13 Tage. Dies müssen die Kinder am Kalender überprüfen und erkennen.

Zudem müssen sie bestimmen, wie viele Ferientage die einzelnen Bundesländer haben.

Dies kann durchaus in einem Kontext geschehen, in dem im Sachunterricht die Geografie der Bundesrepublik behandelt wird. Es gehört durchaus zum angestrebten Allgemeinwissen von Grundschülern, die Bundesländer zu kennen. Zum anderen bietet sich hierüber die Gelegenheit, die Lage der verschiedenen Bundesländer kennen zu lernen. Die Frage, wo sie sich innerhalb Deutschlands befinden, schließt sich genuin an die Rechnungen an. Darüber hinaus könnte auch eine Diskussion initiiert werden, ob die unterschiedlichen Ferienzeiten möglicherweise geografisch-klimatische Gründe haben. Oder gibt es vielleicht einen Grund, weshalb nicht alle Bundesländer am gleichen Tag Ferien bekommen? Dies könnte zu einer Betrachtung der Verkehrssituation Anlass geben.

In Zusammenhang dieser Thematik sind Umrechnungen von Tagen auf Wochen, Wochen auf Monate, Monaten auf Jahre, Wochen auf Jahre etc. notwendig.

Die auf der Schulbuchseite angesprochene Thematik wird von **78.1** aufgenommen. Darüber hinaus werden weitere Berechnungen über Zeitdauern angestellt.

Neben dem bereits beschriebenen Fehler um plus/minus 1 bei der Berechnung von Ferienlängen erwarten wir hier keine Schwierigkeiten. Es ist im Gegenteil eher zu erwarten, dass leistungsstärkere Schüler, die versuchen, die Rechnungen abzukürzen, in Fehler hineinlaufen, wenn sie nicht die unterschiedliche Tagesanzahl der verschiedenen Monate beachten. Kinder, die enger am Kalender verhaftet bleiben, begehen solche Fehler nicht.

Dass die Kinder diese Zeitdauern ausrechnen können, bedeutet aber noch nicht, dass sie eine Vorstellung von Zeitdauern besitzen. Das eine ist eine arithmetische Anforderung, deren Bearbeitung mit Hilfe des Kalenders unterstützt wird, das andere ist eine Erfahrungsangelegenheit. Darüber hinaus stellen größere Zeiträume die Vorstellungsfähigkeit von jüngeren Kindern vor große Schwierigkeiten.

Darüber hinaus sollte angeregt werden, dass nicht nur der Kalender und das Schulferienverzeichnis von 2001 verwendet wird, sondern dass man dieses mit dem aktuellen Kalender und den aktuellen Ferienplänen vergleicht.

Zu Seite 79

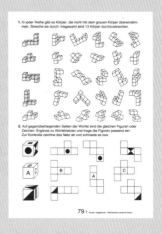

Körperformen auffinden, Bezeichnungen für Körperformen wiederholen und festigen, Eigenschaften von Körpern untersuchen, insbesondere Ecken, Kanten und Flächen finden; Fehler auf der Abbildung finden.

Die Unterrichtseinheit sollte mit einer kopfgeometrischen Übung beginnen. Hierbei könnten beispielsweise die Kinder
– in der Vorstellung einen Quader in den drei Ebenen durchsägen und anschließend bestimmen, wie die Einzelteile aussehen,
– versuchen, Würfelnetze oder Quadernetze im Kopf zusammenzulegen. Diese müssten dann als Netze an der Tafel (oder auf einer Overhead-Folie) vorbereitet sein.

In einem Sitzkreis oder im Plenum könnten die verschiedenen Körper, die als Modelle vorhanden sein sollten, betrachtet und beschrieben werden. Es sollten verschiedene Eigenschaften gesammelt werden, die zu Einteilungen der Körper führen (rollt, rollt nicht, hat mehr als eine Ecke, hat keine Ecke, hat mehr als sieben Kanten etc.).

Es bietet sich auch an, diese Objekte in einem Sack ertasten zu lassen, wobei das

Zu Seite 79

betreffende Kind eine Beschreibung des Objektes versucht, ohne dessen Namen zu nennen. Die anderen Kinder versuchen dann, den jeweiligen Körper, der ertastet wurde, zu bestimmen.

Das Bild der Schulbuchseite kann als Ausgangspunkt für weitere Aktivitäten dienen. Die Kinder sollten zuerst versuchen, die verschiedenen Körper, die sie dem Bild entnehmen können, zu beschreiben. Insbesondere jene Körper, die vorher behandelt wurden. Auf der Schulbuchseite in der rechten Spalte sind lediglich Zylinder, Kugel, Kegel, Pyramide und Quader (mit Spezialfall Würfel) angegeben. Das Prisma kommt in der Abbildung auch vor, wird aber zu diesem Zeitpunkt noch nicht benannt. Nachdem die Kinder verschiedene Objekte identifiziert haben, sollten sie versuchen, deren Anzahl im Bild zu finden.

In einem zweiten Schritt sollten sie eine Tabelle über die Objekte anlegen, die die Anzahl der Ecken, Kanten und Flächen enthält.

Hierbei kann es zu einer Diskussion darüber kommen, ob eine Kante immer eine gerade Strecke ist oder ob der Zylinder und der Kegel auch eine Kante besitzen.

Der aus Würfeln zusammengesetzte Körper, mit dem der Jongleur auf der Abbildung hantiert, ist nicht immer derselbe. Es handelt sich zum Teil um eine räumliche Spiegelung. Die Frage, die von den Kindern zu beantworten ist, besteht in dem Auffinden genau identischer, nicht gespiegelter, gleicher Körper.

Natürlich ist an dem Elefanten irgendetwas falsch, es ist eine Wiederaufnahme des Themas „Optische Illusion", das bereits zu einem früheren Zeitpunkt behandelt wurde.

79.1 nimmt das Problem des „Jonglier-Körpers" wieder auf. Die Kinder sollen aus der Reihe von zusammengesetzten Körpern genau diejenigen herausfinden, die nicht mit den linken, grauen Körpern übereinstimmen.

Bei der zweiten Aufgabe sind die Netze geeignet zu Würfelnetzen zu ergänzen. Bei einigen handelt es sich nicht um vollständige Netze. Es gibt mehrere Möglichkeiten, daraus ein vollständiges Würfelnetz zu konstruieren, so dass dies offene Aufgaben sind. Hier müssen die Kinder in der Vorstellung operieren, sie müssen versuchen, das lang dargestellte Teilnetz zu einem Körper zu formen (offener Würfel), um die letzte Fläche noch hinzuzufügen. In der Regel gibt es hierfür vier Möglichkeiten.

Diese Aufgabe sollte auch dazu benutzt werden, um die von den Kindern entdeckten neuen Würfelnetze zu vergleichen. Zudem sollten die jeweiligen Ikone auf sämtliche Würfelseiten aufgetragen werden. Es ist also immer herauszufinden, welche Seiten des Würfelnetzes sich nach der Faltung zu einem Würfel gegenüberstehen würden.

Die Aufgabe 1 der Seite 79.1 erweist sich als diagnostisch ausgesprochen relevant. Gelingt es den Kindern, in der Vorstellung mit Körpern zu operieren, sie zu drehen, sie zu verschieben, sie um ihre eigene Achse zu rotieren. Diese Fähigkeit, die eng mit der Fähigkeit, Zahlen in Beziehung zu setzen und mit diesen in der Vorstellung zu operieren, verbunden ist, kann durch entsprechende Fördermaßnahmen gestützt werden. Diese Fördermaßnahmen sehen ähnlich aus wie die auf diesem Arbeitsblatt gestellten Aufgaben.

Allerdings ist hierbei zu berücksichtigen, dass es sich nicht um eine Fähigkeit handelt, die sehr kurzfristig entwickelt werden kann. Wir gehen aber davon aus, dass die diagnostizierende Lehrperson entsprechende Schwächen bzw. Störungen bei dem einzelnen Kind sehr viel früher erkannt hat, so dass begleitende Fördermaßnahmen für diese Fähigkeit schon über einen längeren Zeitraum laufen.

Zu Seite 80

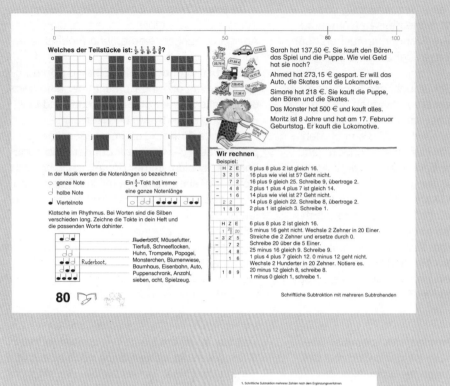

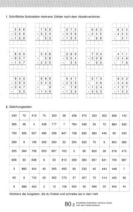

Brüche in unterschiedlichen Darstellungsformen kennen lernen: als Flächenteile und als Maß in der Musik; schriftliche Subtraktion mit mehreren Subtrahenden.

Zur Übertragung der Aufgaben, für das schriftliche Rechnen mit mehreren Subtrahenden und die Darstellung von Flächenstücken bzw. Noten benötigen die Kinder das Heft.

Wir schlagen vor, dass die Stunde mit einer Kopfrecheneinheit beginnt, bei der die Division im Hunderter- und Tausenderraum im Vordergrund steht. Daneben sollten Kettenaufgaben mit mehrfacher Subtraktion im Kopf gelöst werden. Dies kann sich auf den Hunderterraum beschränken.

Die erste Aufgabe der linken Spalte verlangt von den Kindern eine Zuordnung zwischen Flächen und Brüchen. Die Kinder müssen hierbei entscheiden, welche gefärbte Fläche $\frac{1}{2}$, $\frac{1}{4}$, $\frac{1}{8}$, $\frac{3}{8}$ oder $\frac{3}{4}$ ist. Die letzte Zeile dieser Aufgabe verlangt von den Kindern eine Strukturierung des Quadrates und Einteilung

Zu Seite 80

im Kopf. Die Raster müssen von ihnen „gesehen" oder im Heft markiert werden.

Es wird empfohlen, die untere Aufgabe im Zusammenhang mit dem Fach Musik zu behandeln. Es ist durchaus möglich und wird auch im Musikunterricht der Grundschule bereits behandelt, die Notenwerte, d.h. die Notenlängen zumindest für lange, halbe und viertel Noten in Liedern wiederzuerkennen. Die einzelnen, unterschiedlichen Takte, die mit diesen drei Notenwerten einen Viervierteltakt bilden können, sollten an der Tafel stehen. Die Kinder sind aufgefordert, in den entsprechenden Rhythmen zu klatschen.

Anschließend sollten die Kinder die Notentabelle in ihr Heft übertragen und entsprechend die Worte zuordnen. Darüber hinaus sollten sie weitere Worte finden, die zu den entsprechenden Rhythmen passen.

Im Musikunterricht sollte ebenfalls die Zuordnung von Worten/Silben zu den einzelnen Notenlängen behandelt werden. Hierbei sollte (zumindest vorübergehend) die Notenhöhe keine Rolle spielen. Dies kommt erst in einem zweiten Schritt hinzu.

Es wird darüber hinaus angeregt, die Kinder diese Notationsform auch im Vergleich zu den Geheimschriften, d.h. zu anderen Kodierungsmöglichkeiten, zu thematisieren.

Die rechte Spalte behandelt die Subtraktion mit mehreren Subtrahenden. Bei den Textaufgaben ist es naheliegend, die Preise der zu kaufenden Objekte zuerst zu addieren, bevor sie von dem vorhandenen Geldbetrag abgezogen werden. Dies führt dann auf die schriftlichen Verfahren, die unten angegeben sind. Hierbei ist zu beachten, dass das Schulbuch beide möglichen Subtraktionsverfahren angibt, in einer Klasse aber nur dasjenige behandelt werden sollte, das auch eingeführt wurde. Gegebenenfalls kann man auch auf diesen Teil verzichten, es ist wesentlich günstiger, wenn die Kinder selbst versuchen, das schriftliche Verfahren hierfür zu entwickeln. Dies sollte in der Aufforderung bestehen, die Rechnungen, die bei den Textaufgaben durchgeführt werden, nun schriftlich zu notieren. Wie können wir hierbei vorgehen, was haben wir eigentlich bei den Textaufgaben gemacht, wie haben wir gerechnet?

Das Verfahren der schriftlichen Subtraktion mit mehreren Subtrahenden wird in den beiden Arbeitsblättern **80.1** und **80.2** aufgenommen.

! Hierbei ist wiederum zu berücksichtigen, dass es sich um zwei identische Arbeitsblätter handelt, die sich lediglich in dem Verfahren der schriftlichen Subtraktion unterscheiden. Es ist also innerhalb einer Klasse nur ein einziges Arbeitsblatt durchzunehmen!

Die Gleichungssafari, bei der die Aufgaben zu finden sind, die in der Zahlenmatrix versteckt sind, ist für beide Arbeitsblätter identisch.

Bei den Brüchen sind keine Schwierigkeiten beobachtet worden.

Schwierigkeiten kann einzelnen Kindern die Notationsform der schriftlichen Subtraktion mit mehreren Subtrahenden bereiten. Dies sollte nicht überbewertet werden, da es an dieser Stelle zum ersten Mal auftritt und die Rechnungen durch andere, nicht schriftliche Verfahren sicherlich noch leichter gelöst werden können als durch den schriftlichen Algorithmus. Der wird sich erst im Laufe der folgenden Lernprozesse festigen.

Zu Seite 81

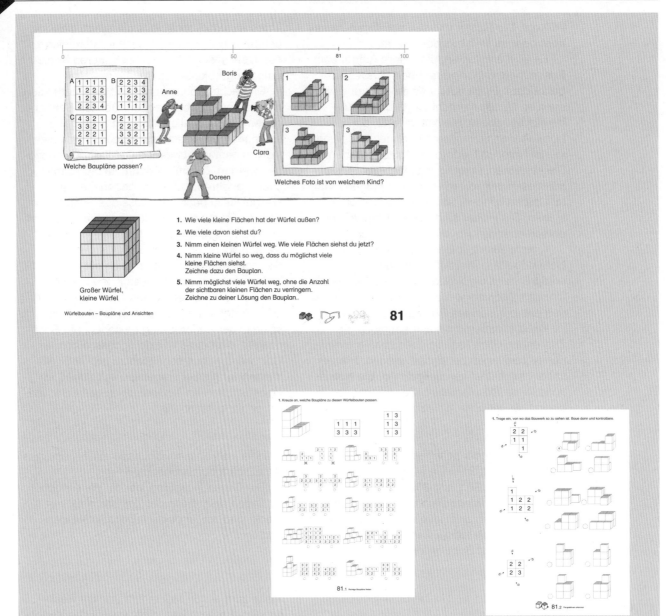

Würfelbauten und Baupläne vergleichen, unterschiedliche Perspektiven auf ein Bauwerk einnehmen.

Es wird vorgeschlagen, dass die Kinder die Aufgaben in Partnerarbeit lösen, um eine Kommunikation über die unterschiedlichen Perspektiven zu initiieren. Für die Würfelbauten selbst benötigen die Kinder das Material (Würfel), die Baupläne sind in das Heft zu übertragen.

Die Unterrichtseinheit sollte mit einer Kopfrechenübung beginnen, die erneut die Subtraktion mit mehreren Summanden zum Inhalt hat, beispielsweise in Form von Kettenaufgaben. Diese sollten sich, da sie im Kopf durchgeführt werden, auf den Hunderterraum beschränken oder, im Tausenderraum, auf Hunderter-Zehner.

Die Illustration der Schulbuchseite sollte als Ausgangspunkt für die anschließende Untersuchung von Würfelbauten und die Übertragung auf Baupläne dienen. Baupläne wurden in vereinfachter Form schon in den Eingangsklassen behandelt, sie treten nun hier in komplexerer Form wieder auf. Zudem wird die

Anforderung verschärft, als sich die vorgegebenen Baupläne lediglich in ihrer Symmetrie unterscheiden. Die Anforderung besteht darin, die Baupläne so im Kopf zu drehen, dass sie mit der nebenstehenden Figur, dem Würfelbau, übereinstimmen. Dies tun tatsächlich nur die Baupläne A und D.

Eine weitere, damit zusammenhängende Anforderung besteht darin, sich in der Vorstellung den Würfelbau aus verschiedenen Perspektiven anzuschauen. Ein Nachbauen des Würfelbaus und Betrachten aus den verschiedenen Richtungen sollte erst dann durchgeführt werden, wenn es den Kindern nicht gelingt, vorstellungsmäßig die Aufgabe zu bewältigen (Fördermaßnahme!).

Der 4 · 4 · 4-Würfelbau ist von den Kindern zu untersuchen. Hierbei kommen Beziehungen zwischen Volumen und Oberfläche zu tragen. Die Kinder sollten versuchen, die fünf Fragen der Schulbuchseite zu beantworten und die Antworten im Heft zu notieren. Auch hier wird vorgeschlagen, dies in Partnerarbeit durchführen zu lassen, wobei die Tischgruppe als Korrektiv fungiert. Bei diesem Würfelbau ist es in der Regel doch zweckmäßig, ihn nachzubauen und die Argumentationen zwischen den Kindern durch Handlungen begleiten zu lassen. Die Anforderung an die Vorstellungsfähigkeit stößt bei einigen Kindern möglicherweise an eine Grenze. Zudem müssen verschiedene Fälle unterschieden werden, in denen ein Würfel entfernt wird und sich damit die Anzahl der Flächen ändert. Was passiert, wenn ich einen Eckwürfel entferne, was passiert, wenn ich einen „Kantenwürfel" entferne, was passiert, wenn ich einen „Seitenwürfel" entferne? Hiermit sind jeweils die Würfel gemeint, die auf einer Kante liegen, aber keine Eckwürfel sind (Kantenwürfel) bzw. in einer Fläche liegen, aber weder Kanten- noch Eckwürfel sind.

Natürlich sollten nur solche Würfel entfernt werden, die die Stabilität des Baues nicht beeinträchtigen, d.h. solche Würfel, die auf der Abbildung eine rote Fläche besitzen.

Es ist zu beobachten, wie die Kinder bei der fünften Aufgabe vorgehen. Hierbei kann es sich um eine Versuchs-Irrtums-Strategie handeln, es kann aber aufgrund der Überlegungen, die mit den vorangehenden vier Aufgaben durchgeführt worden, zu elaborierten Strategien und Begründungen kommen.

81.1 verlangt von den Kindern, jene Baupläne anzukreuzen, die mit dem daneben stehenden Würfelbau übereinstimmen. Man beachte, dass hier die Komplexität der Würfelbauten zunimmt. Es handelt sich wieder um die Anforderung, die Baupläne in der Vorstellung zu vergleichen. Auch hier treten wieder Symmetrieüberlegungen ein. Es kann also vorkommen, dass, wie in der dritten Aufgabe, sämtliche Baupläne richtig sind. In anderen Fällen ist dies nicht der Fall.

81.2 nimmt die auf der Schulbuchseite bereits thematisierte Problematik der Perspektive auf. Hier muss entschieden werden, von welcher Richtung aus das Bauwerk gesehen wird. Es handelt sich um einen Vergleich von Bauplan mit der Ansicht des Würfelbaus, hier aber unter Betonung der unterschiedlichen Perspektive.

Gelingt den Kindern dieses durchaus schwierige Vorgehen in der Vorstellung nicht, so wird empfohlen, den Würfelbau entsprechend den Bauplänen konstruieren zu lassen, um anschließend um ihn herumzugehen und wechselnde Perspektiven einzunehmen (Fördermaßnahme!).

Bei einigen Kindern ist die Fähigkeit, mit Objekten in der Vorstellung zu operieren, sie zu drehen und zu verändern, schlechter entwickelt als bei den Klassenkameraden. Dies muss durch entsprechende Übungen, wie sie auf diesen Arbeitsblättern vorliegen, gefördert werden. Es wurde an vielen Stellen bereits darauf hingewiesen, dass es einen engen Zusammenhang zwischen der visuellen Vorstellungsfähigkeit und dem arithmetischen Denken bei Kindern gibt.

Es gehört zu den Aufgaben der Lehrperson, entsprechende Schwierigkeiten bei den Kindern frühzeitig zu entdecken und entsprechende Interventionsmaßnahmen einzuleiten. Aus diesem Grunde gehen wir davon aus, dass bei den Kindern, die nun Schwierigkeiten haben, bereits frühzeitig, d.h. in den Eingangsklassen, Fördermaßnahmen durchgeführt wurden und immer noch werden. Es handelt sich in der Regel um Rehabilitationsmaßnahmen, die nicht durch sehr kurzfristige Fördereinheiten abschließend behoben werden können. Es sind langwierige Prozesse, die bei diesen Kindern auch in späterem Alter noch andauern werden.

Zu Seite 82

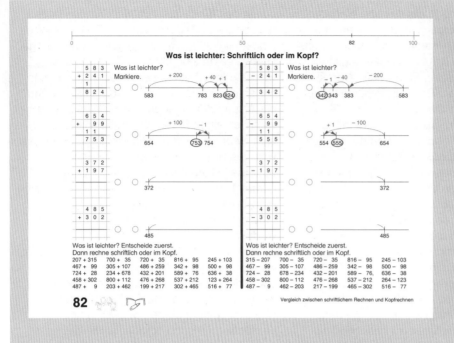

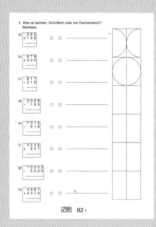

Vergleiche zwischen schriftlichem Rechnen und dem Kopfrechnen; Entscheidungen über die günstige Rechenstrategie fällen, das eigene Denken beobachten.

Die Kinder benötigen für diese Aufgaben das Heft, da sie jeweils die Aufgaben übertragen müssen und markieren müssen, welche Rechenart ihnen leichter fällt.

Wir stellen uns vor, dass die Stunde mit einer Kopfrechneneinheit beginnt, die aber, im Gegensatz zur Thematik der Schulbuchseite, die Multiplikation und Division im Hunderter- bzw. Tausenderraum beinhalten sollte.

Die Aufgaben der Schulbuchseite sollten zuerst in Einzelarbeit bearbeitet werden, anschließend sollten die Partner oder die Gruppen vergleichen, welche Vorgehensweise ihnen leichter gefallen ist. Hierbei sollten zuerst die vier vorgegebenen Aufgaben zur Addition, dann wieder in Einzelarbeit die vier Aufgaben zur Subtraktion behandelt werden. Zwei verschiedene Verfahren werden hierbei

Zu Seite 82

vorgeschlagen und müssen von den Kindern auch durchgeführt werden, einmal das schriftliche Verfahren, zum anderen das dem Kopfrechnen nahe Verfahren mit der Darstellung am Zahlenstrahl.

Wir erwarten, dass es durchaus unterschiedliche Entscheidungen bei den Kindern gibt. So ist die Einfachheit einer Aufgabe möglicherweise von der Strategie selbst abhängig: Wähle ich bei der dritten Additionsaufgabe das Verfahren des schrittweisen Vorgehens am Zahlenstrahl, d.h. HZE, dann dürfte dieses nicht wesentlich leichter sein als das schriftliche Verfahren. Wähle ich stattdessen eine Sprungstrategie, 372+200-3, dann dürfte diese leichter fallen.

Ähnlich verhält es sich mit der Subtraktion. Möglicherweise unterscheidet die Anforderung dieser Schulbuchseite auch zwischen guten und schlechten Kopfrechnern. Aufgrund der Beobachtungen, die vorher bei den Rechenstrategien der Kinder gemacht wurden, dürfte es leicht fallen, die entsprechenden Entscheidungen der Kinder für eine Rechenweise vorauszusagen.

Die Aufgaben dienen dazu, die Kinder über die unterschiedlichen Vorgehensweisen nachdenken zu lassen, d.h. ihre Metakognition anzuregen.

Die Aufgaben im unteren Teil der Schulbuchseite sollten im Heft gelöst werden. Auch hier sollten wieder beide Darstellungsformen, d.h. schriftliches Rechnen und Darstellung am Zahlenstrahl, durchgeführt werden, bevor eine Entscheidung getroffen wird.

82.1 nimmt die Problemstellung auf, ob Aufgaben leichter schriftlich durch Untereinanderschreiben der Zahlen berechnet werden können oder im Kopf bzw. am Zahlenstrahl dargestellt. Ziel ist hierbei wieder die Auseinandersetzung mit den eigenen Denkwegen: Welche Form halte ich als Schüler für geeigneter, auf welchem Weg komme ich schneller ans Ziel? Dies ist von den jeweiligen Zahlen bzw. Zahlenkombinationen abhängig. Das Muster am Rand sollte mit dem Zirkel weiter konstruiert werden. Hierbei ist auf sehr genaues Zeichnen zu achten. Die Kinder müssen, bevor sie die Halbkreise zeichnen, die Mittelpunkte entweder ausmessen oder mit Hilfe des Zirkels ausprobieren.

Es wird nicht erwartet, dass gravierende Schwierigkeiten bei dieser Schulbuchseite auftreten, da die Kinder lediglich anzugeben haben, welche Strategie ihnen günstiger erscheint. Es handelt sich in diesem Sinne um subjektive Äußerungen. Allerdings kann sich, wie bereits ausgeführt, das Entscheidungsverhalten zwischen leistungsstarken und leistungsschwachen Rechnern durchaus unterscheiden. Dies sollte lediglich registriert werden.

Zu Seite 83

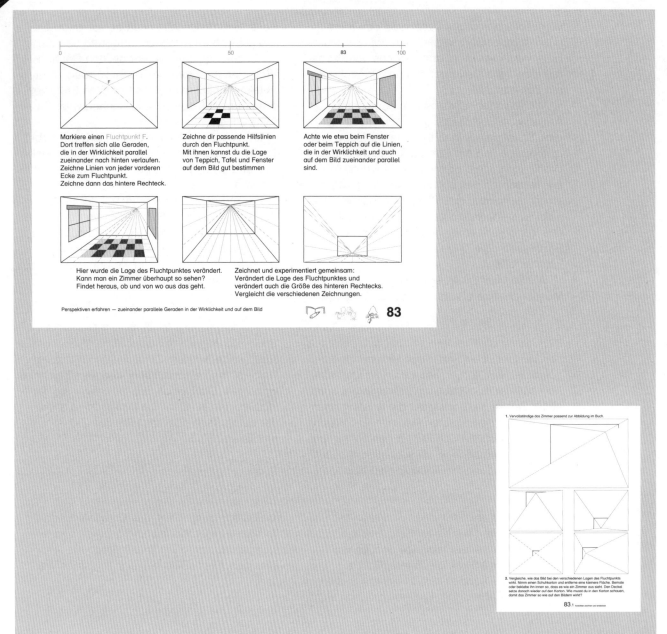

Perspektiven erfahren; zueinander parallele Geraden der Wirklichkeit zu Fluchtlinien auf dem Blatt verbinden; unterschiedliche Perspektiven, insbesondere Vogel- und Froschperspektive, erleben und in der Zeichnung beachten.

Die Kinder benötigen für die eigenen Zeichnungen das Heft. Günstigerweise sollten sie unliniertes bzw. unkariertes Papier verwenden.

Die Aufgaben sollten in Partnerarbeit durchgeführt werden, Gruppenarbeit eignet sich für diese Tätigkeit nicht.

Es wird vorgeschlagen, die Stunde mit einer Kopfgeometrieeinheit zu beginnen. Hierfür eignen sich Aufgaben, bei denen (in Wiederholung bereits durchgeführte Unterrichtseinheiten) die Kinder Schattenbilder von Objekten erkennen müssen.
– Welche möglichen Schatten wirft ein Würfel, ein Zylinder, ein Quader, ein Kegel etc.?
– Kann man dem Schatten ansehen, von welchem Objekt er geworfen wurde (Kugel, Zylinder, Kegel werfen jeweils einen Kreis)?

Als Einstieg für die Einzel- und anschließende Partnerarbeit eignet sich die Schulbuchseite. Die Kinder erleben hierbei, wie eine

Zu Seite 83

perspektivische Zeichnung entsteht. Ein Fluchtpunkt wird gewählt, in dem sich sämtliche in der Realität parallelen Geraden auf der Zeichnung treffen. Allerdings nur jene Geraden, die vom Betrachter aus gesehen nach hinten verlaufen. Geraden, die quer dazu liegen, konvergieren nicht in einem Punkt. Die Kinder sollten zuerst in Einzelarbeit, anschließend als Kontrolle aber auch zur Weiterführung der Gemälde in Partnerarbeit (nicht in Gruppen!) verschiedene Fluchtpunkte ausprobieren. Sie sollten sich auch überlegen, ob dies mögliche Perspektiven in einem Raum bzw. in einem Zimmer sind.
– Wie würde es ein Vogel sehen?
– Wie sieht es ein Frosch oder eine Ameise?
Wesentlich bei diesem Vorgehen ist zweierlei:

– Das Erleben der Perspektive und das zugehörige Zeichnen als neue, die bisherigen Fähigkeiten erweiternde Technik.
– Die Schulung der Raumanschauung durch Veränderung der Perspektive, die zeichnerisch durch eine Veränderung des Fluchtpunktes dargestellt wird.
– Methodentraining in dem Sinne der akkuraten Handhabung von Lineal bzw. Schablone, da ungenaues Zeichnen bzw. unscharfes Konvergieren der Geraden in den Fluchtpunkt zu Verzerrungen des Bildes führt.

Es wird vorgeschlagen, dass die Kinder ihre sehr unterschiedlichen Zeichnungen zu einem Plakat zusammentragen.

83.1 nimmt die Thematik der Schulbuchseite auf. Es sollen unterschiedliche Lagen des Fluchtpunktes berücksichtigt und konstruiert werden.

Darüber hinaus ist eine Aufgabe angegeben, die dann allerdings in Gruppenarbeit durchgeführt werden sollte. Die Ausgestaltung eines Schuhkartons als Zimmer und verschiedene Gucklöcher an der Seitenwand ermöglichen unterschiedliche Perspektiven. Ein großer Teil des Deckels sollte hierbei ausgeschnitten und durch ein Transparentpapier ersetzt werden (aufkleben), so dass genügend Licht in den Schuhkarton eindringt. Die Kinder können versuchen, aus Papier Möbel zu konstruieren und in diesem Schuhkarton aufzustellen, d.h. das „Zimmer" so realistisch wie möglich auszugestalten.

Abgesehen von der Handhabung der Schablone bzw. des Lineals werden keine Schwierigkeiten erwartet.

Zu Seite 84

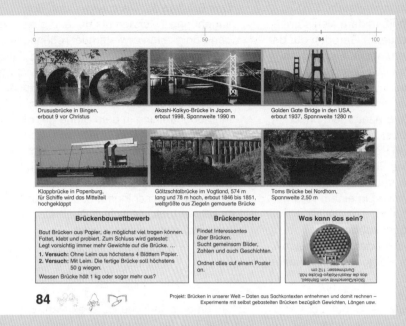

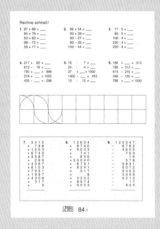

Projekt: Brücken in unserer Welt, verschiedene technische Realisierungen von Brücken in der Geschichte der Technik erleben, ihre Funktionsweise untersuchen; Daten aus Sachkontexten entnehmen und mit ihnen rechnen; mit selbst gebastelten Brücken experimentieren, ihre Stabilität verbessern, Messungen mit Gewichten und Längen vornehmen.

Für ihre Experimente benötigen die Kinder das Heft, in das sie Daten übertragen. Einige Kinder werden möglicherweise auch technische Entwürfe von Brücken versuchen, hierfür eignet sich eher unlinierts bzw. unkariertes Papier.

Ausgangspunkt für dieses Projekt können die Bilder auf der Schulbuchseite sein. Die Kinder sollten die verschiedenen Brücken beschreiben, sollten Überlegungen anstellen, in welcher Form die Stabilität erreicht wird, durch welche Kräfte die Gewichte gehalten werden und wie die Brücken die über sie hinweg fahrenden schweren Gewichte tragen. Die Funktionsweise der Brücken sollte ebenfalls Gegenstand der Untersuchung sein. Es ist daher sinnvoll, diese Unterrichtseinheit mit dem Sachunterricht zu verbinden.

Zu Seite 84

Die Schulbuchseite dient lediglich als Ausgangspunkt für eine Unterrichtseinheit, die sich über mehrere Stunden hinziehen kann und jeweils begleitend zu den arithmetischen oder geometrischen Inhalten hinzutreten kann. So sollten die Kinder weitere Informationen über Brücken herausfinden (Internet, Kinderlexikon), Bilder von Brücken sammeln, eigene Brückenkonstruktionen entwerfen.

Der Brückenbau-Wettbewerb erfordert von den Kindern, Brücken aus Papier zu bauen. Hierbei müssen sie experimentieren, Blätter falten, kleben und vor allen Dingen Gewichte messen und auf ihren Brücken ausprobieren.

Hierbei werden zwei verschiedene Brückentypen unterschieden:

– eine Brücke aus höchstens 4 Papierblättern, wobei kein Klebstoff verwendet werden darf,
– eine Brücke, die mit Klebstoff gebaut werden kann, aber insgesamt nicht mehr als 50 Gramm wiegen darf.

Können die Kinder eine Brücke bauen, die ein Gewicht von 1 kg oder mehr aushält?

Die Kinder sollten ihre Konstruktionen als Gruppenarbeit vorstellen, wobei eine Gruppe auch mehrere Brücken abgeben kann. Allerdings wird meist die stabilste, das meiste Gewicht tragende Produkt in das Gruppenrennen geschickt.

Das Arbeitsblatt **84.1** verlangt von den Kindern, möglichst schnell zu rechnen und Rechenvorteile auszunutzen. Das Ausnutzen von Rechenvorteilen ist allerdings als Hinweis nicht mehr gegeben, dies sollte zu diesem Zeitpunkt von den Kindern selbst gefunden werden.

Zum Teil sind die Aufgaben sehr einfach, sie gehen auf den Hunderterraum zurück. Dies ist durchaus als Wiederholung und Training für die Rechenstrategien zu verstehen. Darüber hinaus sind einfache Multiplikations- und Divisionsaufgaben aufgenommen, bei denen ebenfalls Rechenvorteile zum Tragen kommen. Die Aufgaben 7 bis 9 beinhalten lange Additions- und Subtraktionsaufgaben, die ebenfalls unter einem Zeitlimit durchgeführt werden können (evtl. als Test für schnelle Addition einsetzbar).

Das Muster in der Mitte verlangt von den Kindern akkurates Arbeiten mit dem Zirkel und das Ausmessen mit Hilfe der Schablone.

Da die Kinder in Gruppen arbeiten, werden Schwierigkeiten nicht beobachtet. Die Kinder bringen ihre eigenen Fähigkeiten und kreativen Ideen in die Gruppenarbeit ein und profitieren von den anderen.

Zu Seite 85

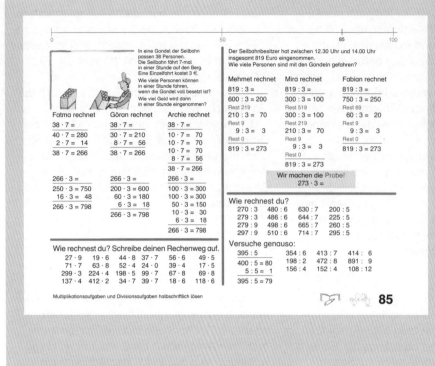

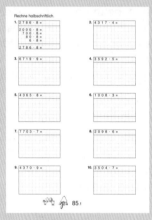

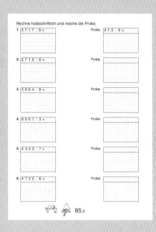

Multiplikationsaufgaben und Divisionsaufgaben halbschriftlich lösen, bisherige Rechenstrategien erweitern und verfeinern, Rechenstrategien vergleichen.

Für die Aufgaben benötigen die Kinder das Heft; in das Heft sollten auch Beschreibungen der Rechenwege notiert werden.

Die Stunde sollte mit einer Kopfrechenwiederholung beginnen, in deren Mittelpunkt das Kleine Einmaleins, die Multiplikation mit Zehnerzahlen und zugehörige Divisionsaufgaben als Umkehrung der Multiplikationsaufgaben stehen.

Die Textaufgabe auf der linken Spalte oben der Schulbuchseite kann als Ausgangspunkt der weiteren Aktivität dienen. Sie sollte allerdings präsentiert werden, bevor die Kinder die Schulbuchseite gesehen haben und daher die unterschiedlichen Rechnungsmöglichkeiten noch nicht kennen. Die Aufgabe kann an der Tafel stehen oder auf einer Folie. Möglich ist

Zu Seite 85

auch, die Aufgabe vorzulesen und die wenigen Zahlen (38 Personen, 7-mal pro Stunde, 3 Euro pro Fahrt) können notiert werden.

Anschließend sollten die Kinder in Einzelarbeit kurz versuchen, die Lösung hierfür zu finden. Danach sollten die unterschiedlichen Rechenwege, die von den Kindern gefunden wurden, im Plenum dargestellt werden. Erfahrungsgemäß zeigen sich hierbei unterschiedliche Formen, die wiederholte Addition auszuführen bzw. die Multiplikation zu verkürzen.

Es dürften auch Kinder in der Klasse sein, die schon über sehr elaborierte Multiplikationsverfahren verfügen. Bei der Vorstellung im Plenum erscheint es nicht sinnvoll, diese Schüler als erste ihren Lösungsweg darbieten zu lassen. Günstiger ist es hingegen, mit den weniger optimalen, schrittweise vorgehenden oder sogar fehlerhaften Lösungen und Lösungsversuchen der Schüler zu beginnen.

Wesentlicher Gegenstand der Unterrichtsstunde sollte die Diskussion über die verschiedenen Lösungswege sein und eine Bewertung, welche von den Kindern zu diesem Zeitpunkt bereits durchgeführt werden könnten. Es darf durchaus sein, dass die Kinder sich individuell sehr unterschiedlich für einen Rechenweg entscheiden.

Erst anschließend sollten die Aufgaben auf der Seite linke Spalte unten durchgeführt werden. Auch hierbei ist darauf zu achten, dass es nicht nur auf die Lösung ankommt, sondern die Kinder auch ihren Rechenweg beschreiben. Sie können dies auch durch Kommentierung ihres halbschriftlichen Verfahrens tun.

Für die Division, die auf der rechten Spalte der Schulbuchseite angegeben ist, wird in ähnlicher Weise vorgegangen. Es empfiehlt sich sogar, auch hier wieder ohne die Schulbuchseite vorzugehen und die Kinder sehr unterschiedliche Lösungen finden zu lassen. Es hat sich in einigen Klassen als günstig erwiesen, die beiden Textaufgaben hintereinander zu behandeln, bevor die Schulbuchseite aufgeschlagen wird. Die Kinder trennen meist nicht die linke von der rechten Spalte und lesen durchaus weiter, so dass sich keine eigenständige Auseinandersetzung mit dem Rechenweg ergibt, sondern der günstige bereits vorweg genommen wird.

Wichtig erscheint uns, dass bei den Divisionsaufgaben in jedem Falle die Probe gemacht wird. Zu der Divisionsaufgabe gehört die Multiplikationsaufgabe hinzu.

Die Aufgaben im zweiten Teil der Spalte sollten wieder von den Kindern kommentiert und begründet werden.

Das Arbeitsblatt **85.1** verlangt von den Kindern, halbschriftliche Multiplikationsaufgaben durchzuführen und zwar in einem Zahlenraum, der ihnen eigentlich noch nicht vertraut ist. Dieses Arbeitsblatt sollte additiv für leistungsstarke Schüler verwendet werden. Es ist auf jeden Fall notwendig, dass die Aufgaben aus dem Tausenderraum, die auf der Schulbuchseite behandelt werden, vorab gemacht worden sind. Darüber hinaus sollten die Kinder dieses Arbeitsblatt in Partnerarbeit versuchen. Es handelt sich um einen Vorgriff, für den sie noch keine Lösungswege entwickelt haben, die hierbei aber zu entwickeln sind. Prinzipiell gehen wir nicht davon aus, dass die Kinder in Rechenverfahren unterrichtet worden sein müssen, sie können sie auch bei einem Arbeitsblatt selbstständig entwickeln bzw. entdecken. In diesem Sinne stellen sie allerdings Forscheraufgaben dar.

85.2 ist in ähnlicher Weise zu sehen. Es handelt sich um Divisionsaufgaben aus einem Zahlenraum, der ihnen noch nicht vertraut ist, in den hinein sie aber Analogieschlüsse ziehen können.

Wir gehen nicht davon aus, dass die Kinder diese Aufgaben lösen können, aber trotz fehlerhafter Lösungsversuche halten wir es für notwendig, dass sie zu diesem Zeitpunkt im Vorgriff auf die Thematik der 4. Klasse sich bereits mit den Inhalten auseinandersetzen und eigene Wege zu gehen versuchen.

Zu Seite 86

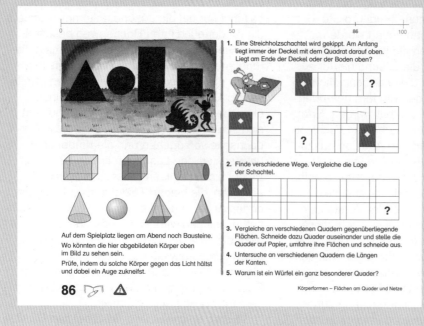

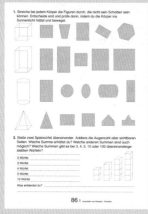
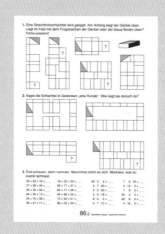
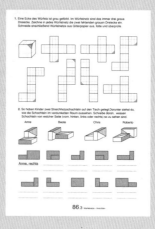

Körperformen erkennen, ihre Projektion (Schatten) zuordnen; Raumanschauung schulen; Quader kippen und die Bewegung in der Vorstellung durchführen.

Für ihre Beobachtung an den Körpern benötigen die Kinder das Heft. Es ist empfehlenswert, wenn die Kinder versuchen, die verschiedenen Schatten der Körper ebenfalls in ihr Heft zu zeichnen. Hierfür eignet sich unliniertes Papier.

Die Unterrichtsstunde kann direkt mit der Schulbuchseite beginnen. Die Kinder kennen verschiedene Körperformen und sollten bestimmen, von welchen Körpern die jeweiligen Schatten geworfen sein könnten. Hierfür gibt es verschiedene Möglichkeiten. Es ist eine Wiederaufnahme der Kopfgeometrieeinheit, die wenige Stunden vorher vorgeschlagen wurde.

Es wird empfohlen, dass die Kinder mit dem Overhead-Projektor oder mit der Taschenlampe experimentieren, dabei die Figuren drehen und ihre jeweiligen Schatten an der Wand verfolgen und in Partnerarbeit

Zu Seite 86

notieren bzw. aufzeichnen. Hierbei sollten insbesondere jene Schatten herausgefunden werden, deren Zuordnung zu den einzelnen Körpern nicht eindeutig möglich ist, da sie von verschiedenen Körpern stammen können.

Die rechte Spalte der Schulbuchseite beinhaltet Netze, die durch Kippen eines Quaders entstehen können. Es ist Aufgabe der Schüler, sich diese Kippbewegungen im Kopf vorzustellen um dann zu entscheiden, ob an der letzten Stelle der Deckel oder der Boden der Schachtel oben liegt. Bei der zweiten Aufgabe sind verschiedene Wege möglich und die Kinder sollten hierbei wiederum zu entscheiden versuchen, mit welcher Lage der Weg endet.

Ist also der Deckel oder der Boden nun sichtbar?

Zudem sollten die Kinder versuchen, Quadernetze zu erstellen. Es gibt mehr Quadernetze als Würfelnetze, so dass es hier nicht um eine vollständige Sammlung von Quadernetzen geht. Primäres Ziel muss es sein, die Unterschiedlichkeit von Quadernetzen zu bestimmen, die zu einem einzigen Würfelnetz gehören. Darüber hinaus stellt es eine vertiefende Wiederholung der Eigenschaften eines Quaders dar, bei dem gegenüberliegende Seiten paarweise gleich sind.

86.1 nimmt die Thematik der Schatten wieder auf. Verschiedene mögliche Schatten sind vorgegeben, von den Kindern müssen jene gefunden werden, die tatsächlich von dem Körper herstammen können. Hierbei sollten die Kinder in Einzelarbeit das Blatt bearbeiten, eine Kontrolle muss durch die Partner stattfinden. Dies ist in diesem Falle notwendig, da es durchaus Diskussionsbedarf bei einzelnen Schatten geben kann.

Die zweite Aufgabe des Arbeitsblattes verlangt von den Kindern, sich zu überlegen, welche Augensummen bei mehreren aufeinandergelegten Würfeln möglich sind. Welche Summen sind bei 100 übereinandergestellten Würfeln möglich, kann ich vorab schon sagen, wie viel es ist, wenn ich die oberste Zahl sehe? Wichtig ist die Entdeckung des systematischen Zusammenhanges.

86.2 verlangt von den Kindern, in der Vorstellung die Schachtel zu bewegen und nun zu bestimmen, ob der Deckel oder der Boden nach Abschluss der Bewegung oben liegt.

Bei der dritten Aufgabe müssen die Kinder zuerst günstig zusammenfassen, um die Aufgaben leicht zu berechnen. Bei der Addition verbinden sich manchmal die Zahlen sehr günstig, die Ergänzung zu 10 Einern liegt auf der Hand, wenn man geschickt vorgeht. Bei den Multiplikationsaufgaben kann man ebenfalls geschickt vorgehen, so dass sich etwa 100 als Zwischenprodukt ergibt
($25 \cdot 3 \cdot 4 = 3 \cdot 100$ oder $5 \cdot 5 \cdot 18 = 10 \cdot 5 \cdot 9$).
86.3 behandelt Würfelnetze, bei denen die Aufgabe darin besteht, sie zu einem Würfel zu falten und die entsprechenden fehlenden Ecken wieder im Netz zu markieren. Gefordert ist also das Zusammenfalten des Würfelnetzes zu einem Würfel und Wiederauseinanderklappen in der Vorstellung. Bei der zweiten Aufgabe wird ebenfalls die Raumvorstellung gefordert, hier müssen verschiedene Perspektiven von den Kindern ausprobiert werden und entschieden werden, zu welcher vorgegebenen Figur sie passen können.

Schwierigkeiten ergeben sich bei den Kindern, die über unzureichende Vorstellungsfähigkeit verfügen. Manchmal wird bei den „Kippwegen", die von einer Streichholzschachtel durchlaufen werden, Unsicherheiten bei Kindern beobachtet. Einige Felder werden von dieser Bewegung nicht getroffen, was von den Kindern aber erst erkannt werden muss. So ist bei der Aufgabe 1 der Schulbuchseite im dritten Beispiel nicht allen Kindern klar, wie dieser Bewegungsablauf vonstatten geht, bis man zum Fragezeichen gelangt. Dies gilt auch für

das Arbeitsblatt **86.2**. Der zu durchlaufende Weg sollte aber nicht von der Lehrperson angegeben, sondern von den Kindern in der Partnerarbeit untersucht werden.
Kinder mit Problemen in dem Durchlaufen einer Bewegung in der Vorstellung sollten bereits auffällig geworden sein. Allerdings sind die hier auf der Schulbuchseite und den Arbeitsblättern vorgestellten Übungen gleichzeitig Fördermaterial für diese Kinder.

Zu Seite 87

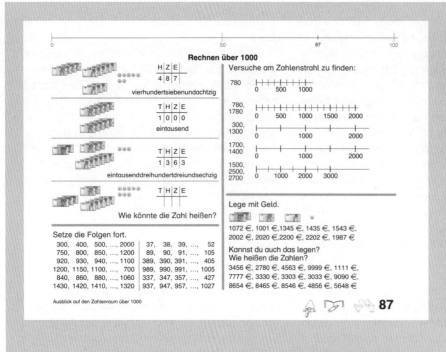

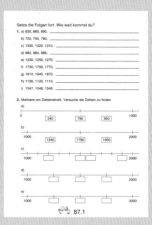

Ausblick auf den Zahlenraum über 1000 hinaus; weiterer Umgang mit großen Zahlen und Analogiebildung in den nächsten Tausendern.

Die Kinder benötigen für die Aufgaben und die Darstellung am Zahlenstrahl das Heft; die Aufgaben sind als Entdeckungs- und Forschungsaufgaben bezeichnet, da sie über den bisher bekannten Zahlenraum hinausführen.

Wir stellen uns vor, dass wiederholende Kopfrechenaufgaben im Zahlenraum bis 1000 zu Beginn der Stunde vorgenommen werden. Hierbei sollte es sich um das Ordnen von Zahlen handeln, welche Zahl ist größer/kleiner als eine zweite, Reihen von Zahlen der Größe nach ordnen etc. Darüber hinaus sollte im Tausenderraum in Schritten gezählt werden: wenn ich bei der Zahl 525 beginne und in 5er-Schritten gehe, wie weit komme ich nach 7 Schritten? Diese Aufgaben können im Schwierigkeitsgrad gesteigert werden.

Die Kinder sollten in Gruppen mit Spielgeld spielen und hierbei Beträge über 1000 han-

Zu Seite 87

delnd legen. Dies sollte in einen Sachkontext, hier also eine Kaufsituation, eingebettet werden.
- Wie viel muss ich bezahlen, wenn ich Dinge für 357, 596 und 425 Euro kaufe?
- Können wir diese Zahlen mit Geld legen (sehr leicht)?
- Können wir auch bestimmen, wie man diese Zahlen schreibt und wie man sie spricht?

Die Kinder sollten mit Hilfe des Spielgeldes reichlich Erfahrungen sammeln und versuchen, ihre Geldbeträge, die über den Tausender hinausreichen, zu notieren.

Im Klassenverband sollte die Schreib- und Sprechweise von Zahlen über 1000 hinaus besprochen werden. Die Kinder haben bereits in den vorangehenden Unterrichtseinheiten mit großen Zahlen Erfahrungen sammeln können, dieses sollte jetzt systematisiert werden. Das Bündeln der Hunderter zu Tausendern wird nun als Prinzip eingeführt.

Neben dem Spielgeld können, wenn dies in der Klasse vorhanden ist, auch andere Veranschaulichungsmaterialien benutzt werden. Für die Darstellung der Dezimalstruktur eignet sich auch das Material der „Mehr-System-Blöcke". Ist dies allerdings nicht vorhanden (es gehört nicht zu den Materialien des Lehrwerkes), dann genügt auch der Umgang mit Geld.

Die Aufgabe auf der linken Spalte der Schulbuchseite, Zahlenfolgen fortzusetzen, sollte von den Kindern im Heft durchgeführt werden. Hier sind jeweils die Anfangszahlen und die Endzahl vorgegeben. Es ist darauf zu achten, dass die Kinder tatsächlich versuchen, die Endzahl zu erreichen und die Zwischenglieder vollständig zu bestimmen.

Die Darstellung am Zahlenstrahl, die auf der rechten Spalte der Schulbuchseite thematisiert wird, sollte ebenfalls von den Kindern versucht werden. Es geht an dieser Stelle darum, Kenntnisse aus dem Tausenderraum in die nächsten Tausender zu übertragen. Die Vorgehensweise ist ähnlich derjenigen, die die Kinder am Anfang des Schuljahres bei der Zahlraumerweiterung von Hundert auf Tausend vorgenommen haben.

Die Kinder sollten die vorgegebenen Geldbeträge, die im unteren Teil der rechten Spalte angegeben sind, mit dem Spielgeld legen. Hierbei sollte in Partnerarbeit überprüft werden, ob die Tausender auch richtig gebündelt sind.

Einige Kinder werden kreativ versuchen, die Tausender auch anders zu bündeln und unterschiedliche Darstellungsformen wählen. Dies sollte durchaus zugelassen und innerhalb der Klasse besprochen werden.

Das Arbeitsblatt **87.1** sollte in Partnerarbeit durchgeführt werden. Es nimmt die Aufgabe der Zahlenfolgen auf, wobei hier keine Endzahl vorgegeben ist. Die Kinder können, je nach ihren Fähigkeiten, unterschiedlich tief eindringen und die Zahlenfolgen entsprechend ihrer aktuellen Kenntnis bilden. Die Aufgaben sind durchaus schwierig. Im zweiten Teil des Arbeitsblattes werden Analogiebildungen verlangt, die Erweiterung von Tausend auf den zweiten Tausender wird thematisiert.

Es handelt sich um einen Einstieg in die Zahlraumerweiterung. Diese Thematik ist zwar bereits auf einigen Arbeitsblättern angesprochen worden, aber es kann nicht erwartet werden, dass die Kinder fehlerfrei diese Aufgaben bearbeiten. Es muss davon ausgegangen werden, dass die Erfahrungen im neuen Zahlenraum sich über einen längeren Zeitraum bilden müssen, bevor sie gefestigt sind. Fehler sind dementsprechend zu erwarten, sie müssen nicht unbedingt von der Lehrperson als solche angesprochen, sondern besser in der Partner- oder Gruppenarbeit von anderen Kindern korrigiert werden.

Allerdings zeigt sich hierbei, welche Kinder die Bündelungsstruktur im Tausenderraum verstanden haben, um sie in neue Zahlenräume zu übertragen.

Zu Seite 88

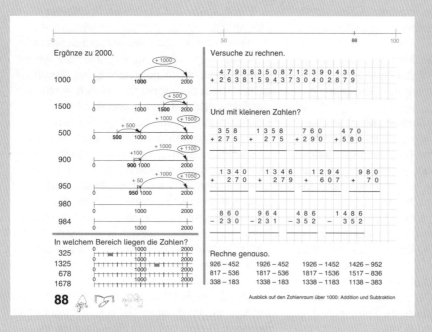

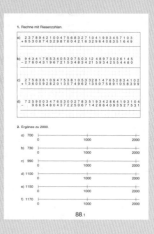

Weiterer Ausblick auf den Zahlenraum über 1000 hinaus; Additions- und Subtraktionsversuche im neuen Zahlenraum.

Für diese Erkundungsaufgaben benötigen die Kinder das Heft.

Die Stunde kann direkt mit der Schulbuchseite beginnen. Die Problematik der ersten Aufgabe besteht darin, bis zu der Zahl 2000 zu ergänzen. Hierbei dienen die Aufgaben der Schulbuchseite lediglich als Anstoß zur Analogiebildung. Die Kinder sollten darüber hinaus mit eigenen Zahlen experimentieren, verschiedene Startzahlen ausprobieren und so die Struktur des neuen Tausenders erproben.

Die Aufgaben der linken Spalte sind in ihrer Schwierigkeit gestaffelt, wobei durchaus in der Einschätzung der Schwierigkeiten Unterschiede zwischen den Kindern bestehen können. Es ist allerdings darauf zu achten, dass je-

Zu Seite 88

weils die Konstruktion am leeren Zahlenstrahl im Heft vorgenommen wird. Dies betrifft insbesondere die Zahlen, die im ersten Tausender liegen, so dass im ersten Schritt eine Ergänzung zum Tausender vorgenommen wird.

Der zweite Aufgabentyp verlangt von den Kindern, Bereiche auf dem Zahlenstrahl zu markieren, in denen die jeweilige Zahl liegt. Es geht um die Hunderterbereiche, die von den Kindern zu schraffieren oder farblich zu zeichnen sind.

Hierbei treten häufig Fehler auf, da die Kinder die Zahl 325 dem dritten Hunderter zuordnen und nicht dem vierten, in dem diese Zahl liegt. Dies sollte jeweils nochmal besprochen werden, wenn bereits bei den Zahlen im Tausenderraum Fehler auftreten. Allerdings sollten diese Aufgaben in Partner- bzw. Gruppenarbeit gemacht werden, um so einen Austausch zwischen den Kindern zu ermöglichen. Die Korrektur durch die Lehrperson garantiert in diesen Fällen kein Verstehen des eigenen Fehlers.

Die bisher gewonnenen Erkenntnisse über die schriftliche Addition und Subtraktion werden hier auf größere Zahlräume erweitert. Mit „Riesenzahlen" zu rechnen, macht den Kindern sehr viel Spaß. Dies wird an dieser Stelle aufgegriffen, auch wenn die Zahl selbst von den Kindern nicht gelesen werden kann.

Der Algorithmus der schriftlichen Rechenverfahren besitzt den (einzigen) Vorteil, dass er für beliebig große Zahlen in gleicher Weise durchgeführt werden kann, dass also die Größe der Zahlen für die Durchführung des Algorithmus keine Rolle spielt. Dass hierbei die Größe der Zahlen keine Rolle spielt und aus diesem Grunde auch das Verfahren keinen Beitrag für Größenvorstellungen von Zahlen und das In-Beziehung-Setzen von Zahlen leistet, ist der entsprechende Nachteil.

Die schriftlichen Verfahren mit Überträgen werden bei den vorliegenden Aufgaben erprobt. Hierbei sollten keine Fehler vorkommen, da die Zahlraumerweiterung selbst nicht als zugrundeliegendes Verständnis verlangt wird. Es wird eher davon ausgegangen, dass sich dieses im Laufe des nächsten Schuljahres einstellen wird. Trotzdem können die Kinder mit den vorliegenden Zahlen rechnen, sie erleben eine Erweiterung ihrer Fähigkeiten (auch wenn sich diese nur auf einen sehr formalen Aspekt bezieht).

88.1 nimmt das Thema der Riesenzahlen auf, die schriftlichen Verfahren werden an dieser Stelle sehr intensiv geübt. Aus der Sicht der Lehrperson könnten diese Aufgaben auch interpretiert werden als jeweils 10 Aufgaben mit dreistelligen Zahlen.

Die zweite Aufgabe verlangt von den Kindern, die Startzahlen bis zu 2000 am Zahlenstrahl zu ergänzen. Es handelt sich um die Fortführung des auf der Schulbuchseite begonnenen Aufgabenformats.

Bei den schriftlichen Rechenverfahren, die über den Tausenderraum hinausgehen, werden keine Schwierigkeiten erwartet, da ein tieferes Verständnis des erweiterten Zahlenraumes nicht notwendig ist. Dass die Kinder in diesen Aufgaben fehlerfrei arbeiten, ist entsprechend noch kein Hinweis darauf, dass sie ein Verständnis des nun größeren Zahlenraumes entwickelt hätten. Diagnostisch hilfreicher sind hierbei die Aufgaben, die die Ergänzung bis zu 2000 verlangen. Hier werden Analogiebildungen gefordert, die möglicherweise noch nicht allen Kindern geleistet werden. Fehler hierbei sollten dem diagnostischen Auge der Lehrperson nicht entgehen.

ZU SEITE 89

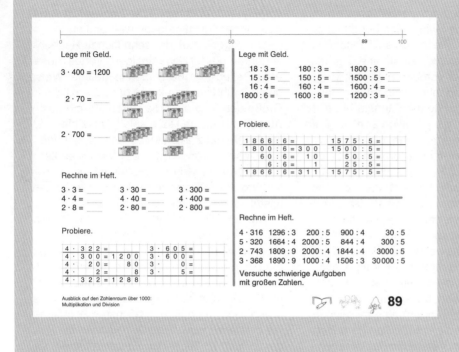

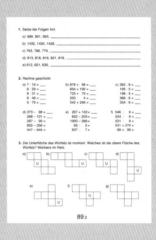

Erweiterung des Spektrums im neuen Zahlenraum: Multiplikation und Division bei größeren Zahlen.

Für die Gruppenarbeit und die Notation der Ergebnisse benötigen die Kinder das Heft, ebenfalls für die Aufgaben, die in Einzelarbeit durchgeführt werden sollen.

Die Stunde sollte mit Kopfrechenaufgaben beginnen, insbesondere Multiplikations- und Divisionsaufgaben mit glatten Zehnern. Auch das Kleine Einmaleins sollte wiederholt werden, da es eine Voraussetzung für das Folgende darstellt.

Die Aufgabe, multiplikative Situationen mit Geld zu legen, die auf der linken Spalte der Schulbuchseite angesprochen ist, kann als Situation eingeführt werden (Kaufsitutation). Es geht um die Analogiebildung nun über den Tausender hinaus. Es muss nicht unbedingt Wert darauf gelegt werden, dass die Zahlen richtig ausgesprochen werden, es ist hinrei-

ZU SEITE 89

chend, wenn die Kinder die Geldbeträge legen und versuchen, ihr Ergebnis zu notieren. Eine Stellenwerttafel ist hierfür hilfreich. Erwartet wird dabei, Analogien zwischen Einern, Zehnern und Hundertern zu bilden.

Das schriftliche Multiplizieren über den Tausender hinaus in halbschriftlicher Form, das im unteren Teil der linken Spalte angesprochen wird, sollte ebenfalls versucht werden.

Hierbei kann sich herausstellen, dass einige Kinder die Zahlen auch umdrehen und nicht notieren 4 · 322 sondern 322 · 4. Zu diesem Zeitpunkt haben einige Kinder schon Erfahrung mit den schriftlichen Rechenverfahren, sei es von älteren Geschwistern, sei es von Großeltern oder Eltern. Dies sollte durchaus zulässig sein, wenn es den Kindern hilfreich erscheint. Die Rechnungen bleiben in beiden Fällen dieselben.

Das schriftliche Verfahren der Multiplikation dreht üblicherweise die Reihenfolge der Faktoren um. Dies kann für die Kinder hilfreich sein, entspricht aber nicht dem Kopfrechenprozess bzw. der Sprechweise. Die Reihenfolge Multiplikator-Multiplikand wird in der Bedeutung bei dem schriftlichen Verfahren verkehrt, was allerdings für die Ausführung des Algorithmus ohne Bedeutung bleibt. Zu diesem Zeitpunkt sollten die Kinder frei sein, ihre eigene Schreibform zu wählen.

Die rechte Spalte behandelt analoge Verfahren für die Division. Auch hier sollte die Stufenfolge eingehalten werden:
– Spielsituationen mit Geld zu legen,
– Rechnungen mit einfachen, schon bekannten Zahlen durchzuführen,
– entsprechende Divisionsaufgaben für Zahlen zu erproben, die über den Tausender hinausgehen.

Darüber hinaus sind die Kinder aufgefordert, eigenständig Aufgaben zu entwickeln, die für sie sehr schwierig sind, die sie aber schon lösen können.

89.1 verlangt von den Kindern halbschriftliche Multiplikation; hier sollten die Kinder noch ausführlich ihren Rechenweg aufschreiben. Bei den Aufgaben 2 bis 7 sollten sie versuchen, sehr schnell im Kopf zu rechnen und Rechenvorteile auszunutzen. Insbesondere bei der Multiplikation mit 9 oder 11 bzw. die Multiplikation von Zahlen, die nahe an einem Zehner liegen (wie z.B. die 29) sollten Rechenvorteile schon bei vielen Kindern der Klasse beobachtbar sein.

89.2 verlangt von den Kindern, Zahlenreihen fortzusetzen, die unterschiedliche Strukturen und unterschiedliche Schwierigkeitsniveaus haben. Die zweite Aufgabe verlangt wieder von den Kindern, geschickt zu rechnen, wobei Multiplikations-, Divisions-, Additions- und Subtraktionsaufgaben abwechseln. Es verlangt also von den Kindern auch, genau hinzusehen und schematisches Arbeiten zu vermeiden.

Die dritte Aufgabe erfordert von den Kindern, bei Würfelnetzen die Deckfläche des Würfels zu finden, wenn die Unterfläche angegeben ist. Es handelt sich um eine Aufgabe, die ein hohes Maß an Raumvorstellung von den Kindern verlangt.

Was für die letzten Seiten und den neuen Zahlenraum gesagt wurde, trifft auch hier zu. Ein fehlerfreies Arbeiten kann nicht erwartet werden, allerdings sollten sich die Kinder mit ihren Fehlern innerhalb der Partnerschaften oder Gruppen produktiv auseinandersetzen. Diagnostisch hilfreich sind die Aufgaben, die schnell im Kopf gerechnet werden sollen und das Ausnutzen von Rechenvorteilen verlangen. Hier zeigen sich deutliche Unterschiede zwischen den Kindern. Ebenfalls diagnostisch bedeutsam ist die Aufgabenstellung zur Raumvorstellung. Diese Aufgaben und entsprechend variierte können auch als Förderaufgaben zum Einsatz kommen.

Zu Seite 90/91

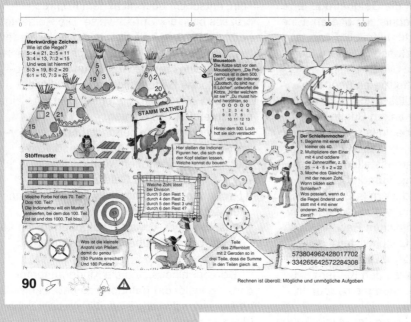

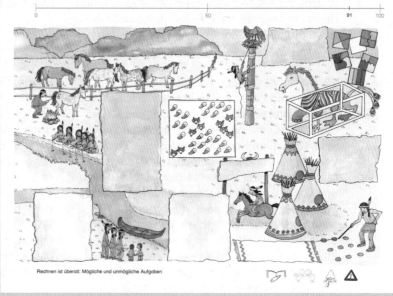

Rechnen ist überall: Mögliche und unmögliche Aufgaben in der Welt der Mathematik und darüber hinaus; Entdeckungen von mathematischen Zusammenhängen.

Die Kinder benötigen das Heft, um die Aufgabenstellungen zu bearbeiten und die bereits angesprochenen Probleme fortzusetzen. Die Kinder sind darauf hinzuweisen, dass Fehler eingebaut sein können.

Die Doppelseite kann in Partner- oder Gruppenarbeit bearbeitet werden, wobei die Kinder die Aufgabenreihenfolge selbst wählen können.
   Viele verschiedene Problembereiche sind angesprochen:
– Merkwürdige Zeichen: Die Kinder müssen versuchen, die Regeln zu finden. Bei dem Quadrat handelt es sich um die Regel, die beiden Zahlen zu multiplizieren und 1 zu addieren; bei dem Rombus, die Zahlen zu multiplizieren und 4 zu addieren. Die Kinder sind aufgefordert, weitere Zeichen mit zugehöriger Rechenoperation zu erfinden.

Zu Seite 90/91

- Die Stoffmuster sind zu analysieren und die Kinder müssen bestimmen, welche Farbe das 70. oder 100. Teil hat. Außerdem sind eigenständige Muster zu entwerfen, wobei die Regel hier lautet, dass das 100. Musterteil rot, das 1000. Teil blau ist.
- In die Rechenscheiben mit dem Ergebnis 24 sind schwierige Aufgaben einzutragen; die Kinder sollten welche finden.
- Die Rechenscheibe mit den Pfeilen verlangt von den Kindern geschicktes Aufaddieren bzw. Strukturen zu bilden und Zahlenkombinationen herzustellen.
- Das Problem „Mauseloch" verlangt ebenfalls von den Kindern Strukturen zu bilden, Wiederholungen auszunutzen und damit sich Arbeit zu ersparen. Hier sind sehr unterschiedliche Strategien möglich, vom tatsächlichen Ausprobieren bis zum Überblicken, an welcher Stelle die 500 wohl stehen wird.
- Bei den Namensgebungen der Indianerstämme bzw. dem Marterpfahl handelt es sich jeweils um Anagramme des Wortes „Mathematikus".
- Bei den drehsymmetrischen Figuren sind eigene zu konstruieren. Es sind nicht alle Figuren auf der Schulbuchseite drehsymmetrisch; eine Figur wird von einem weinenden zu einem lachenden Gesicht. Die Kinder können auch solche, ihre Bedeutung ändernden, aber erkennbaren „Gesichter" im Heft konstruieren.
- Das Ziffernblatt mit zwei Geraden so in drei Teile zu teilen, dass die Summe in den Teilen gleich ist, lässt sich ebenfalls mit systematischem Probieren finden, es gelingt aber durch die Überlegung, dass es immer komplementäre Teile gibt, die sich zu der Zahl 13 ergänzen. Damit ist eine Lösung vorgegeben, es sind die Zahlen (11, 12, 1, 2), (9, 10, 3, 4), (5, 6, 7, 8).
- Die Zahl, die die verschiedenen Divisionsreste hinterlässt. Hier kann ein Ausprobieren notwendig sein. Natürlich lässt es sich durch Überlegung herausfinden: Die gesuchte Zahl lässt jeweils einen Rest, der um 2 kleiner ist als der Divisor. Aus diesem Grunde wird es das KGV der Zahlen minus 2 sein, d.h. $60 - 2 = 58$.
- Der Schleifenmacher verlangt von den Kindern, einen bestimmten Algorithmus mit einer Startzahl durchzuführen. Je nach Startzahl ergeben sich unterschiedlich lange Schleifen. Die Kinder sind aufgefordert, die Regeln zu ändern und mit anderen Zahlen zu experimentieren.
- Die Additionsaufgabe führt auf eine lustige Zahl, auch hier sind die Kinder animiert, eigenständig weitere Additionsaufgaben zu bilden, die ein entsprechendes witziges Ergebnis haben.
- Die Textaufgaben auf der Seite 91 sind Problemaufgaben, da die Kinder die Sachsituation durchschauen müssen. Es handelt sich bei der ersten, dem Fische fangen, nicht um proportionale Zusammenhänge, sondern die 100 Indianer brauchen ebenfalls nur 5 Minuten, um 100 Fische zu fangen.
- Die Brandzeichen-Aufgabe ist eine kombinatorische Aufgabe. Die Kinder müssen berechnen, für wie viele Pferde das Zahlen- bzw. Buchstabensystem ausreicht. Da es mehr Buchstaben als Zahlen gibt, ergeben sich durch die Buchstabenkombination entsprechend große Zahlen.
- Quadrate zerschneiden sollte die Kinder dazu anregen, selbst künstlerisch tätig zu werden und Viertelungen von Quadraten vorzunehmen, die ästhetisch ansprechen.
- Auch das unmögliche Tier in dem unmöglichen Kasten sollte die Kinder zu eigenständigen verwirrenden geometrischen Gestaltungen verführen.
- Bei den Ziffernkombinationen sind die Kinder gefordert, Rechenoperationen einzusetzen, so dass das Ergebnis stimmt. Es sind durchaus schwierige, trickreiche Varianten möglich. Die Lösungen müssen keineswegs eindeutig sein. So ist eine Lösung z.B.
$5 \cdot 5 \cdot 5 - 5 \cdot 5$, $33 \cdot 3 + 3 : 3$ und
$888 + 88 + 8 + 8 + 8 = 1000$.
- Die Aufgabe, mit 4 Strichen diese 9 Punkte zu verbinden, ist nur lösbar, wenn man das Quadrat, das die Punkte bilden, verlässt und darüber hinausgeht. Es handelt sich um eine bekannte Problemlöse-Aufgabe.
- Die Aufgabe, 3 Erwachsene und 2 Kinder mit einem Boot über das Wasser zu bringen, ist ebenfalls eine kombinatorische Aufgabe, die viele Schritte verlangt, da die beiden Kinder fortwährend als Ruderer eingesetzt werden müssen.
- Die Aufgabe „Indianermeldeamt" verlangt von den Kindern, ihre Kenntnisse über die Anzahl der Monatstage und Jahrestage auszunutzen. Man kann nicht am gleichen Wochentag Geburtstag haben wie im letzten Jahr und es gibt auch keinen Monat, der 5 Montage, 5 Dienstage, 5 Mittwoche und 5 Donnerstage hat, da er dann 32 Tage hätte.
- Gänse von Füchsen zu trennen ist sehr leicht möglich und wohl die einfachste Aufgabe dieser Schulbuchseite. Die Kinder sollten diese allerdings in ihr Heft übertragen; sie sind aufgefordert, noch weitere Aufgaben dieses Typs zu konstruieren.

5 Anhang mit Kopiervorlagen

5.1 Lernstandskontrollen

Passend zum MATHEMATIKUS werden insgsamt 8 Lernstandskontrollen
in jeweils 2 Versionen (Gruppe A und Gruppe B) angeboten. Ihr möglicher
Einsatz richtet sich natürlich nach dem ganz konkreten Unterrichtsfortgang.
Als ganz grobe zeitliche Einordnungen seien genannt:

Lernstandskontrolle 1:	Wiederholung	
Lernstandskontrolle 2:	Zahlraumerweiterung	ab Schulbuchseite 20
Lernstandskontrolle 3:	Zahlraumerweiterung	ab Schulbuchseite 24
Lernstandskontrolle 4:	Multiplikation und Division	ab Schulbuchseite 25
Lernstandskontrolle 5:	Addition und subtraktion	ab Schulbuchseite 49
Lernstandskontrolle 6:	schriftliche Addition	ab Schulbuchseite 69
Lernstandskontrolle 7:	schriftliche Subtraktion	ab Schulbuchseite 82
Lernstandskontrolle 8:	Rechnen mit Größen	ab Schulbuchseite 67

Name: Lernstandskontrolle 1A

1. a) 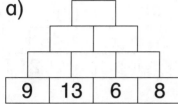   b) 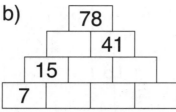   c)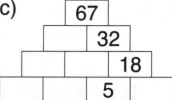

2. Setze + und − ein.
  a) 41 ☐ 17 ☐ 19 = 43   b) 37 ☐ 18 ☐ 16 = 39   c) 73 ☐ 26 ☐ 45 = 92
     41 ☐ 17 ☐ 19 = 5   37 ☐ 18 ☐ 16 = 71   29 ☐ 23 ☐ 46 = 6
     41 ☐ 17 ☐ 19 = 39   37 ☐ 18 ☐ 16 = 35   56 ☐ 15 ☐ 39 = 32
     41 ☐ 17 ☐ 19 = 77   37 ☐ 18 ☐ 16 = 3   94 ☐ 36 ☐ 17 = 75

3. Multiplizieren und dividieren.
  a) 2 · 9 =   b) 5 · 7 =   c) 28 : 4 =   d) 41 : 5 =   R
     3 · 7 =   9 · 6 =   54 : 9 =   38 : 4 =   R
     4 · 8 =   3 · 8 =   49 : 7 =   29 : 6 =   R
     6 · 0 =   6 · 7 =   50 : 5 =   53 : 9 =   R

4. Aufgaben mit der Zahl 100.
  a) 46 + ___ = 100   b) 100 − 78 = ___   c) 34 + 18 + ___ = 100
     83 + ___ = 100   100 − 57 = ___   56 + ___ + 15 = 100
     62 + ___ = 100   100 − 41 = ___   27 + 39 + ___ = 100
     19 + ___ = 100   100 − 35 = ___   54 + ___ + 28 = 100

5. Rechne geschickt. Markiere vorher.
  a) 18 + 13 + 17 = ___   b) 24 + 35 + 16 + 15 = ___
     34 + 27 + 16 = ___   17 + 42 + 18 + 13 = ___
     25 + 26 + 35 = ___   39 + 17 + 11 + 23 = ___

6. Setze die Folgen fort.   Regel
  a) 91, 85, 79, ___, ___, ___, ___,
  b) 34, 41, 48, ___, ___, ___, ___,
  c) 25, 34, 43, ___, ___, ___, ___,   ☐

7. a)   b)    c)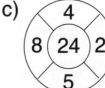
   6 ☐ 3 ☐ 8 ☐ 2 = 24   7 ☐ 6 ☐ 3 ☐ 8 = 24   8 ☐ 2 ☐ 5 ☐ 4 = 24

Name: Lernstandskontrolle 1B

1. a) 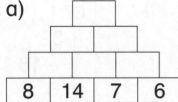   b) 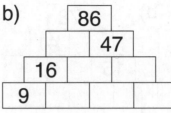   c)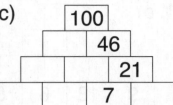

2. Setze + und − ein.

    a) 52 ☐ 25 ☐ 18 = 59   b) 47 ☐ 19 ☐ 13 = 15   c) 84 ☐ 25 ☐ 12 = 71
        52 ☐ 25 ☐ 18 = 95   47 ☐ 19 ☐ 13 = 53   39 ☐ 25 ☐ 18 = 82
        52 ☐ 25 ☐ 18 = 9   47 ☐ 19 ☐ 13 = 41   61 ☐ 18 ☐ 12 = 31
        52 ☐ 25 ☐ 18 = 45   47 ☐ 19 ☐ 13 = 79   73 ☐ 14 ☐ 13 = 72

3. Multiplizieren und dividieren.

    a) 3 · 9 = ___   b) 9 · 3 = ___   c) 42 : 6 = ___   d) 26 : 8 = ___ R
        5 · 6 = ___   2 · 7 = ___   63 : 9 = ___   51 : 7 = ___ R
        8 · 0 = ___   6 · 4 = ___   48 : 8 = ___   38 : 4 = ___ R
        4 · 7 = ___   5 · 9 = ___   21 : 7 = ___   19 : 5 = ___ R

4. Aufgaben mit der Zahl 100.

    a) 51 + ___ = 100   b) 100 − 44 = ___
        37 + ___ = 100   100 − 91 = ___
        88 + ___ = 100   100 − 75 = ___
        16 + ___ = 100   100 − 23 = ___

5. Rechne geschickt. Markiere vorher.

    a) 36 + 19 + 24 = ___   b) 41 + 18 + 12 + 19 = ___
        27 + 38 + 13 = ___   23 + 14 + 27 + 16 = ___
        19 + 43 + 17 = ___   15 + 29 + 35 + 21 = ___

6. Setze die Folgen fort.   Regel

    a) 29, 33, 37, ___, ___, ___, ___,   ☐
    b) 83, 77, 71, ___, ___, ___, ___,   ☐
    c) 35, 44, 53, ___, ___, ___, ___,   ☐

7. a)   b)   c)

              3   8   7
         7 (24) 8   3 (24) 7   9 (24) 6
              5   5   2

     7 ☐ 5 ☐ 3 ☐ 8 = 24   3 ☐ 7 ☐ 8 ☐ 5 = 24   9 ☐ 6 ☐ 7 ☐ 2 = 24

Lernstandskontrolle 2B

1. Zeichne ein, wo die Zahlen auf den Zahlenstrahl liegen.

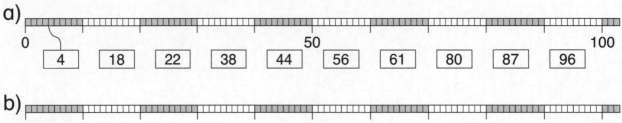

2. Trage die Zahlen ein.

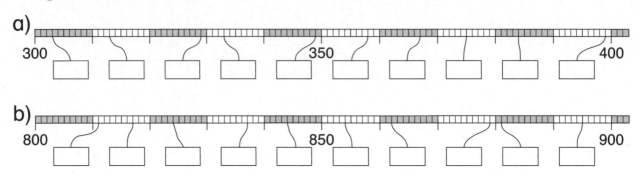

3. Sprünge im Tausenderraum.

a) Einersprünge

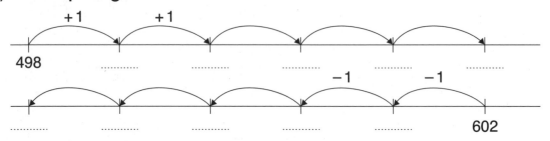

b) Zehnersprünge

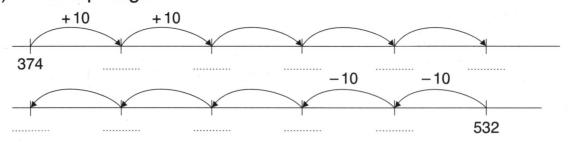

c) Hundertersprünge

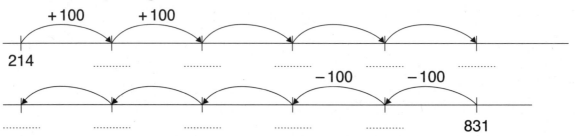

Name: Lernstandskontrolle 3A

1. Setze die Folgen fort.

a) Immer Zehnersprünge

178, 188, _____, _____, _____, _____,

534, 524, _____, _____, _____, _____,

413, 403, _____, _____, _____, _____,

856, 866, _____, _____, _____, _____,

b) Immer Hundertersprünge

769, 669, _____, _____, _____, _____,

274, 374, _____, _____, _____, _____,

2. Finde die Mitte.

a) 150 _____ 250   b) 340 _____ 400

c) 650 _____ 750   d) 840 _____ 900

3. Halbiere immer weiter. Finde so die fehlenden Zahlen.

a) 320 _____ 380 _____ 440   b) 580 _____ _____ _____ 980

4. Trage die benachbarten Zehnerzahlen ein. Kreuze an, welche näher liegt.

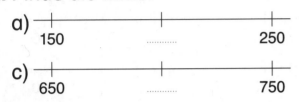

a) ○ ____ 438 ____ ○   b) ○ ____ 976 ____ ○

○ ____ 761 ____ ○   ○ ____ 842 ____ ○

○ ____ 254 ____ ○   ○ ____ 387 ____ ○

5. Trage die benachbarten Hunderterzahlen ein. Kreuze an, welche näher liegt.

a) ○ ____ 375 ____ ○   b) ○ ____ 821 ____ ○

○ ____ 543 ____ ○   ○ ____ 554 ____ ○

○ ____ 738 ____ ○   ○ ____ 466 ____ ○

6. Ergänze zu 1 000.

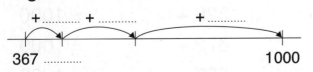

367 _____   1000

461 + _____ = 1000

738 + _____ = 1000

543 + _____ = 1000

Name: _____ Lernstandskontrolle 3B

1. Setze die Folgen fort.

a) Immer Zehnersprünge

263, 273, ____, ____, ____, ____,
648, 638, ____, ____, ____, ____,
579, 589, ____, ____, ____, ____,
816, 806, ____, ____, ____, ____,

b) Immer Hundertersprünge

692, 592, ____, ____, ____, ____,
34, 134, ____, ____, ____, ____,

2. Finde die Mitte.

a) 450 —— ____ —— 550

b) 420 —— ____ —— 500

c) 850 —— ____ —— 950

d) 720 —— ____ —— 800

3. Halbiere immer weiter. Finde so die fehlenden Zahlen.

a) 540 —— ____ —— ____ —— ____ —— 660

b) 360 —— ____ —— ____ —— ____ —— 760

4. Trage die benachbarten Zehnerzahlen ein.
Kreuze an, welche näher liegt.

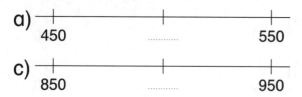

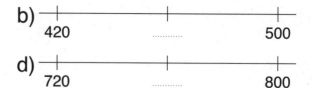

5. Trage die benachbarten Hunderterzahlen ein.
Kreuze an, welche näher liegt.

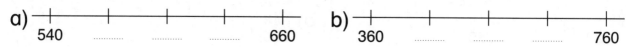

6. Ergänze zu 1 000.

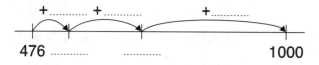

326 + ____ = 1000
672 + ____ = 1000
587 + ____ = 1000

Name: Lernstandskontrolle 4A

1. Multipliziere.

  a) $6 \cdot 9 =$ ____   b) $4 \cdot$ ____ $= 28$ c) $6 \cdot 70 =$ ____   d) $4 \cdot$ ____ $= 160$

      $7 \cdot 3 =$ ____   ____ $\cdot 2 = 0$ $9 \cdot 30 =$ ____   ____ $\cdot 90 = 360$

      $5 \cdot 8 =$ ____ $9 \cdot$ ____ $= 54$ $7 \cdot 80 =$ ____ $8 \cdot$ ____ $= 480$

2. Dividiere.

  a) $42 : 7 =$ ____   b) $18 :$ ____ $= 2$ c) $450 : 50 =$ ____   d) $350 : 7 =$ ____

      $64 : 8 =$ ____ $81 :$ ____ $= 9$ $270 : 90 =$ ____ $600 : 6 =$ ____

      $32 : 4 =$ ____ $12 :$ ____ $= 4$ $180 : 30 =$ ____ $720 : 8 =$ ____

3. Multiplizieren und Dividieren.

  a) $9 \cdot 20 =$ ____   b) $540 : 9 =$ ____   c) $240 : 30 =$ ____

     $80 \cdot 4 =$ ____ $720 : 80 =$ ____ $7 \cdot 9 =$ ____

     $7 \cdot 6 =$ ____ $20 : 5 =$ ____ $160 : 2 =$ ____

     $5 \cdot 30 =$ ____ $140 : 70 =$ ____ $10 \cdot 40 =$ ____

4. Löse die Aufgaben schrittweise.

  a) $7 \cdot 16 =$ ____   b) $5 \cdot 37 =$ ____

      $8 \cdot 25 =$ ____ $3 \cdot 84 =$ ____

      $9 \cdot 19 =$ ____ $2 \cdot 65 =$ ____

5. Punktrechnung vor Strichrechnung. Markiere zuerst wie du rechnest.

  a) $8 \cdot 3 + 5 =$ ____   b) $7 + 2 \cdot 9 =$ ____   c) $45 - 9 : 3 =$ ____

      $8 + 5 \cdot 3 =$ ____ $7 \cdot 2 + 9 =$ ____ $45 : 9 - 3 =$ ____

  d) $9 \cdot 3 + 2 \cdot 4 =$ ____   e) $4 \cdot 6 + 3 \cdot 9 =$ ____

      $4 \cdot 7 - 3 \cdot 8 =$ ____ $7 \cdot 8 - 9 \cdot 0 =$ ____

6. Dividieren mit Rest.

  a) $83 : 9 =$ ___ R ___   b) $45 : 8 =$ ___ R ___   c) $64 : 7 =$ ___ R ___

      $51 : 6 =$ ___ R ___ $26 : 3 =$ ___ R ___ $38 : 5 =$ ___ R ___

7. Finde passende Zahlen.

  a) ☐ $\cdot 5 +$ ☐ $= 36$ b) ☐ $\cdot 8 -$ ☐ $= 21$

     ☐ $\cdot 7 -$ ☐ $= 43$ ☐ $\cdot 4 +$ ☐ $= 58$

     ☐ $\cdot$ ☐ $+$ ☐ $= 100$ ☐ $+$ ☐ $\cdot$ ☐ $= 100$

Name: _____   Lernstandskontrolle 4B

1. Multipliziere.

a) 7 · 6 = ____   b) ___ · 9 = 27   c) 7 · 30 = ____   d) 5 · ____ = 400
   4 · 9 = ____   9 · ___ = 18   3 · 80 = ____   ____ · 30 = 90
   6 · 8 = ____   ___ · 6 = 0   9 · 70 = ____   ____ · 60 = 540

2. Dividiere.

a) 18 : 6 = ____   b) 81 : ___ = 9   c) 140 : 20 = ____   d) 420 : 7 = ____
   36 : 4 = ____   45 : ___ = 5   280 : 40 = ____   210 : 3 = ____
   45 : 9 = ____   12 : ___ = 6   800 : 80 = ____   350 : 5 = ____

3. Multiplizieren und Dividieren.

a) 8 · 70 = ____   b) 210 : 7 = ____   c) 560 : 80 = ____
   70 · 4 = ____   90 : 30 = ____   3 · 9 = ____
   6 · 9 = ____   24 : 6 = ____   300 : 10 = ____
   3 · 80 = ____   180 : 20 = ____   8 · 90 = ____

4. Löse die Aufgaben schrittweise.

a) 6 · 23 = ____   b) 4 · 68 = ____
   9 · 18 = ____   3 · 34 = ____
   4 · 17 = ____   7 · 55 = ____

5. Punktrechnung vor Strichrechnung. Markiere zuerst wie du rechnest.

a) 4 · 6 + 5 = ____   b) 9 + 3 · 8 = ____   c) 27 − 9 : 3 = ____
   4 + 6 · 5 = ____   9 · 3 + 8 = ____   27 : 9 − 3 = ____

d) 6 · 5 − 3 · 7 = ____   e) 7 · 4 − 3 · 6 = ____
   8 · 6 + 3 · 8 = ____   8 · 8 + 2 · 9 = ____

6. Dividieren mit Rest.

a) 54 : 8 = ____ R ____   b) 73 : 8 = ____ R ____   c) 29 : 4 = ____ R ____
   43 : 6 = ____ R ____   36 : 7 = ____ R ____   86 : 9 = ____ R ____

7. Finde passende Zahlen.

a) ☐ · 4 − ☐ = 31   b) ☐ · 7 + ☐ = 60
   ☐ · 6 + ☐ = 58   ☐ · 6 − ☐ = 18
   ☐ · ☐ + ☐ = 100   ☐ + ☐ · ☐ = 100

Name: _____   Lernstandskontrolle 5A

1. Ergänze zu 1 000.

   a) 531 + _____ = 1 000   b) 704 + _____ = 1 000
      217 + _____ = 1 000   468 + _____ = 1 000

2. Addiere.

   a) 378 + 199 = _____
   b) 666 + 298 = _____

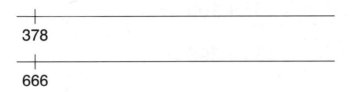

3. Subtrahiere.

   a) 733 − 299 = _____
   b) 916 − 495 = _____

4. Verdoppeln und Halbieren.

D		26		79		255		357	
	184		312		836		762		

5. Finde die Mitte.

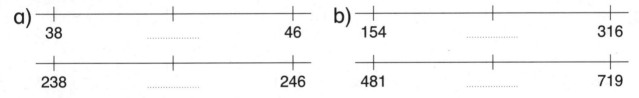

6. Addieren und Subtrahieren.

   a) 366 +   4 = _____   b) 558 +   5 = _____   c) 173 +   8 = _____
      366 + 40 = _____   558 + 50 = _____   173 + 80 = _____
      366 + 400 = _____   558 + 500 = _____   173 + 800 = _____

   d) 700 −   6 = _____   e) 432 −   4 = _____   f) 943 −   7 = _____
      700 − 60 = _____   432 − 40 = _____   943 − 70 = _____
      700 − 600 = _____   432 − 400 = _____   943 − 700 = _____

7. Addition und Subtraktion am Rechenstrich.

   a) 367 + 278 = _____
   b) 751 − 267 = _____

Name: _____   Lernstandskontrolle 5B

1. Ergänze zu 1 000.

    a) 469 + _____ = 1 000   b) 341 + _____ = 1 000
       807 + _____ = 1 000   136 + _____ = 1 000

2. Addiere.

    a) 267 + 199 = _____

    b) 555 + 398 = _____

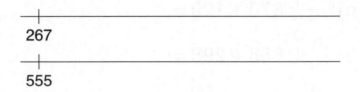

3. Subtrahiere.

    a) 641 − 299 = _____

    b) 827 − 495 = _____

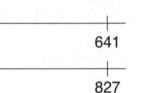

4. Verdoppeln und Halbieren.

D		28		77		355		459	
			164		518		642		948

5. Finde die Mitte.

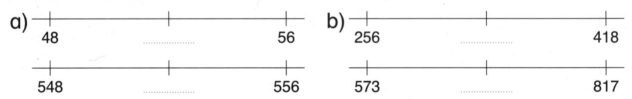

6. Addieren und Subtrahieren.

    a) 255 +   6 = _____   b) 437 +   4 = _____   c) 198 +   7 = _____
       255 + 60 = _____   437 + 40 = _____   198 + 70 = _____
       255 + 600 = _____   437 + 400 = _____   198 + 700 = _____

    d) 600 −   3 = _____   e) 721 −   5 = _____   f) 901 −   2 = _____
       600 − 30 = _____   721 − 50 = _____   901 − 20 = _____
       600 − 300 = _____   721 − 500 = _____   901 − 200 = _____

7. Addition und Subtraktion am Rechenstrich.

    a) 286 + 477 = _____

    b) 835 − 376 = _____

Name: _____ Lernstandskontrolle 6A

1. Schreibe stellengerecht untereinander und addiere.
   a) 468 + 321 = _____
   b) 578 + 214 = _____
   c) 378 + 567 = _____
   d) 169 + 95 = _____

2. Addiere auch drei Zahlen schriftlich.
   a) 408 + 296 + 153 = _____
   b) 254 + 67 + 365 = _____
   c) 63 + 475 + 78 = _____
   d) 329 + 666 + 88 = _____

3. Riesenmonsterzahlen.

   a)   5 6 3 0 4 2 8 7 1 3 5 9 6 4 8
      + 2 3 5 4 9 3 0 5 2 3 6 4 9 8 7

   b)   3 4 8 2 7 1 0 0 4 9 3 6 5 6 9
      + 4 5 1 6 3 2 5 6 3 8 7 7 4 0 9

4. Das Klecksmonster war da.

   a)   5 ● 4   b)   3 ● 8   c)   ● 0 9   d)   ● ● ●   e)   2 ● ●
      + ● 6 ●   + 4 2 6   + 1 ● 3   + 3 6 6   + ● 6 9
        ─────   ───1─   ───1─   ───1─   ──1 1
        7 9 7   ● 8 ●   7 6 ●   8 5 1   8 4 7

5. Lege mit den Ziffernplättchen ④ ⑤ ⑥ ⑦ ⑧ ⑨
   drei zweistellige Zahlen und addiere sie.
   Finde drei Aufgaben
   mit verschiedenen Ergebnissen.

   Finde das kleinste
   mögliche Ergebnis:

   Finde das größte
   mögliche Ergebnis:

Name: Lernstandskontrolle 6B

1. Schreibe stellengerecht untereinander und addiere.

    a) 543 + 235 =
    b) 368 + 419 =
    c) 487 + 296 =
    d) 675 + 89 =

2. Addiere auch drei Zahlen schriftlich.

    a) 603 + 48 + 293 =
    b) 48 + 369 + 375 =
    c) 76 + 68 + 709 =
    d) 343 + 277 + 396 =

3. Riesenmonsterzahlen.

    a)   1 4 7 2 3 6 5 3 8 0 4 9 5 6
       + 5 9 8 4 8 3 0 7 2 5 1 7 6 9

    b)   3 9 1 2 8 3 0 7 4 4 6 8 6 5 2
       + 4 2 5 3 6 9 4 8 2 7 6 8 9 3 8

4. Das Klecksmonster war da.

a)   4 ■ 6
  + ■ 4 ■
    6 7 9

b)   5 ■ 7
  + 3 3 7
      1
    ■ 7 ■

c)   ■ 8 5
  + 1 ■ 6
      1
    8 6 ■

d)   ■ ■ ■
  + 4 4 4
      1
    7 5 2

e)   2 ■ ■
  + ■ 8 7
    1 1
    7 5 2

5. Lege mit den Ziffernplättchen   ③ ④ ⑤ ⑥ ⑦ ⑧
drei zweistellige Zahlen und addiere sie.
Finde drei Aufgaben
mit verschiedenen Ergebnissen.

Finde das kleinste mögliche Ergebnis:

Finde das größte mögliche Ergebnis:

Kopieren für den eigenen Unterricht erlaubt. © Westermann Schulbuchverlag GmbH Braunschweig

Name: Lernstandskontrolle 7A

1. Schreibe stellengerecht untereinander und subtrahiere.

a) 764 − 351 = ____
b) 857 − 519 = ____
c) 641 − 76 = ____
d) 932 − 358 = ____

| H Z E | H Z E | H Z E | H Z E |

2. Entscheide, ob du die Aufgaben schriftlich oder im Kopf rechnest.

a) 621 − 299 = ____   b) 843 − 367 = ____   c) 708 − 469 = ____
   900 − 555 = ____   571 − 495 = ____   417 − 198 = ____

3. Riesenmonsterzahlen.

a)
```
  9 4 3 7 6 5 0 0 4 3 2 1 4 8 6
− 5 2 8 9 5 6 1 1 4 8 4 7 3 5 9
```

b)
```
  7 3 9 1 5 4 2 6 3 8 6 2 4 0 8
− 1 6 3 1 5 2 7 4 9 6 4 8 3 5 9
```

4. Benutze die Ziffernplättchen.
Finde jeweils die größte und die kleinste dreistellige Zahl und bilde die Differenz:

a) ①②③   b) ②③④   c) ⑤⑦⑨   d) ④⑥⑧   e) ③⑥⑨

5. Das Klecksmonster war da.

a)
```
  9 7 ▓
− 3 ▓ 1
─────
  ▓ 2 5
```

b)
```
  ▓ 4 3
− 5 2 ▓
─────
  2 ▓ 7
```

c)
```
  ▓ 1 7
− 2 6 4
─────
  7 ▓ ▓
```

d)
```
  ▓ ▓ ▓
− 4 6 5
─────
  3 7 8
```

e)
```
  ▓ ▓ 4
− 1 8 ▓
─────
  4 1 7
```

Name: Lernstandskontrolle 7B

1. Schreibe stellengerecht untereinander und subtrahiere.

a) 853 − 212 = ___
b) 643 − 328 = ___
c) 735 − 567 = ___
d) 547 − 79 = ___

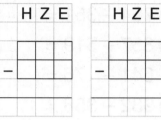

2. Entscheide, ob du die Aufgaben schriftlich oder im Kopf rechnest.

a) 800 − 356 = ___   b) 743 − 278 = ___   c) 901 − 573 = ___
    638 − 399 = ___   524 − 295 = ___   776 − 397 = ___

3. Riesenmonsterzahlen.

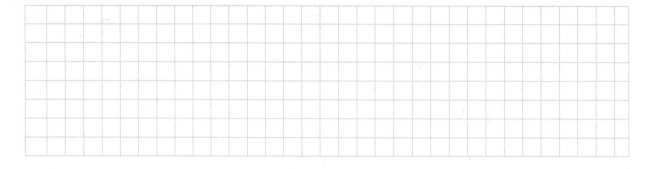

a)   8 5 3 2 1 0 4 6 9 7 4 8 7 6 6
    − 3 5 1 1 6 7 0 3 9 2 6 4 8 5 7

b)   7 4 3 2 1 5 6 7 8 9 0 3 4 6 7
    − 4 3 9 9 8 7 6 6 5 4 3 8 4 1 9

4. Benutze die Ziffernplättchen.
Finde jeweils die größte und die kleinste dreistellige Zahl und bilde die Differenz:

a) ③④⑤   b) ⑤⑥⑦   c) ③⑤⑦   d) ②④⑥   e) ②⑤⑧

5. Das Klecksmonster war da.

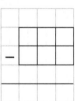 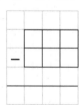 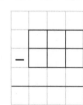 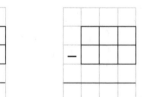

Name: Lernstandskontrolle 8A

1. Rechnen mit g und kg.   `1 kg = 1000 g`

   a) Ergänze zu 1 kg.

      437 g + _____ g = 1 kg   569 g + _____ g = 1 kg

      205 g + _____ g = 1 kg   724 g + _____ g = 1 kg

   b) $\frac{1}{4}$ kg = _____ g $\frac{3}{4}$ kg = _____ g $\frac{1}{8}$ kg = _____ g

      $\frac{1}{2}$ kg = _____ g $\frac{3}{8}$ kg = _____ g $\frac{7}{8}$ kg = _____ g

2. Rechnen mit m und cm.   `1 m = 100 cm`

   a) < oder > oder =?

      68 cm + $\frac{1}{4}$ m ☐ 1 m $\frac{3}{4}$ m + 16 cm ☐ 1 m

      $1\frac{1}{2}$ m − 36 cm ☐ 1 m $\frac{1}{4}$ m + $\frac{3}{4}$ m ☐ 1 m

   b) 48 cm + $\frac{1}{4}$ m = _____ cm $\frac{3}{4}$ m + $\frac{3}{4}$ m = _____ cm

      69 cm − $\frac{1}{2}$ m = _____ cm $\frac{1}{2}$ m + $\frac{1}{4}$ m = _____ cm

3. Rechnen mit Uhrzeiten.   `1 h = 60 min`   `1 min = 60 s`

   a) $\frac{1}{2}$ h = _____ min   6 h = _____ min $2\frac{1}{4}$ h = _____ min

      $\frac{1}{4}$ min = _____ s $1\frac{3}{4}$ min = _____ s $5\frac{1}{2}$ min = _____ s

   b) Fahrten mit dem Zug:

      Abfahrt = 16 : 28 Uhr
      Dauer   = 53 min
      Ankunft = _____ Uhr

      Abfahrt = _____ Uhr
      Dauer   = 26 min
      Ankunft = 13 : 01 Uhr

      Abfahrt = 11 : 46 Uhr
      Dauer   = _____ min
      Ankunft = 13 : 04 Uhr

Name: _____   Lernstandskontrolle 8B

1. Rechnen mit g und kg. | 1 kg = 1000 g |

   a) Ergänze zu 1 kg.

   653 g + _____ g = 1 kg   427 g + _____ g = 1 kg
   705 g + _____ g = 1 kg   246 g + _____ g = 1 kg

   b) $\frac{1}{2}$ kg = _____ g $\frac{1}{4}$ kg = _____ g $\frac{5}{8}$ kg = _____ g
   $\frac{1}{8}$ kg = _____ g $\frac{3}{8}$ kg = _____ g $\frac{3}{4}$ kg = _____ g

2. Rechnen mit m und cm. | 1 m = 100 cm |

   a) < oder > oder =?

   $\frac{1}{2}$ m + 35 cm ☐ 1 m $\frac{1}{4}$ m + 77 cm ☐ 1 m
   $\frac{3}{4}$ m + 25 cm ☐ 1 m $1\frac{1}{4}$ m − 30 cm ☐ 1 m

   b) 56 cm + $\frac{1}{2}$ m = _____ cm $\frac{1}{2}$ m + $\frac{1}{4}$ m = _____ cm
   48 cm + $\frac{1}{4}$ m = _____ cm $\frac{3}{4}$ m + $\frac{1}{2}$ m = _____ cm

3. Rechnen mit Uhrzeiten. | 1 h = 60 min | | 1 min = 60 s |

   a) $\frac{3}{4}$ h = _____ min   7 h = _____ min $3\frac{1}{2}$ h = _____ min
   $1\frac{1}{2}$ min = _____ s $2\frac{1}{4}$ min = _____ s $6\frac{3}{4}$ min = _____ s

   b) Fahrten mit dem Zug:

   Abfahrt = 9 : 47 Uhr
   Dauer   = 38 min
   Ankunft = _____ Uhr

   Abfahrt = _____ Uhr
   Dauer   = 45 min
   Ankunft = 19 : 03 Uhr

   Abfahrt = 12 : 54 Uhr
   Dauer   = _____ min
   Ankunft = 17 : 11 Uhr

Kopieren für den eigenen Unterricht erlaubt. © Westermann Schulbuchverlag GmbH Braunschweig

5.2 Schnellrechentests

Auch diese 8 Tests werden in 2 Versionen (Gruppe A und Gruppe B) angeboten. Jeder Schüler soll dabei versuchen, so viele Aufgaben wie möglich in 10 Minuten zu lösen. Die Kontrolle hierbei sollte durch die Kinder selbst oder durch den Partner erfolgen.

Name: Schnellrechentest 1A

45 Aufgaben in 10 Minuten

5 · 4 =	7 · 8 =	7 · 7 =
6 · 0 =	5 · 3 =	8 · 4 =
1 · 7 =	7 · 5 =	10 · 2 =
5 · 9 =	9 · 3 =	6 · 8 =
8 · 5 =	2 · 6 =	4 · 9 =

9 · 4 =	4 · 3 =	6 · 6 =
2 · 2 =	9 · 0 =	6 · 2 =
7 · 6 =	3 · 9 =	5 · 8 =
8 · 8 =	5 · 1 =	8 · 3 =
8 · 7 =	2 · 7 =	2 · 4 =

1 · 3 =	3 · 5 =	3 · 3 =
6 · 5 =	7 · 8 =	7 · 9 =
8 · 9 =	2 · 9 =	5 · 2 =
5 · 5 =	4 · 7 =	4 · 8 =
6 · 7 =	3 · 4 =	5 · 7 =

Ich habe _____ Aufgaben geschafft.

Name: Schnellrechentest 1B

45 Aufgaben in 10 Minuten

5 · 6 = ...   1 · 4 = ...   7 · 4 = ...
3 · 2 = ...   2 · 7 = ...   8 · 3 = ...
5 · 1 = ...   6 · 8 = ...   6 · 9 = ...
1 · 9 = ...   7 · 9 = ...   10 · 4 = ...
6 · 3 = ...   2 · 3 = ...   7 · 1 = ...

7 · 3 = ...   3 · 8 = ...   3 · 6 = ...
6 · 4 = ...   4 · 2 = ...   8 · 6 = ...
9 · 9 = ...   8 · 0 = ...   9 · 2 = ...
7 · 2 = ...   3 · 7 = ...   5 · 9 = ...
4 · 5 = ...   9 · 7 = ...   4 · 7 = ...

4 · 6 = ...   7 · 8 = ...   10 · 3 = ...
2 · 8 = ...   6 · 7 = ...   7 · 1 = ...
8 · 8 = ...   8 · 2 = ...   9 · 6 = ...
9 · 8 = ...   9 · 5 = ...   4 · 4 = ...
2 · 2 = ...   8 · 9 = ...   9 · 0 = ...

Ich habe ...... Aufgaben geschafft.

Kopieren für den eigenen Unterricht erlaubt. © Westermann Schulbuchverlag GmbH Braunschweig

Name: _____   Schnellrechentest 2A

45 Aufgaben in 10 Minuten

3 · 70 =	6 · 80 =	9 · 80 =
9 · 20 =	2 · 20 =	6 · 50 =
0 · 50 =	5 · 50 =	1 · 80 =
2 · 40 =	9 · 40 =	8 · 40 =
8 · 90 =	4 · 70 =	5 · 80 =

2 · 60 =	4 · 80 =	1 · 20 =
7 · 80 =	10 · 90 =	7 · 50 =
2 · 30 =	1 · 70 =	5 · 90 =
4 · 50 =	2 · 90 =	4 · 60 =
9 · 90 =	8 · 60 =	4 · 30 =

7 · 20 =	3 · 60 =	10 · 30 =
2 · 70 =	6 · 20 =	7 · 40 =
3 · 80 =	7 · 70 =	5 · 70 =
1 · 10 =	3 · 40 =	4 · 90 =
3 · 50 =	5 · 30 =	5 · 60 =

Ich habe _____ Aufgaben geschafft.

Name: Schnellrechentest 2B

45 Aufgaben in 10 Minuten

4 · 40 =	3 · 20 =	9 · 50 =
7 · 90 =	8 · 30 =	6 · 90 =
1 · 60 =	7 · 50 =	1 · 50 =
8 · 60 =	0 · 80 =	6 · 70 =
3 · 30 =	8 · 50 =	9 · 20 =
1 · 30 =	5 · 20 =	6 · 40 =
2 · 50 =	4 · 90 =	10 · 60 =
8 · 70 =	1 · 90 =	9 · 90 =
4 · 20 =	10 · 70 =	6 · 30 =
9 · 30 =	6 · 60 =	8 · 80 =
3 · 60 =	8 · 20 =	1 · 40 =
5 · 60 =	5 · 40 =	9 · 80 =
9 · 70 =	4 · 60 =	0 · 70 =
3 · 90 =	9 · 60 =	3 · 40 =
2 · 80 =	10 · 80 =	7 · 30 =

Ich habe _____ Aufgaben geschafft.

Name: Schnellrechentest 3A

45 Aufgaben in 10 Minuten

50 : 5 = ...   90 : 9 = ...   24 : 6 = ...
10 : 1 = ...   42 : 6 = ...   6 : 3 = ...
36 : 6 = ...   14 : 2 = ...   45 : 9 = ...
30 : 3 = ...   4 : 2 = ...   8 : 4 = ...
20 : 4 = ...   27 : 3 = ...   20 : 5 = ...

80 : 8 = ...   7 : 7 = ...   48 : 8 = ...
 9 : 1 = ...   56 : 8 = ...   9 : 3 = ...
15 : 5 = ...   54 : 9 = ...   28 : 7 = ...
16 : 2 = ...   8 : 1 = ...   2 : 2 = ...
24 : 3 = ...   12 : 2 = ...   72 : 8 = ...

35 : 7 = ...   9 : 9 = ...   8 : 8 = ...
 3 : 3 = ...   40 : 4 = ...   56 : 7 = ...
 4 : 4 = ...   18 : 6 = ...   6 : 2 = ...
36 : 9 = ...   45 : 5 = ...   25 : 5 = ...
 8 : 2 = ...   16 : 4 = ...   10 : 5 = ...

Ich habe .... Aufgaben geschafft.

Kopieren für den eigenen Unterricht erlaubt. © Westermann Schulbuchverlag GmbH Braunschweig

Name: Schnellrechentest 3B

45 Aufgaben in 10 Minuten

24 : 4 =	70 : 7 =	6 : 6 =
36 : 9 =	10 : 2 =	18 : 9 =
63 : 9 =	18 : 6 =	48 : 6 =
18 : 2 =	21 : 7 =	28 : 4 =
64 : 8 =	5 : 5 =	72 : 9 =
40 : 8 =	63 : 7 =	49 : 7 =
72 : 8 =	45 : 9 =	30 : 5 =
81 : 9 =	20 : 2 =	30 : 6 =
12 : 6 =	56 : 8 =	15 : 3 =
21 : 3 =	40 : 5 =	32 : 8 =
12 : 3 =	27 : 9 =	54 : 6 =
24 : 8 =	18 : 3 =	32 : 4 =
35 : 5 =	60 : 6 =	16 : 8 =
6 : 1 =	7 : 1 =	12 : 4 =
42 : 7 =	36 : 4 =	14 : 7 =

Ich habe _____ Aufgaben geschafft.

Kopieren für den eigenen Unterricht erlaubt. © Westermann Schulbuchverlag GmbH Braunschweig

Name: Schnellrechentest 4A

45 Aufgaben in 10 Minuten

270 : 90 =	280 : 40 =	360 : 60 =
30 : 30 =	400 : 80 =	100 : 10 =
100 : 50 =	270 : 30 =	560 : 70 =
140 : 20 =	500 : 50 =	180 : 30 =
140 : 70 =	720 : 90 =	700 : 70 =
450 : 50 =	540 : 60 =	120 : 60 =
160 : 20 =	40 : 10 =	90 : 10 =
320 : 80 =	80 : 40 =	810 : 90 =
40 : 20 =	70 : 70 =	560 : 80 =
180 : 60 =	600 : 60 =	480 : 80 =
350 : 50 =	490 : 70 =	630 : 70 =
50 : 10 =	360 : 90 =	160 : 40 =
800 : 80 =	540 : 90 =	200 : 50 =
20 : 20 =	120 : 30 =	720 : 80 =
150 : 30 =	250 : 50 =	120 : 20 =

Ich habe .... Aufgaben geschafft.

Name: _____ Schnellrechentest 4B

45 Aufgaben in 10 Minuten

60 : 10 =	240 : 40 =	200 : 20 =
420 : 70 =	180 : 20 =	210 : 70 =
320 : 40 =	240 : 30 =	90 : 30 =
360 : 90 =	300 : 30 =	640 : 80 =
150 : 50 =	120 : 40 =	420 : 60 =

560 : 80 =	400 : 50 =	80 : 10 =
240 : 30 =	240 : 60 =	630 : 90 =
300 : 60 =	70 : 10 =	200 : 40 =
90 : 90 =	180 : 90 =	50 : 50 =
100 : 20 =	320 : 80 =	80 : 20 =

360 : 40 =	300 : 50 =	280 : 70 =
350 : 70 =	400 : 40 =	210 : 30 =
900 : 90 =	160 : 80 =	450 : 90 =
60 : 30 =	40 : 40 =	60 : 20 =
480 : 60 =	60 : 60 =	80 : 80 =

Ich habe _____ Aufgaben geschafft.

Name: Schnellrechentest 5A

45 Aufgaben in 10 Minuten

11 + ___ = 100	32 + ___ = 100	24 + ___ = 100
53 + ___ = 100	69 + ___ = 100	46 + ___ = 100
68 + ___ = 100	54 + ___ = 100	92 + ___ = 100
83 + ___ = 100	79 + ___ = 100	65 + ___ = 100
91 + ___ = 100	89 + ___ = 100	55 + ___ = 100

33 + ___ = 100	34 + ___ = 100	18 + ___ = 100
94 + ___ = 100	41 + ___ = 100	93 + ___ = 100
49 + ___ = 100	67 + ___ = 100	71 + ___ = 100
47 + ___ = 100	12 + ___ = 100	63 + ___ = 100
27 + ___ = 100	48 + ___ = 100	81 + ___ = 100

25 + ___ = 100	62 + ___ = 100	28 + ___ = 100
48 + ___ = 100	88 + ___ = 100	72 + ___ = 100
52 + ___ = 100	23 + ___ = 100	17 + ___ = 100
61 + ___ = 100	73 + ___ = 100	56 + ___ = 100
19 + ___ = 100	42 + ___ = 100	45 + ___ = 100

Ich habe ___ Aufgaben geschafft.

Name: Schnellrechentest 5B

45 Aufgaben in 10 Minuten

39 + ___ = 100	13 + ___ = 100	82 + ___ = 100
51 + ___ = 100	59 + ___ = 100	21 + ___ = 100
89 + ___ = 100	43 + ___ = 100	88 + ___ = 100
22 + ___ = 100	65 + ___ = 100	95 + ___ = 100
99 + ___ = 100	35 + ___ = 100	64 + ___ = 100
44 + ___ = 100	26 + ___ = 100	16 + ___ = 100
58 + ___ = 100	66 + ___ = 100	86 + ___ = 100
84 + ___ = 100	74 + ___ = 100	56 + ___ = 100
75 + ___ = 100	49 + ___ = 100	96 + ___ = 100
27 + ___ = 100	85 + ___ = 100	29 + ___ = 100
38 + ___ = 100	14 + ___ = 100	36 + ___ = 100
98 + ___ = 100	37 + ___ = 100	50 + ___ = 100
15 + ___ = 100	57 + ___ = 100	77 + ___ = 100
87 + ___ = 100	76 + ___ = 100	20 + ___ = 100
78 + ___ = 100	31 + ___ = 100	97 + ___ = 100

Ich habe ___ Aufgaben geschafft.

Kopieren für den eigenen Unterricht erlaubt. © Westermann Schulbuchverlag GmbH Braunschweig

Name: Schnellrechentest 6A

45 Aufgaben in 10 Minuten

87 + ___ = 1 000	134 + ___ = 1 000	261 + ___ = 1 000
118 + ___ = 1 000	546 + ___ = 1 000	433 + ___ = 1 000
788 + ___ = 1 000	41 + ___ = 1 000	665 + ___ = 1 000
891 + ___ = 1 000	884 + ___ = 1 000	79 + ___ = 1 000
278 + ___ = 1 000	428 + ___ = 1 000	570 + ___ = 1 000
206 + ___ = 1 000	981 + ___ = 1 000	149 + ___ = 1 000
412 + ___ = 1 000	539 + ___ = 1 000	973 + ___ = 1 000
903 + ___ = 1 000	213 + ___ = 1 000	657 + ___ = 1 000
582 + ___ = 1 000	916 + ___ = 1 000	347 + ___ = 1 000
351 + ___ = 1 000	689 + ___ = 1 000	870 + ___ = 1 000
284 + ___ = 1 000	299 + ___ = 1 000	257 + ___ = 1 000
795 + ___ = 1 000	33 + ___ = 1 000	645 + ___ = 1 000
404 + ___ = 1 000	326 + ___ = 1 000	305 + ___ = 1 000
93 + ___ = 1 000	789 + ___ = 1 000	4 + ___ = 1 000
999 + ___ = 1 000	672 + ___ = 1 000	527 + ___ = 1 000

Ich habe ___ Aufgaben geschafft.

Kopieren für den eigenen Unterricht erlaubt. © Westermann Schulbuchverlag GmbH Braunschweig

Name: Schnellrechentest 6B

45 Aufgaben in 10 Minuten

311 + ___ = 1 000	168 + ___ = 1 000	25 + ___ = 1 000
593 + ___ = 1 000	325 + ___ = 1 000	961 + ___ = 1 000
288 + ___ = 1 000	835 + ___ = 1 000	862 + ___ = 1 000
802 + ___ = 1 000	924 + ___ = 1 000	638 + ___ = 1 000
494 + ___ = 1 000	234 + ___ = 1 000	447 + ___ = 1 000
604 + ___ = 1 000	502 + ___ = 1 000	373 + ___ = 1 000
16 + ___ = 1 000	999 + ___ = 1 000	127 + ___ = 1 000
324 + ___ = 1 000	368 + ___ = 1 000	489 + ___ = 1 000
817 + ___ = 1 000	849 + ___ = 1 000	514 + ___ = 1 000
133 + ___ = 1 000	456 + ___ = 1 000	246 + ___ = 1 000
188 + ___ = 1 000	389 + ___ = 1 000	52 + ___ = 1 000
615 + ___ = 1 000	857 + ___ = 1 000	627 + ___ = 1 000
826 + ___ = 1 000	461 + ___ = 1 000	391 + ___ = 1 000
67 + ___ = 1 000	942 + ___ = 1 000	199 + ___ = 1 000
956 + ___ = 1 000	177 + ___ = 1 000	478 + ___ = 1 000

Ich habe ___ Aufgaben geschafft.

Name: Schnellrechentest 7A

45 Aufgaben in 10 Minuten

D	30	50	70	90	40	60	80	300	400

D	34	58	76	98	46	64	83	315	445

D	17	15	19	34	48	57	63	77	95

D	64	71	84	95	43	57	87	96	79

D	135	167	248	263	346	359	421	483	501

Ich habe .... Aufgaben geschafft.

Name: Schnellrechentest 7B

45 Aufgaben in 10 Minuten

D	20	40	60	30	50	70	90	500	200

D	23	47	61	37	56	74	99	505	230

D	16	18	14	35	49	53	68	74	86

D	76	81	93	58	47	33	65	98	77

D	168	137	224	253	317	362	425	484	512

Ich habe .... Aufgaben geschafft.

Kopieren für den eigenen Unterricht erlaubt. © Westermann Schulbuchverlag GmbH Braunschweig

Name: Schnellrechentest 8A

45 Aufgaben in 10 Minuten

D	18	14	16	30	90	50	70	80	40

D	300	600	700	200	500	800	900	400	100

D	450	350	650	150	550	950	850	750	250

D	330	250	830	570	490	670	750	530	190

D	352	618	842	536	228	744	916	128	474

Ich habe .... Aufgaben geschafft.

Name: Schnellrechentest 8B

45 Aufgaben in 10 Minuten

D									
	20	12	50	90	18	70	40	30	60

D									
	500	1 000	700	400	600	900	200	300	800

D									
	250	550	950	750	350	150	650	450	850

D									
	590	950	170	330	830	470	290	650	730

D									
	454	672	188	83	216	754	338	972	516

Ich habe .... Aufgaben geschafft.

Beobachtungen in der Klasse ....

Name	Woche 1-4			Woche 5-8			Woche 9-12			Woche 13-16		
	EA	PA	GA	EA	PA	GA	EA	PA	GA	EA	PA	GA

EA ..Einzelarbeit, PA ..Partnerarbeit, GA ..Gruppenarbeit

Beobachtungen in der Klasse ....

Name	Woche 17-20			Woche 21-24			Woche 26-28			Woche 29-32		
	EA	PA	GA	EA	PA	GA	EA	PA	GA	EA	PA	GA

EA ..Einzelarbeit, PA ..Partnerarbeit, GA ..Gruppenarbeit

Beobachtungen in der Klasse ....

Name	Woche 33-36			Woche 37-40			Bemerkungen
	EA	PA	GA	EA	PA	GA	

EA ..Einzelarbeit, PA ..Partnerarbeit, GA ..Gruppenarbeit

5.4 Ergänzungslieferung zum Übungsteil

1. Was ist leichter: Schriftlich oder am Rechenstrich? Markiere.

a) 395
   +198   ○ ○ _____

b) 678
   +205   ○ ○ _____

c) 817
   −219   ○ ○ _____

d) 2008
   − 199   ○ ○ _____

e) 7315
   − 618   ○ ○ _____

f) 3546
   + 907 ○ ○ _____

g) 10003
   − 5009 ○ ○ _____

h) 4987
   +4013   ○ ○ _____

Rechne schnell!

1. 97 + 66 = ___
84 + 76 = ___
53 + 63 = ___
98 − 72 = ___
55 + 17 = ___

2. 86 + 54 = ___
90 + 28 = ___
90 − 27 = ___
80 − 26 = ___
100 − 44 = ___

3. 17 · 5 = ___
85 : 5 = ___
100 : 4 = ___
220 : 4 = ___
220 · 4 = ___

4. 217 + 82 = ___
612 − 16 = ___
750 + ___ = 999
218 + ___ = 1000
435 − ___ = 298

5. 16 · 7 = ___
24 · 4 = ___
27 + ___ = 1000
1000 − ___ = 453
12 · 12 = ___

6. 188 + ___ = 312
188 + 312 = ___
614 − 215 = ___
348 − 150 = ___
789 + ___ = 1000

7. 3 4 1 2
\+   7 9 8
\+ 1 5 0 3
\+ 6 7 4 0
\+ 3 5 8 7
\+   2 8 0
\+ 4 0 6 7
\+ 8 1 5 3
\+ 7 9 9 1
\+ 1 9 9 7
\+ 4 3 0 6
\+   3 1 7
\+   9

8. 1 2 6 0 4
\+   8 7 4 0
\+   9 0 3 3
\+   7 4 1
\+   8 5 0
\+ 3 0 0 4 0
\+   6 7 9 1
\+   8 2 4 1
\+   5 1 7
\+   8
\+   4 2 0 2
\+   8 9 7 4
\+   6 0 5 3

9. 1 2 0 3 4 7
−   8 7 6 2
−   4 6 5 5
−   7 0 3
−   1 6
−   5 7 8
−   5 8 3 1
−   6 0 7 2
−   9 4 0 3
−   5 0 0 9
−   6 2 1 3
−   1 7
−   8 0 4

84.1

Rechne halbschriftlich.

1. 2786 · 8 =

   2000 · 8 =
   700 · 8 =
   80 · 8 =
   6 · 8 =

   2786 · 8 =

2. 4317 · 4 =

3. 6719 · 9 =

4. 3592 · 5 =

5. 4365 · 8 =

6. 1008 · 3 =

7. 7703 · 7 =

8. 2098 · 6 =

9. 4370 · 9 =

10. 3504 · 7 =

Rechne halbschriftlich und mache die Probe.

1. 3717 : 9 =   Probe 413 · 9 =

2. 2715 : 9 =   Probe

3. 3064 : 8 =   Probe

4. 8061 : 3 =   Probe

5. 4403 : 7 =   Probe

6. 4722 : 6 =   Probe

85.2

Setze die Folgen fort. Wie weit kommst du?

1. a) 830, 860, 890, _____

b) 720, 750, 780, _____

c) 1330, 1320, 1310, _____

d) 982, 984, 986, _____

e) 1230, 1250, 1270, _____

f) 1730, 1750, 1770, _____

g) 1810, 1840, 1870, _____

h) 1130, 1120, 1110, _____

i) 1547, 1548, 1549, _____

2. Markiere am Zahlenstrahl. Versuche die Zahlen zu finden.

a)
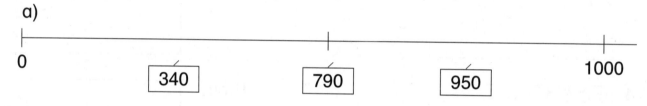

b)
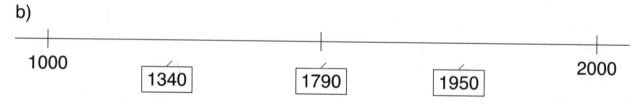

c)
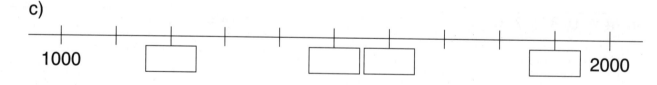

d)
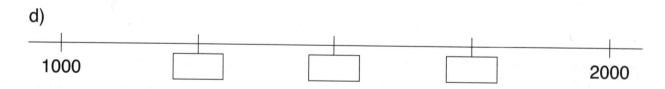

e)
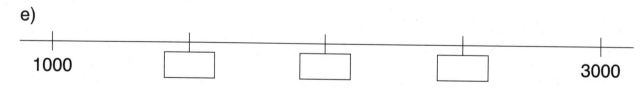

87.1

1. Rechne mit Riesenzahlen.

a)   2 3 7 8 9 4 2 1 0 0 4 7 5 6 8 3 2 7 1 0 4 1 9 9 3 4 5 7 1 0 3
 + 6 5 3 0 8 7 4 3 2 9 8 7 6 0 4 2 1 6 3 2 9 6 4 0 8 3 5 1 6 4 9

b)   9 4 3 4 1 7 6 5 3 4 0 5 3 0 7 5 0 3 1 2 4 8 9 7 3 0 2 6 1 4 5
 − 2 7 6 0 4 3 1 9 6 7 2 1 5 3 4 8 3 4 2 1 5 9 3 4 2 5 5 4 4 8 0

c)   2 7 5 8 3 6 1 0 9 4 7 5 3 8 1 0 5 3 3 2 8 1 4 7 6 5 2 8 3 4 1 0 2
 + 1 3 6 0 5 9 2 8 2 0 1 3 5 7 4 9 6 2 1 3 5 0 7 5 8 9 1 0 5 8 3 9 9

d)   7 2 5 9 0 0 3 4 7 6 5 3 0 0 2 7 8 3 5 1 9 3 4 2 8 6 4 1 9 3 1 0 4
 −   9 6 6 5 4 8 0 4 3 7 2 2 5 0 6 7 1 4 2 8 6 4 0 9 3 5 2 7 5 3 1

2. Ergänze zu 2000.

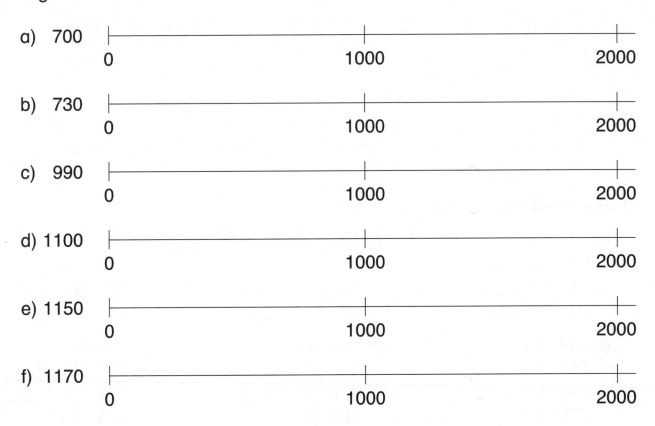

1. Rechne halbschriftlich.

a) 5 · 864 =
5 · 800 =
5 · 60 =
5 ·   4 =
5 · 864 =

b) 3 · 370 =

c) 4 · 459 =

d) 7 · 231 =

e) 8 · 97 =

f) 8 · 397 =

g) 6 · 455 =

h) 3 · 342 =

i) 4 · 423 =

j) 9 · 165 =

k) 7 · 268 =

l) 6 · 378 =

2. Rechne schnell im Kopf.

a) 17 · 5 =
13 · 8 = _____
24 · 6 = _____
34 · 6 = _____

b) 53 · 7 =
73 · 5 = _____
75 · 3 = _____
35 · 7 = _____

c) 29 · 8 =
34 · 9 = _____
37 · 9 = _____
41 · 11 = _____

d) 244 : 4 =
357 : 7 = _____
355 : 5 = _____
260 : 5 =

e) 315 : 3 =
217 : 7 = _____
426 : 6 = _____
488 : 8 =

f) 549 · 9 =
546 · 6 = _____
558 · 6 = _____
594 · 6 =

1. Setze die Folgen fort.

a) 989, 991, 993, _____

b) 1432, 1430, 1428, _____

c) 793, 786, 779, _____

d) 813, 818, 816, 821, 819, _____

e) 612, 621, 630, _____

2. Rechne geschickt.

a) 7 · 19 = ___
   8 · 29 = ___
   8 · 31 = ___
   6 · 49 = ___
   5 · 79 = ___

b) 878 + 98 = ___
   654 + 199 = ___
   725 + 79 = ___
   203 · 4 = ___
   542 + 299 = ___

c) 392 : 8 = ___
   195 : 5 = ___
   198 : 5 = ___
   366 : 6 = ___
   354 : 6 = ___

d) 373 − 98 = ___
   268 − 101 = ___
   267 − 99 = ___
   855 − 356 =
   947 − 849 =

e) 267 + 102 = ___
   602 − 203 = ___
   1000 − 399 =
   69 · 5 =
   637 : 7 =

f) 546 : 6 = ___
   534 : 6 = ___
   531 : 9 =
   531 + 270 =
   99 + 99 =

3. Die Unterfläche des Würfels ist markiert. Welches ist die obere Fläche des Würfels? Markiere im Netz.

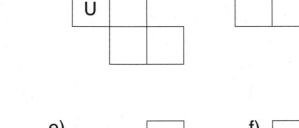

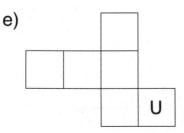
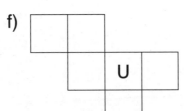
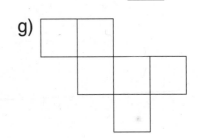